现代农业与乡村地理丛书

农村空心化过程及其
资源环境效应

王国刚　刘彦随　著

国家自然科学基金重点项目（41130748）
国家自然科学基金青年项目（41401203）　联合资助

科学出版社
北京

内 容 简 介

本书是面向国家农村空心化困局,着眼地理学综合视角,系统研究中国农村空心化过程、格局、机制及其资源环境效应的一本专著。本书主要内容包括研究背景与方案;国内外农村空心化及农村资源环境研究进展;农村空心化及其资源环境效应的理论解析框架;我国农村空心化演进的过程、格局与机制;我国典型区域农村空心化演进的土地利用效应评价;典型区域空心化过程及其资源环境效应;我国农村空心化管控及其资源环境优化途径;结论与展望。整体上贯穿了"理论—方法—实证"的学术研究思路,突出了农村空心化及其资源环境效应问题研究的系统性、理论性、前瞻性与可操作性。

本书可作为高等院校及科研院所地理学、管理学、社会学等学科的教学或参考书目,也可供区域发展、城乡规划、土地资源管理等领域的研究人员、技术人员和政府部门管理人员使用。

图书在版编目(CIP)数据

农村空心化过程及其资源环境效应/王国刚,刘彦随著. —北京:科学出版社,2017.4

(现代农业与乡村地理丛书)

ISBN 978-7-03-051737-1

I.①农… II.①王… ②刘… III.①农村问题–研究–中国 IV.①F32

中国版本图书馆 CIP 数据核字(2017)第 025608 号

责任编辑:杨帅英 / 责任校对:何艳萍
责任印制:张 伟 / 封面设计:图阅盛世

科 学 出 版 社 出版
北京东黄城根北街 16 号
邮政编码:100717
http://www.sciencep.com

北京建宏印刷有限公司 印刷
科学出版社发行 各地新华书店经销
*

2017 年 4 月第 一 版　　开本:787×1092　1/16
2020 年 9 月第四次印刷　　印张:11 1/2
字数:245 000
定价:88.00 元
(如有印装质量问题,我社负责调换)

《现代农业与乡村地理丛书》编辑委员会

学术顾问	吴传钧　陆大道　傅伯杰　唐华俊　佘之祥 郭焕成　蔡运龙　李小建　Michael Woods Guy Robinson　Hans Westlund
主　　编	刘彦随
副 主 编	（按姓氏汉语拼音排序） 冯德显　黄贤金　龙花楼　乔家君　杨德刚 杨子生　张小林
委　　员	（按姓氏汉语拼音排序） 陈秧分　陈玉福　程叶青　但文红　杜国明 方　斌　房艳刚　冯　健　龚建周　郭丽英 海　山　胡守庚　胡业翠　胡银根　黄安民 李　晶　李同昇　李玉恒　李裕瑞　梁昊光 廖和平　刘建生　刘邵权　刘晓琼　鲁　奇 蒙吉军　乔陆印　石忆邵　宋　戈　王　婧 王瑷玲　王国刚　王介勇　文　琦　伍世代 许月卿　杨　忍　杨园园　张红旗　张晓玲 张义丰　周　扬　周国华　卓玛措
学术秘书	王介勇　李裕瑞

丛 书 序 一

中国"三农"（农业、农村与农民）问题的产生与发展，具有特殊的基本国情和特定的历史背景。新中国成立以来，国家推行工业化、城市化优先发展战略，无论是从产业发展、投资政策，还是从资源分配、社会福利方面，都表现出明确的"城市倾向"，甚至不惜牺牲农业、农村与农民的利益，以致"三农"问题日益激化和城乡差距不断拉大，其主要根源是我国长期以来实行特殊的工农、城乡"双二元"结构的管理体制。新时期要落实科学发展观和全面建设小康社会，无疑其最艰巨、最繁重的任务在广大农村。因此，大力发展现代农业，建设新农村，实现统筹城乡发展，正成为推进中国现代化建设的重要切入点，也为中国地理学者面向国家战略需求，拓展专业领域的创新研究提出了新的机遇和挑战。

自新中国成立到20世纪90年代中期，本着"地理学为农业生产服务"的宗旨，地理学科的广大科研人员热衷于从事农业地理或与农业地理相关的一些专业。由地理学者联合攻关、集体完成的"中国农业资源综合调查"、"全国农业综合区划"与"中国土地利用"等一系列国家重点项目，充分展示了地理学界的团结向上、开拓进取的精神风貌，这些成果受到了国家相关部门的认可和省市政府的欢迎。此后，由于社会发展的变化，地理学科的分化，特别是城市化发展、资源环境保护，以及旅游业快速兴起等原因，不少地理研究单位和高等院校地理系纷纷改名换姓，成立了转向研究这些热门课题的新专业，使很多研究者分散到不同领域，关注不同产业和不同部门，因而放松了对农业地理和乡村发展的全面研究，国内农业与乡村地理研究开始进入低潮期。改革开放以来，农村实行家庭联产承包责任制，农业剩余劳动力转入乡镇企业工作或转向城市打工，从事农业生产的劳动力主体弱化、农村教育落后、农村环境恶化、农民增收与农业增效困难、农村经济滑坡问题日益凸显，使农业与乡村发展面临更为严峻的挑战。中国农业与乡村地理学研究和农业、乡村发展近乎"同命相连"，这一状况逐渐引起了政府管理部门与学术界有识之士的格外关注。

进入21世纪，党中央、国务院对"三农"工作予以高度重视。特别是党的"十六大"以来，坚持以邓小平理论和"三个代表"重要思想为指导，深入贯彻科学发展观，把解决好"三农"问题作为全党工作的"重中之重"，贯彻"多予、少取、放活"和"工业反哺农业、城市支持农村"的方针，实施统筹城乡协调发展方略。2004年1月，《中共中央国务院关于促进农民增加收入若干政策的意见》下发，是在阔别18年之后，"中央1号文件"再次回归"三农"，至今已连续制定了5个指导农业与农村工作的"中央1号文件"，不断巩固、完善、加强了中央支农、惠农和新农村建设政策。相信随着国家解决"三农"问题一系列配套政策的出台，以及国家综合实力的不断增强，我国农业与农村经济发展中面临的突出矛盾一定能够得以破解，我国农业与农村发展必将迈进全面、稳定、协调发展的良性轨道。

然而，中国农业与乡村地理的学科发展毕竟还是经历了10多年的低迷期，当前在机构设置、专业研究和人才队伍等方面还不能适应新时期的国家战略需求和学科发展需要。我认为，中国地理界过去重视农业研究，今后还应更认真地研究农业与乡村发展问题。地理学具有为农业服务的优良传统，新时期地理学更要为"三农"服务，这样既可以发挥学科优势，又能在生产实践中促进学科发展。可喜的是，中国科学院地理科学与资源研究所于2005年率先成立了"区域农业与乡村发展研究中心"，2006年恢复成立了"农业地理与农村发展研究室"；中国地理学会于2007年成立了"农业地理与乡村发展专业委员会"。还有一些高校地理系也重视加强了有关农业地理与乡村发展方面的研究机构和专业课程建设。由于有了这些平台的引领和支持，近些年农业地理与乡村发展领域的全国性年度学术会议开始步入正常化。同时，一批农业地理与乡村发展专业的中青年学者相继申请到了有关领域的国家自然科学基金重点或面上项目、中国科学院重要方向性项目、国家科技支撑计划课题及省部级的科研项目。因此，总体上说，农业地理与乡村发展又有了一个良好的开端，但学科建设与人才培养仍任重而道远。

为了展示我国现代农业与乡村地理学领域新的研究成果，由中国地理学会农业地理与乡村发展专业委员会、中国科学院地理科学与资源研究所区域农业与乡村发展研究中心和科学出版社发起，联合国内农业与乡村地理学界专家共同策划了《现代农业与乡村地理丛书》，争取在近5年内陆续出版。这在学术上无疑是对中国农业与乡村地理研究的一个阶段性促进和总结，也可与20世纪80年代初由科学出版社出版的《中国农业地理丛书》等著作相响应，从而完善和推进对中国农业与乡村地理的系统研究。

我十分乐意把这套集学科发展、理论创新与实践总结为一体的《现代农业与乡村地理丛书》推荐给从事地理学、农学、经济学，以及城乡规划、区域发展等领域的专家学者、研究生和管理工作者，期望这套书的出版能够引起更多的专家学者特别是地理工作者对国内"三农"问题研究的密切关注，并欢迎大家投入到这个前景广阔的研究领域中来，精诚合作，共同努力，把中国农业地理与乡村发展的学术研究提高到一个新的发展阶段。

中国科学院资深院士

中国地理学会名誉理事长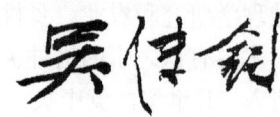

2008年春节于中关村

丛书序二

中国是世界著名的文明古国、农业大国。国以农为本，民以食为天。世界人口大国若不能首先解决好吃饭问题，就不能实现国泰民安。中国的"三农"（农业、农村、农民）问题本质上是一个立体的乡村地域系统可持续发展问题。新中国成立特别是改革开放以来，伴随着快速工业化、城镇化发展，中国传统体制下的"三分"（城乡分割、土地分治、人地分离）弊端日益暴露，"三差"（区域差异、城乡差距、阶层差别）问题不断加大，这些都成为困扰当代中国"三转"（发展方式转变、城乡发展转型、体制机制转换）战略和全面建设小康社会的重要难题，也是中国城乡二元结构背景下"重城轻乡"、"城进村衰"和农村空心化、主体老弱化、乡村贫困化不断加剧的根源所在。

伴随着全球城市化、经济一体化的持续推进，无论是经济发达国家，还是较发达的发展中国家都经历了"乡村振兴""乡村重构"过程。英美等先行工业化国家是在基本实现工业化、城市化的阶段，为了解决城市发展中诸如市域人口高度集中的问题而推进乡村建设。如20世纪60年代美国的"示范城镇建设"、英国的"农村中心村建设"、法国的"农村振兴计划"等。这些国家通过在农村社区大规模推进基础设施建设，盘活利用农村土地资源与资产，改善农村生产和生活条件，并采取补贴政策，吸引人口回到农村，以解决农村人口过疏化问题。以日、韩为代表的工业化后发国家，在其工业化、城市化进程中出现乡村资源迅速流入非农产业和城市，导致农业和农村出现衰退，城乡发展差距日益扩大，同时在国家具备了扶持农村发展经济实力的情况下，适时推进了农村振兴与建设运动。如20世纪70年代韩国的"新农村运动"、日本的"村镇综合建设工程"等。可见，不同国家、不同地区的乡村重建道路有所差异。中国人口众多，农村底子薄、农业基础差、农民竞争弱。因此，新农村建设与农村发展不可能照搬发达国家完全依赖政府强大财政供给或者农村剩余劳动力全部转移的转型路子，同时也应尽量避免部分拉美国家城市贫困和农村衰败并存的"陷阱"局面。

中国现代地理学的奠基人、中国科学院原副院长竺可桢先生反复强调：地理学为国民经济建设服务，主要是为农业生产服务。著名地理学家吴传钧院士指出：农业是自然再生产与经济再生产的交叉过程，农业与地理环境的关系非常密切，地理学要为"三农"服务，地理学者应特别关注农业与农村发展的问题。过去的半个多世纪，在老一辈地理学家周立三、黄秉维、吴传钧院士的带领下，地理学者主持完成了"中国农业资源综合调查""全国农业综合区划""中国土地利用"等一系列国家重大项目，为国家和地区经济建设做出过具有基础性、战略性的重要贡献。吴传钧院士主编的《中国农业地理丛书》《中国人文地理丛书》等系列著作，在国家相关规划与决策中产生了深远影响，既发挥了人文地理学的学科优势，也培养了一大批农业地理与乡村研究专业人才，在实践中彰显了乡村地理学者站在学科前沿和面向国家战略需求开展创新性研究的重要价值。

进入 21 世纪，适应加入 WTO 后农业国际竞争的新形势，以及十六大以来"五个统筹"和"社会主义新农村建设"的新战略，中国现代农业与乡村发展研究开启了新阶段，面向国家战略需求的现代农业与乡村地理学迎来了新机遇，着眼于中国农业战略、农区发展、新型社区、新农村建设等一大批重点项目与成果成为人文地理学创新研究的新亮点。然而，由于中国"三农"问题之多、程度之深、解决难度之大史无前例，快速工业化、城镇化进程中暴露出来的一系列农村发展突出问题及其深层次矛盾还远未解决，有的甚至呈现加剧的趋势。着眼推进新型城镇化、城乡发展一体化、美丽乡村建设、农村"一二三产业"融合战略，中国现代农业与农村发展面临的新难题、新课题、新问题，亟须深入研究、系统探究、试验示范，创新和发展中国特色现代乡村地理学理论体系、学科体系、技术体系。

中国乡村地理学的传统研究侧重于乡村聚落地理（或称村落地理）、农业地理和土地利用问题。随着快速工业化、城镇化发展，中国农村地区以"五村"（无人村、老人村、空心村、癌症村、贫困村）为特征的"乡村病"问题日益凸显，成为推进新农村建设、培育农村新业态和统筹城乡发展面临的突出问题。与城市区域相对应，现代乡村地理学的研究领域应定位于乡村地域系统，深入探究复杂的乡村区域地理问题和城乡融合发展难题，着力发展乡村科学、乡村地理工程，特别要关注前沿领域"十个"研究主题，即乡村地域系统演化机理与过程、乡村系统功能多样性及其可持续性、乡村转型发展与空间形态重构、城乡土地配置与土地制度创新、城乡发展一体化与等值化、现代乡村新业态与经营新机制、乡村化（ruralization）与新型村镇建设、乡村地域文化与生态文明建设、现代乡村治理体系与减贫发展、农业地理工程与农村信息化。

振兴全球农村和发展现代农业，也是世界性难题和重大课题。中国当首先致力于实施"农村全面振兴计划"，系统推进农村兴人、兴地、兴权和兴产业，有效激发农村活力、能力、动力和竞争力。现代乡村地理学者，务必抢抓机遇，担当时代重任，面向国家需求，深入基层实践，协力创新现代地理学理论、方法与技术，并加强与工学、管理学、社会学、经济学、环境科学等相关学科交叉融合，着眼于现代农业与乡村发展的科学问题提炼、现实问题梳理和战略问题探究，科学推进以根治"乡村病"、建设新村镇、培育新业态、创建新机制为导向的乡村转型重构与城乡一体化发展理论、模式、技术、制度与政策综合研究。

为了充分发挥乡村地理学科优势、加快现代乡村地理学发展，更好地适应新时期国家战略需求，中国地理学会农业地理与乡村发展专业委员会、中国科学院地理科学与资源研究所区域农业与农村发展研究中心，率先倡导并组织专业队伍，研究并出版该领域的最新成果，瞄准现代农业与乡村发展的时代特色、区域特点、创新机制和科学途径，为推进新时期城乡协调发展和新农村建设奠定理论与方法论基础，为加强国内同行之间的学术交流，积极投身中国农业与乡村发展领域的创新研究提供重要基础和共享平台，更好地发挥地理学服务"三农"决策的国家思想库作用。

《现代农业与乡村地理丛书》拟分期撰写出版。将陆续出版《中国新农村建设地理论》《中国乡村社区空间论》《中国乡村地域经济论》《中国乡村转型发展与土地利用》《城乡转型地理学理论与方法》《空心村综合调查与规划图集》《农村空心化过程及其资源环境效应》《农村土地整治模式与机制研究》《空心村综合整治理论与技术》《新型村镇建设与农村发展》《城乡建设用地统筹配置机理与模式》等著作。

在项目研究、选题策划、专家论证、组织撰写与出版过程中得到了国家自然科学基金委员会、中国科学院、教育部、科技部、中国地理学会、国际地理联合会（IGU）、中国科学院地理科学与资源研究所、中国科学院大学、北京师范大学、河南大学等单位领导和专家的大力支持与指导，科学出版社朱海燕、赵峰、杨帅英、丁传标同志为丛书的编辑与出版付出了辛勤劳动。借此我谨代表中国地理学会农业地理与乡村发展专业委员会和丛书编辑委员会，表示最衷心的感谢和诚挚的敬意！

借此良机，我真诚期望有越来越多的国内外高等院校、科研院所，以及从事地理学及其相关专业研究的专家学者，能够更加重视和支持中国农业地理、乡村地理学专业领域的学科成长、人才培养、平台建设、国际合作！真诚欢迎各位领导、专家学者也为进一步完善和提高《现代农业与乡村地理丛书》的撰写与出版水平，多加批评、多予指导，献计献策！

国际地理联合会（IGU）农业地理与土地工程委员会　主席
中国地理学会农业地理与乡村发展专业委员会　主任
中国科学院地理资源所区域农业与农村发展研究中心　主任

刘彦随

2017 年春节于北京

前　言

改革开放以来，中国的农村与城市都经历了快速的变迁和发展转型。但不同的是，随着工业化、城镇化的快速推进，城市建设得以蓬勃发展，而农村地区人口非农化加剧、资源低效利用、生态环境退化等问题日益突出。我国经历 1995 年农村人口高峰之后，农村人口年均减少 1100 多万人，而农村建设用地却"不减反增"，造成我国以农村宅基地废弃与土地闲置浪费为主要特征的空心化问题加剧发展、日益严峻，农村"一户多宅"、建新不拆旧、新房无人住的问题普遍存在。农村空心化及其资源环境问题，已成为阻碍美丽乡村建设和统筹城乡发展的现实难题。

农村空心化是乡村地域系统复杂的人地关系表现，是新时期农村人口快速向城镇非农产业转移，农村社会经济发展快速转型导致的资源低效配置和环境退化过程，其本质是城乡转型发展进程中农村人口非农化引起的乡村地域系统不良演化过程。农村空心化可以解构为人口空心化、土地空心化和产业空心化三种主要形态，其中土地空心化是现象表征，产业空心化是根本实质，人口空心化是本质推手，各形态空间分布格局有着较强的规律性特征。农村空心化过程直接导致了农村地区土地资源浪费、耕地占用破坏、人居环境恶化、农村产业衰退。从统筹城乡发展的高度来看，只有妥善解决农村土地资源的合理利用问题，着力推进城乡土地利用优化配置，才能促进和谐城乡关系的构建与农村自身的可持续发展。因此，深入研究城乡转型期农村空心化的时空规律、动力机制及其资源环境效应，是科学制订应对策略和可行措施的重要前提。

本书整体上贯穿了"过程—压力—响应"研究主线，以国家统筹城乡发展、美丽乡村建设和土地资源可持续发展的重大战略需求为导向，以新时期我国城乡转型发展进程中农村人口转移与空心化过程的实证剖析为基本切入点，以地理学、资源科学、管理学等多学科理论为指导，理论解析农村空心化的形成机制机理、演变规律，辨识农村空心化过程中要素的变化及其引起的资源环境效应，探讨农村空心化与资源环境的关系、作用机制与规律，明确农村空心化及其资源环境问题调控的导向和依据，构建完成本书的理论框架。基于遥感影像数据、社会经济数据与典型调查数据为基础信息源，综合运用GIS 技术、农户调查技术、计量经济学等方法，全国尺度、典型区域、典型点"点面"结合，系统研究农村人口转移与农村空心化的交互关系、农村空心化的地域分异规律及其时空格局、农村空心化的演进过程及其主导驱动力、农村空心化的资源配置与区域环境效应、农村空心化的管控机制等方面的关键科学问题，量化辨识农村空心化与资源环境的关系、作用机制与规律；从乡村地域资源环境可持续利用和经济可持续发展的角度，提出农村空心化防控路径和空心村整治策略，以突出本研究的系统性和可操作性。在研究中注重与部委、地方政府、村委会和农户的多层级交流，以问题探索引领学术研究，以典型研究支撑决策依据。

本书也是基于我博士学位论文的总结和提炼。期间，有幸得到诸多名师的指导与帮助。首先，感谢恩师刘彦随研究员和鲁奇研究员对本书研究工作的点拨和全方位指导。在项目研究和本书成稿过程中，得到了中国科学院地理科学与资源研究所区域农业与农村发展研究团队，以及山东省国土资源厅、德州禹城市、淄博桓台县等单位的大力支持。本书是国家自然科学基金重点项目（41130748）和国家自然科学基金青年项目（41401203）的部分研究成果总结，得到了国家自然科学基金委员会地球科学部的大力支持和指导，借此一并表示衷心的感谢。

在本书写作过程中，参考了许多专家的论著等科研成果，并使用了大量数据（未含香港、澳门、台湾地区），书中对引用部分作了注明，但恐有遗漏之处，敬请包涵。由于作者水平有限和时间仓促，书中定有许多尚待完善之处，恳请同行专家、学者提出宝贵的意见和建议！

王国刚
2016 年 12 月于中国农业科学院

目 录

丛书序一
丛书序二
前言

第1章 引论···1
　1.1 研究背景··1
　　1.1.1 我国已进入城乡发展转型新时期···1
　　1.1.2 "空心化农村如何'养活中国'？"难题待解·································2
　　1.1.3 农村空心化成为统筹城乡发展与新农村建设的障碍因素·················4
　　1.1.4 农村空心化过程中防控资源环境问题的科学途径亟待破解···············5
　1.2 研究方案··5
　　1.2.1 研究目标与研究思路··5
　　1.2.2 研究内容··7
　　1.2.3 研究方法与数据资料来源··7
　　1.2.4 技术路线··9
　1.3 研究特色与创新之处···10
　　1.3.1 研究视角··10
　　1.3.2 研究内容··10
　　1.3.3 研究方法··10
　　1.3.4 研究意义··10

第2章 农村空心化及农村资源环境的研究进展·································12
　2.1 农村空心化研究进展···12
　　2.1.1 基础理论··12
　　2.1.2 现象表征与过程机制···13
　　2.1.3 资源环境效应及政策···15
　　2.1.4 整治策略与实践模式···16
　2.2 农村地区土地利用变化及其效应··18
　　2.2.1 农村居民点用地利用···19
　　2.2.2 农用地利用及其效应···20
　2.3 农村地区资源环境变化··22
　　2.3.1 农业生产对农村资源环境的影响··22
　　2.3.2 城镇化过程中农村要素的变化对农村资源环境的影响···················23

2.3.3　工业发展对农村资源环境的影响 ·· 24
　　2.3.4　资源环境指标测度与效应评价方法 ·· 24
　　2.3.5　农村资源环境保护机制 ··· 25
2.4　研究进展评述与启示 ··· 27

第3章　农村空心化及其资源环境效应的理论解析 ·· 28
3.1　相关概念辨析与界定 ··· 28
　　3.1.1　农村、空心村与农村空心化 ·· 28
　　3.1.2　资源环境与资源环境效应 ·· 29
3.2　农村空心化演进的理论基础与解析 ··· 30
　　3.2.1　基于"推拉"理论的农村空心化演进机制 ··· 30
　　3.2.2　生命周期理论与农村空心化演进规律 ·· 31
　　3.2.3　基于劳动力转移理论视角的农村人口空心化 ····································· 32
3.3　农村空心化过程中资源环境效应的理论解析 ·· 34
　　3.3.1　基于社会-经济-自然复合系统理论的农村空心化与资源环境关系 ········· 34
　　3.3.2　人地关系地域系统理论对农村空心化与资源环境的作用机制 ············· 35
　　3.3.3　农地利用变化假说与相关的环境效应命题及启示 ······························ 37
　　3.3.4　环境库兹涅茨曲线理论对农村空心化过程中环境响应规律的启示 ······· 37
3.4　农村空心化及其资源环境问题调控的理论依据 ·· 39
　　3.4.1　基于系统论视角的乡村地域发展与资源环境统筹优化路径 ················ 39
　　3.4.2　基于"三整合"理论的农村空心化调控策略 ······································· 39
3.5　本章小结 ·· 41

第4章　我国农村空心化演进的过程、格局与机制 ·· 43
4.1　农村空心化演进的一般过程 ··· 43
　　4.1.1　农村空心化演进的影响因素 ·· 43
　　4.1.2　农村空心化演进的驱动机制及路径效应 ··· 46
　　4.1.3　农村空心化演进阶段划分与态势分析 ·· 48
4.2　我国农村空心化格局 ··· 51
　　4.2.1　农村空心化形态识别与评价视角 ·· 51
　　4.2.2　研究方法与数据来源 ·· 51
　　4.2.3　评价结果与分析 ·· 52
4.3　农村空心化与城镇化的重要节点：农村劳动力转移 ···································· 60
　　4.3.1　农村劳动力转移与农村人口空心化 ··· 60
　　4.3.2　农村劳动力转移与城镇化 ·· 62
　　4.3.3　城镇化进程中农村劳动力转移响应机制：基于东部沿海地区的实证研究 ······ 63
4.4　本章小结 ·· 71

第5章　我国典型区域农村空心化演进的土地利用效应 ······································ 73

5.1 土地利用效应分析 ··· 73
5.2 土地利用效应的重要载体和表现形式——农村宅基地与耕地利用 ··········· 74
  5.2.1 农村宅基地和耕地利用与农村空心化 ·· 74
  5.2.2 农村宅基地利用变化及其评价 ··· 75
  5.2.3 农村空心化过程中耕地利用变化及其评价 ·································· 78
5.3 农村空心化与土地利用变化的关联分析——以环渤海地区乡村地域为例 ·· 92
  5.3.1 案例区概况与乡村地域界定 ··· 92
  5.3.2 研究方法与数据来源 ·· 93
  5.3.3 环渤海地区土地利用变化与效益评价 ·· 96
  5.3.4 环渤海地区农村空心化特征 ··· 102
  5.3.5 农村空心化与土地利用变化的灰色关联分析 ······························ 103
5.4 本章小结 ··· 105

第6章 我国典型区域农村空心化演进的生态环境效应 ································· 107
6.1 典型区域农村空心化过程及其生态环境特征 ···································· 107
  6.1.1 典型区的选取及意义 ··· 107
  6.1.2 数据来源 ··· 109
  6.1.3 农村空心化演进过程与空间格局 ·· 109
  6.1.4 农村地区生态环境评价 ··· 111
6.2 农村空心化演进与生态环境变化的因果关系 ···································· 115
  6.2.1 判别分析步骤 ·· 115
  6.2.2 平稳性检验 ··· 115
  6.2.3 协整检验 ·· 116
  6.2.4 Granger 因果检验 ·· 118
6.3 生态环境响应强度 ··· 120
  6.3.1 响应强度模型 ·· 120
  6.3.2 生态环境响应强度的时空特征 ·· 120
6.4 生态环境响应规律 ··· 121
  6.4.1 研究假设与模型构建 ··· 121
  6.4.2 作用规律分析 ·· 122
  6.4.3 响应规律的形成机制 ··· 124
6.5 本章小结 ··· 125

第7章 我国典型地区村域空心化过程的资源环境效应 ································· 127
7.1 典型区域选取及其基本特征 ··· 127
  7.1.1 典型县及案例村的甄选 ··· 127
  7.1.2 典型县的社会经济发展概况 ··· 127
  7.1.3 案例村的基本概况 ·· 129

7.2 农村居民感知视角下空心化对资源环境变化的影响识别 ········· 131
7.2.1 调研方法 ········· 131
7.2.2 居民感知过程及总体情况 ········· 132
7.3 案例村空心化过程及其资源环境效应 ········· 134
7.3.1 李贾村空心化过程及其资源环境效应 ········· 134
7.3.2 北三村空心化过程及其资源环境效应 ········· 135
7.3.3 黄佳村空心化过程及其资源环境效应 ········· 137
7.4 村域农村空心化过程及其资源环境效应比较 ········· 138
7.4.1 案例区农村空心化演进过程 ········· 138
7.4.2 村域空心化演进规律及启示 ········· 139
7.4.3 农村空心化演进的主导资源环境问题 ········· 140
7.5 本章小结 ········· 141

第8章 我国农村空心化管控及其资源环境优化途径 ········· 142
8.1 农村空心化演进对资源环境变化的影响机制 ········· 142
8.2 农村空心化管控与资源环境优化框架 ········· 144
8.2.1 优化调控的目标与导向 ········· 144
8.2.2 优化调控框架构建 ········· 144
8.2.3 优化调控机制分析 ········· 145
8.3 我国农村空心化管控与资源环境优化调控策略 ········· 145
8.3.1 创新农村发展的宏观政策机制 ········· 145
8.3.2 深化农村制度改革 ········· 146
8.3.3 综合运用区域发展战略 ········· 147
8.3.4 创新农村环保制度与机制 ········· 147
8.3.5 积极推进理论研究与整治实践相结合 ········· 147

第9章 结论与展望 ········· 149
9.1 主要研究结论 ········· 149
9.2 研究不足与展望 ········· 151

参考文献 ········· 153

附录 ········· 161

第1章 引　论

1.1 研究背景

1.1.1 我国已进入城乡发展转型新时期

按照世界银行和发展经济学的观点，人均GDP 1000美元和3000美元分别是低收入和中等收入、中下等收入和中上等收入国家（地区）的划分界线，是两个重要的分水岭。改革开放以来，我国现代化建设取得了举世瞩目的成就，经济社会面貌发生了历史性的变化，2003年我国人均GDP已经达到了1100美元，2008年为3452美元，2015年为7927美元（图1-1）。按照上述划分方法，预示着我国已经进入中等收入国家的行列，这一时期既是机遇期又是矛盾多发期，突出表现为国内城乡、区域、产业之间以及不同社会人群之间收入差距拉大，城乡发展转型要求迫切。

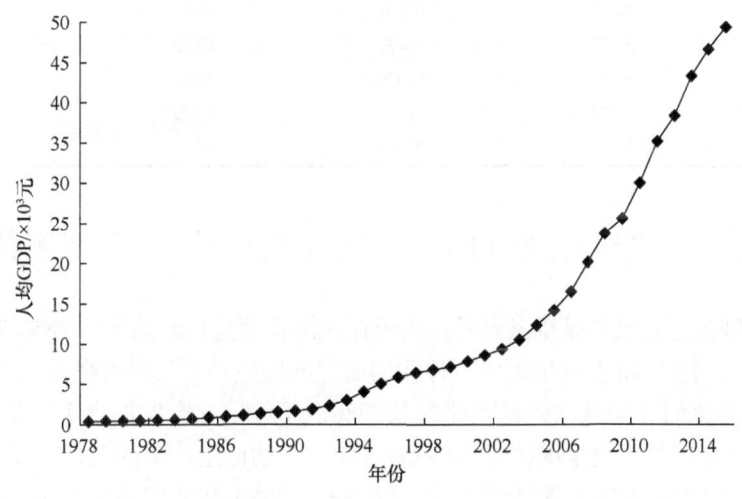

图1-1　1978～2015年我国人均GDP变化

城乡发展转型作为经济社会转型的基本方式，是城市与乡村地域系统由相对分离、割裂、对立转向相互协调、融合、一体化发展的过程。其本质是指城市化过程中，通过制度、机制、政策的变革和发展，促进农村人口转移、产业结构转换、空间格局转变。由此看出，城乡发展转型是复杂的经济社会转变过程，也是实现城乡一体化协调发展新格局的重要途径（刘彦随等，2009）。1995年以来，我国城市化进程快速推进，城镇化率正在以年均1个多百分点（按城镇人口比例计）的速度增长（表1-1），城市数量和规模迅速增加，我国正经历的城市化进程的速度和规模在人类历史上前所未有。快速城镇化进程深刻地改变着广大农村地区，农村产业结构、就业结构与农业生产方式等发生巨大变化，乡村发展逐步进入转型升级的新阶段（刘彦随，2007）。与此同步，我国乡村人口更是以年均1000多万的规模涌入城镇，成为城镇化的重要方式（卢向虎等，2006）。

表1-1 1949～2015年中国区域经济社会发展变化

年份	城镇化水平/%	人均GDP/元	非农产值比例/%	非农就业比例/%
1949	10.64	86	—	—
1952	12.46	119	49.05	16.46
1957	15.39	168	59.43	18.77
1965	17.98	240	61.74	18.40
1978	17.92	382	71.81	29.47
1980	20.16	464	68.12	31.90
1983	21.62	584	66.82	32.92
1987	25.32	1 116	73.19	40.01
1989	26.21	1 528	74.89	39.95
1994	28.51	4 066	80.14	45.70
1999	34.78	7 199	83.53	49.90
2003	40.53	10 600	87.20	50.90
2006	44.34	16 602	88.89	57.38
2009	48.34	25 963	89.65	61.91
2010	49.95	30 567	89.90	63.30
2011	51.27	35 198	90.00	65.20
2012	52.57	38 420	89.90	66.40
2013	53.73	43 320	90.00	68.60
2014	54.77	46 531	90.80	70.50
2015	56.10	49 351	91.00	72.90

1.1.2 "空心化农村如何'养活中国'？"难题待解

从快速城镇化发展的基础条件看，由于在我国长期受自然条件、体制制度和政策等因素的影响，城乡经济发展呈现出一种非均衡发展态势，二元结构明显，表现为经济、空间和城乡要素的二元结构，城镇化率长期滞后于经济社会发展水平与工业化发展水平，城乡经济发展差距也呈现扩大趋势（图1-2）。从边际生产率的条件出发，不难看出，我国农村劳动力转移依然有较大的空间。据预测，2020年我国城镇化率将达到57%左右，加上目前的1.67亿外出农民工，将有超过2.8亿的农村人口转移到城镇，而随着农村老龄化过程届时进入高峰期，且劳动力自然增长的减慢（黄宗智，2010），这些都将促使农村空心化迈进加剧发展的新阶段。

事实上，快速城镇化进程中大量农村人口的转移，冲击着我国农村社会、经济、文化等健康发展，影响着农村资源开发利用方式。一方面，我国城乡二元结构体制，阻碍了农村人口的有效转移，城乡迁徙的"农民工"应运而生。随着外出务工以及农业生产的发展，农民收入快速增加，对生活品质追求也不断提高。其中主要一项就是新房建设意愿增强，但由于村内环境脏乱差、交通不便，向村外另辟宅基成为首选，建房向外扩张成为不可

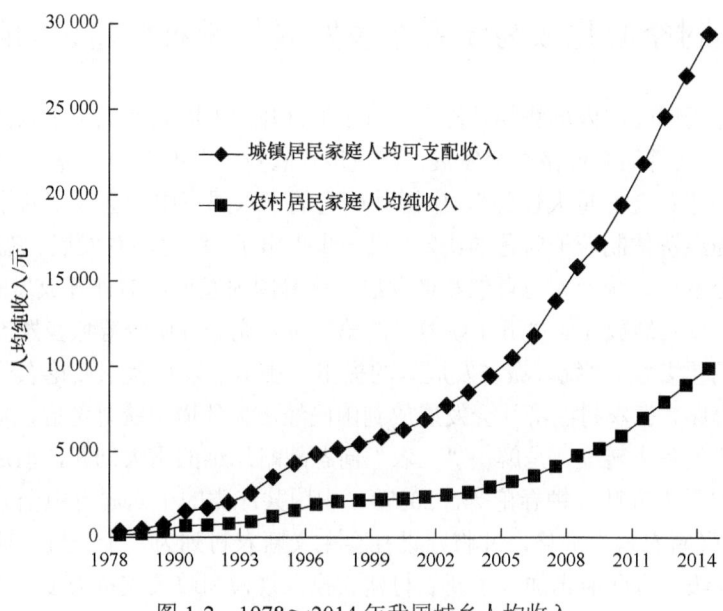

图 1-2 1978～2014 年我国城乡人均收入

避免的趋势。另一方面，外出务工与人口迁移也导致了人走屋空、劳动主体弱化、房屋闲置、村庄废弃等农村空心化问题突出，已经引起了各级政府和社会各界的广泛关注（刘彦随等，2009）。

第二次全国农业普查显示，全国农业从业人员中 50 岁以上的占 32.5%；2011 年我国的城镇化率首次超过 50%，第一产业从业人员占比也下降到 38.1%，进城务工农民达2.53 亿人（表 1-2），在农村人口中，留守儿童、留守老人、留守妇女分别达到 5000 万人、4000 万人、4700 万人（刘强，2012），"十亿人口，八亿农民"的局面早已不复存在。但与此相对应，国土资源部统计数据显示，我国每年撂荒的耕地近 3000 万亩[①]。由此看出，青壮年劳动力流失、农村人口老龄化、农业劳动者素质下降，对农业的发展来说，都可能是致命问题，若不从战略上研究并解决新生代农民弃农的问题，人口大国将面临无人种地的局面（吴秋余，2012）。空心化农村如何"养活中国"？如何深刻认识这一现象问题背后的空间机制及其带来的效应？采取什么样的防控措施更好地实现资源的合理配置？现有研究难以给予有效回答，有待系统深入分析。

表 1-2 2008～2014 年我国农民工规模

年份	农民工总量/万人	外出农民工/万人	住户中外出农民工/万人	举家外出农民工/万人	本地农民工/万人
2008	22 542	14 041	11 182	2 859	8 501
2009	22 978	14 533	11 567	2 966	8 445
2010	24 223	15 335	12 264	3 071	8 888
2011	25 278	15 863	12 584	3 279	9 415
2012	26 261	16 336	12 961	3 375	9 925
2013	26 894	16 610	13 085	3 525	10 284
2014	27 395	16 821	13 243	3 578	10 574

① 1 亩≈666.67 m²。

1.1.3 农村空心化成为统筹城乡发展与新农村建设的障碍因素

在全面分析国际国内形势的基础上，2002 年召开的中国共产党第十六次全国代表大会明确提出，"统筹城乡经济社会发展，建设现代农业，发展农村经济，增加农民收入，是全面建设小康社会的重大任务"。中国共产党的十六届三中全会《中共中央关于完善社会主义市场经济体制若干问题的决定》进一步提出了"统筹城乡发展、统筹区域发展、统筹经济社会发展、统筹人与自然和谐发展、统筹国内发展和对外开放"的战略思想，其中，统筹城乡发展放在了"五个统筹"的第一位，充分说明统筹城乡发展在我国经济社会发展中的重要性。"统筹城乡发展"的提出，跳出了以往就农业论农业、就农村论农村的发展思路，把农村经济社会发展放到国民经济大环境中统筹考虑，是我国执政理念和执政方式的重大转变，是解决"三农"问题战略思维的重大创新，也是指导经济社会发展全局的重大方针（钟春艳等，2007）。中国共产党的十六届五中全会上明确提出"建设社会主义新农村"战略，并将建设社会主义新农村列为"十一五"期间的主要任务与目标。各级地方政府也加大了新农村建设投入规模和政策支持力度，全力推进社会主义新农村建设。在政策制定与实践过程中，着力强调以人为本、统筹兼顾、保障民生、城乡统筹理念，有力地支撑了区域农业与农村发展。与此同时，中共中央、国务院已连续 14 年颁布了针对"三农"问题的中央"一号文件"（表 1-3），农村发展转型迎来了历史性机遇。

表 1-3 近十年中央"一号文件"名称

年份	中央"一号文件"名称
2007	关于积极发展现代农业 扎实推进社会主义新农村建设的若干意见
2008	关于切实加强农业基础建设进一步促进农业发展农民增收的若干意见
2009	关于 2009 年促进农业稳定发展农民持续增收的若干意见
2010	关于加大统筹城乡发展力度 进一步夯实农业农村发展基础的若干意见
2011	关于加快水利改革发展的决定
2012	关于加快推进农业科技创新持续增强农产品供给保障能力的若干意见
2013	关于加快发展现代农业 进一步增强农村发展活力的若干意见
2014	关于全面深化农村改革加快推进农业现代化的若干意见
2015	关于加大改革创新力度 加快农业现代化建设的若干意见
2016	关于落实发展新理念加快农业现代化 实现全面小康目标的若干意见

农村空心化作为城乡转型发展进程中乡村地域系统演化的一种特殊形态（刘彦随等，2009），成为阻碍城乡发展转型的主要原因。农村空心化本质上是指城乡转型发展进程中农村人口非农化引起的"人走屋空"，以及宅基地普遍"建新不拆旧"，新建住宅向外围扩展，导致村庄用地规模扩大、原宅基地闲置废弃加剧的一种不良演化过程（刘彦随等，2009），是复杂的社会经济不良过程在村庄物质形态中的表现。农村空心化导致的新农村建设与农业农村发展主体的缺失，已成为中国城乡转型期推进新农村建设和统筹城乡协调发展的主要障碍（陈玉福等，2010）。

1.1.4 农村空心化过程中防控资源环境问题的科学途径亟待破解

与其他国家相比,在长期城乡二元结构背景下,我国农村发展的矛盾激化、问题沉淀,农村空心化现象更复杂、更严重(White et al.,2009;Garcia and Ayuga,2007;刘彦随等,2009)。例如,受户籍制度限制,我国"两栖"占地现象普遍,宅基地管理制度不严致使"一户多宅"现象突出。我国村庄数量多、占地规模大,农村空心化过程中宅基地扩展,造成大量耕地被占用及土地资源的闲置浪费(程连生等,2001);村庄建设用地无序发展,公用设施配给困难;生活生态环境脏、乱、差,缺乏必要的生活垃圾和污水处理设施(陈玉福等,2010);加之我国村庄主要集中在平原区等传统农区(龙花楼等,2009a),造成更为严重的土地资源浪费和农村生态环境恶化;此外,农村空心化还导致乡村文化日趋衰落,农村景观被不断破坏,组织机构更加松散,甚至危及血缘宗族关系(陈玉福等,2010)。精壮劳动力的流失,农田多为老年劳动力管理,削弱了农村的生产功能,也影响到农业生产的要素投入。

整体上看,农村空心化过程资源环境响应日益突出,但具体到农村空心化与资源环境的作用要素是什么?存在怎样的交互作用关系与机制?两者之间是否存在一定的作用规律?如何量化辨识?目前研究缺少分析(图1-3)。开展从"过程—压力—响应"的综合视角,采用定量定性相结合的方法,系统分析农村空心化对资源环境的影响,揭示相互作用机制,最终针对性地提出调控措施等系列研究工作显得尤为迫切。

图1-3 农村空心化及其资源环境问题的出路在哪里?

1.2 研 究 方 案

1.2.1 研究目标与研究思路

1.2.1.1 研究目标

我国已进入城乡发展转型期,城市主导地域表现为城镇化、工业化进程快速推进;在乡村地域系统演化过程中,农村空心化问题不断蔓延,与之相伴随的资源环境效应凸显,城市与乡村间的发展差距不断扩大等问题频现。在我国城乡发展转型与快速城镇化背景下,本研究拟从"过程—压力—响应"综合视角,运用理论解析与实证分析相结合、定量分析与定性分析相结合、静态分析与动态分析相结合的方法,探索农村空心化的演进过程、空间机制机理、要素变化及其资源环境效应,提出农村空心化阶段合理的发展路径与对策。

1.2.1.2 研究思路

本研究立足于我国城乡发展转型期这一时代背景,面向快速城镇化进程中乡村地域系统演化面临的现实困境,提炼科学问题,阐明深化农村空心化及其资源环境效应研究的必要性和迫切性;进一步通过梳理、评述已有相关研究成果,确立本书"过程—压力—响应"研究视角与主线;运用地理学及其他学科的相关理论,理论解析农村空心化的形成机制、演变规律,辨识农村空心化过程中要素的变化及其引起的资源环境效应,探讨农村空心化与资源环境的关系、作用机制与规律,明确农村空心化及其资源环境问题调控的导向和依据,构建完成本研究的理论框架;选取典型区域,通过实地调研、问卷调查,获取一手资料,结合影像资料和统计资料等,组建本研究的数据库;采用"3S"、SPSS、MATLAB等方法技术手段,系统评价我国农村空心化的过程、机制和空间格局,量化辨识农村空心化与资源环境的关系、作用机制与规律;最后从乡村地域资源环境可持续利用和经济可持续发展的角度,提出农村空心化防控路径和空心村整治策略,为我国农村空心化与空心村问题提供有益的决策参考(图1-4)。

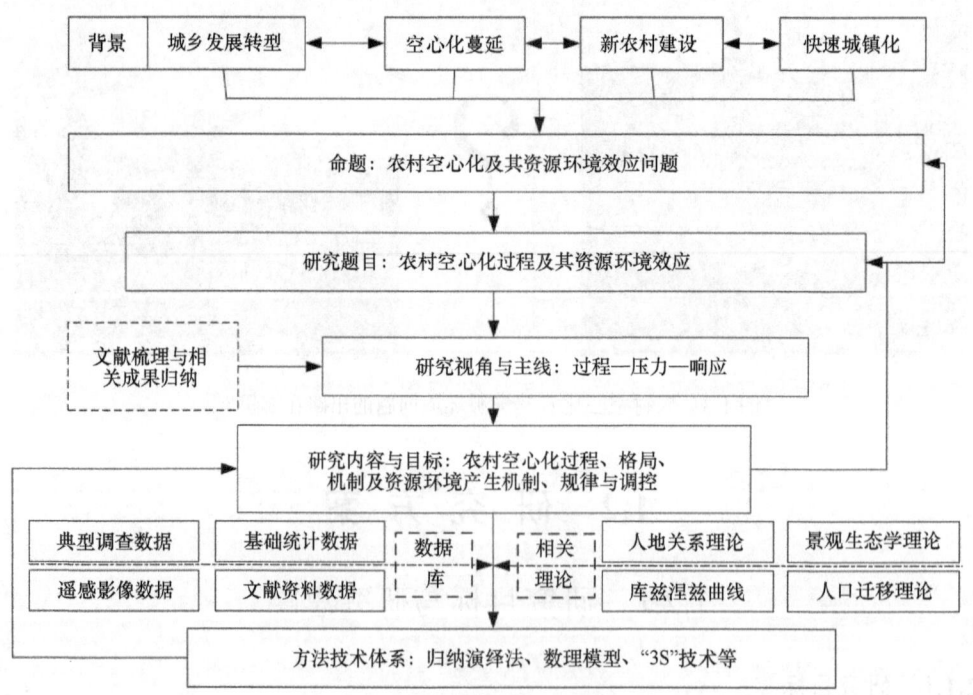

图1-4 本书研究思路

1.2.2 研究内容

1. 构建农村空心化及其资源环境效应的理论解析框架

通过梳理国内外相关文献,从农村空心化的"空间结构形态—原因探析—空间机制—要素变化—效应",即"过程—压力—响应"的视角,运用已有基础理论,采用归纳演绎法等揭示农村空心化的成因机制、演变规律,探讨农村空心化过程中的要素变化及其与资源环境的作用路径、机制与规律,提炼防控农村空心化及其资源环境效应的理论依据,构架本研究的理论解析框架。

2. 系统分析我国农村空心化过程、机制与格局

深入分析农村空心化演进的影响要素,如资源环境禀赋、农业生产发展、城镇化与工业化推进、社会文化变迁、基础设施建设、居民生计多元化转型、户籍制度束缚、土地利用制度及管理政策因素等,归纳出其演进的驱动机制与路径,探讨农村空心化演进的一般过程及其阶段特征,预测农村空心化发展态势;在识别农村空心化形态特征基础上,明确评价视角,在县域尺度上构建指标体系并进行测算,从而全面认知我国农村空心化的空间格局特征。

3. 量化辨识农村空心化演进的资源环境效应

首先阐释农村空心化过程中的土地利用效应,然后甄选典型区域,通过实地调查、统计资料、遥感解译和历史资料收集等手段,获取一手数据,从土地利用效应的重要载体变化、人口变化与土地利用、土地利用效益变化、生态环境效应等角度,量化辨识研究区农村空心化过程中要素变化与资源环境效应的关系及其作用机制。

4. 村域尺度上农村空心化及其资源环境效应的揭示

基于以上研究基础,遴选典型村域,通过问卷调查、访谈座谈、影像数据解译等手段,剖析平原、丘陵和近郊区等不同类型区农村空心化及其资源环境问题,揭示村域空心村形成机制、演进规律,总结归纳不同类型区农村空心化过程中的主导资源环境问题。

5. 农村空心化及其资源环境问题的调控路径

基于不同尺度上对我国农村空心化过程、机制与空间格局的揭示,及其与资源环境的关系和作用机制的辨析,系统总结提炼国外农村空心化问题与整治的成功经验,依据一定的理论基础,提出我国农村空心化及其资源环境问题的调控目标、导向与途径,为转型期我国农村空心化问题的解决提供有益决策参考。

1.2.3 研究方法与数据资料来源

1.2.3.1 研究方法

本研究拟采用理论剖析与实证分析、典型地域调研分析相结合,定性分析与定量测度相结合,"3S"技术集成、模型分析与专家智库综合决策相结合等多种方法,深入开展多尺度、多情景的系统研究,探索理论研究、实证分析、调控模式与政策制定创新途径。

(1) 归纳法和演绎推理法。基于已有地理学及相关学科的理论储备,结合农村空心化及资源环境等基础研究,运用归纳和演绎推理法,构建农村空心化及资源环境效应的理论体系,剖析农村空心化过程的空间机制,及其与资源环境的联系要素、作用路径与规律。

(2) "3S"技术集成。用于刻画区域土地利用变化、定量评估农村空心化变化格局与强度。

(3) 专家咨询法。采用专家打分法、座谈法等方式,就研究的相关问题征求相关研究领域专家的意见和建议,借助专家的集体智慧,对事物现象、驱动机制作出科学合理的判断,确保本研究的可信度和高度。

(4) 实证调查分析法。根据研究需要,从不同尺度层面入手,通过会议座谈、深度访谈、实地走访等方式,对研究区进行感性认识,结合科学问题,作出评判;设计、发放调查问卷,拍摄照片等,获取一手资料,完善数据库建设,为定量化研究和定性分析积累资料和素材。

(5) 数学模型评价与模拟法。在上述方法的基础上,整理研究思路,深入分析农村空心化要素变化与资源环境的关系,构建评价指标体系与数学模型,依托数据资料和定性分析方法,设定情景模式,系统评价农村空心化过程及资源环境效应。

1.2.3.2 数据资料来源

本研究涉及多尺度、多区域相关问题的研究和分析,因而数据资料量大、来源多样。按数据资料类型差异划分:

(1) 文献资料。学术文献主要通过研究所图书馆、中外文全文检索数据库、百度文库等途径获取;地方文献资料通过借阅图书馆相关图书、查询官方网站等方式获取,其他文献资料主要通过购买图书获取,这些资料为本研究提供了有益借鉴,是研究顺利开展的重要基石。

(2) 社会经济统计数据。涉及人口、劳动力、三产增加值、人均收入、农林牧副渔产值等,主要来源于历年《中国统计年鉴》、《中国区域经济统计年鉴》、《中国县(市)社会经济统计年鉴》、《中国人口统计年鉴》、《中国人口和就业统计年鉴》、《中国劳动统计年鉴》、《全国分县市人口统计资料》、《中国城市统计年鉴》、《新中国五十年农业统计资料》、《新中国 60 年统计资料汇编》,以及 2010 年全国及各省第六次全国人口普查主要数据公报,各省(直辖市)的相关统计年鉴、经济年鉴。

(3) 土地利用数据。主要用于土地利用/覆被变化分析,数据来源于中国科学院资源环境科学数据中心提供的遥感影像解译数据、《中国国土资源统计年鉴》、《中国国土资源公报》,土地利用现状数据来源于各省(直辖市)国土资源厅(局)提供的分县土地利用详查变更数据。

（4）村域数据。用于典型村农村空心化及其资源环境效应分析，主要通过问卷调查、实地座谈访谈等方式获取。村域发展演变分析需要的数据主要来源于历史航片、高分辨率航片和 Google earth 影像等。

1.2.4 技术路线

本书拟从"过程—压力—响应"的视角，借助上述研究方法与分析工具，用于本研究的主题：我国典型区域农村空心化及其资源环境效应。

具体研究流程与技术路线见图 1-5。

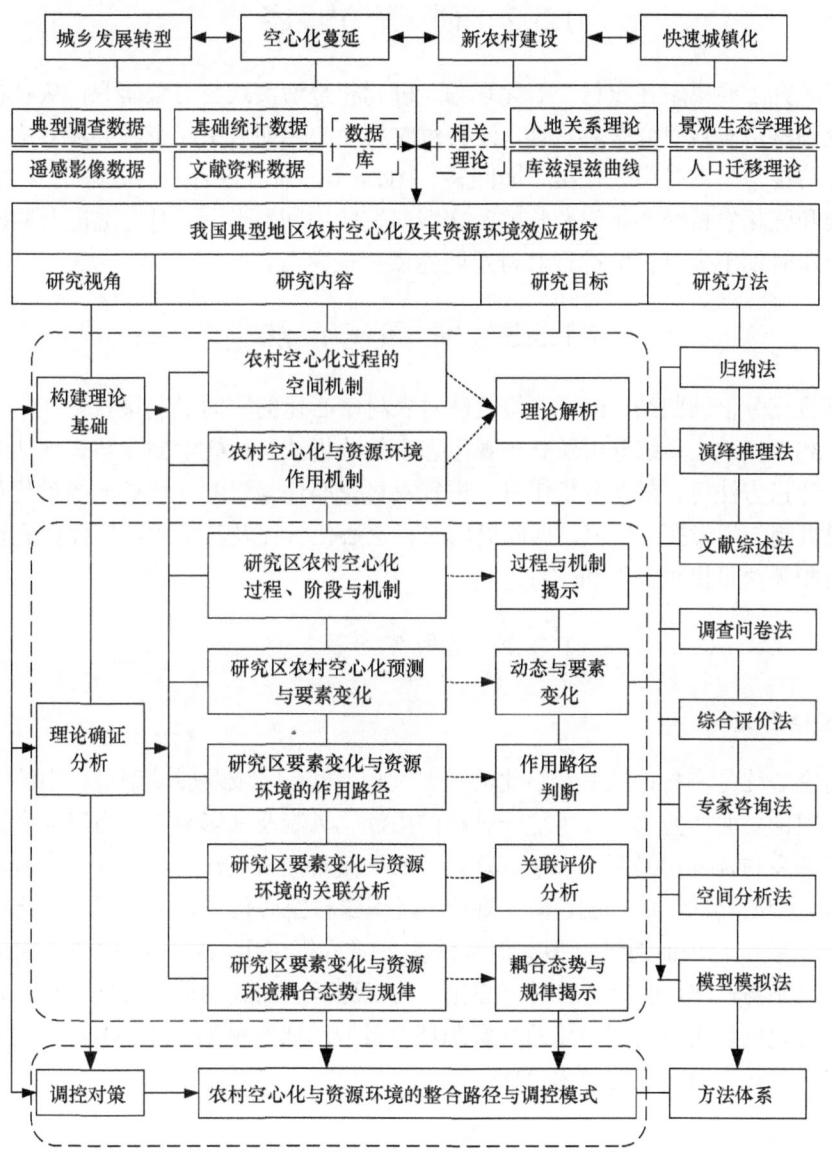

图 1-5　本书研究流程与技术路线

1.3 研究特色与创新之处

1.3.1 研究视角

从快速城镇化进程中农村空心化"过程—压力—响应"的综合视角,深入分析农村空心化"现象—原因—形成机制—效应—对策",提出优化调控模式与对策,弥补了原有研究主要重视对现象的解释,而忽视、弱化乃至未对"后果"即效应的系统评价和分析。

1.3.2 研究内容

已有研究主要集中在农村空心化现象、机制和整治实践与对策研究,从农村空心化问题研究到整治实践研究有跳跃性,没有对农村空心化如何引起资源环境效应,何时和如何进行防控与整治等问题作出正面回答。为此,本书研究内容主要着眼于以上两方面,以期衔接和强化农村空心化问题与整治实践研究的中间环节,针对性地提出调控模式与对策,为新时期不失时机地进行农村发展提供决策参考。

1.3.3 研究方法

本书将充分借助归纳、演绎、假设法对农村空心化的空间机制进行论证,并集成地理学的"3S"技术、系统分析法、景观生态学的分析法、社会学的参与式评估方法、统计学中的计量方法等,借助分析工具,进行农村空心化与资源环境效应的量化辨识、评价,作用机制与规律探寻研究,据此提出农村空心化管控及其资源环境优化途径与调控对策,为相关决策提供参考和支撑。

1.3.4 研究意义

1. 理论意义

农村空心化是乡村地域系统演化的重要过程,也是区域发展转型过程中的一种空间现象。但理论层面如何系统解析这一过程的内涵、机制及其影响,作为研究乡村发展为天然职能的乡村地理学乃至地理学其理论、成果储备尚显欠缺。本研究首先从理论层面解析了农村空心化的形成机制、演变规律,辨识农村空心化过程中要素的变化及其引起的资源环境效应,进而通过典型案例区的实证研究提炼出农村空心化与资源环境的关系、作用机制与规律,明确了农村空心化及其资源环境问题调控的导向和依据,形成了一套较为完整的解析农村空心化及其资源环境效应的研究框架,对于丰富和完善乡村地理学的相关理论有着一定的学术价值。

2. 实践意义

我国农村空心化及其资源环境效应是农村经济发展与资源环境互动的主要表现形

式，是当前农村经济发展研究的核心内容。鉴于我国长期的城乡二元体制，以及落后的农村发展制度，农村空心化仍将加剧、蔓延。农村空心化过程中的资源低效率利用、人居环境恶化、产业衰退等资源环境问题，已经成为农村发展的"短板"，这也严重阻碍了城乡统筹发展和新农村建设。科学推进空心村整治已成为扩大农村内需、促进土地流转和提升土地价值的重要途径，是保障耕地红线、推进新农村建设和优化城乡土地配置的新举措，也是逐步消除我国城乡二元结构、解决经济社会发展结构性矛盾的重要平台。本研究将深入分析农村空心化演进规律、空间机制及其资源环境效应，辨识要素变化与资源环境的耦合规律，提出整合路径和对策，为科学防控农村空心化、恰逢其时地进行农村整治提供决策参考。

第 2 章 农村空心化及农村资源环境的研究进展

2.1 农村空心化研究进展

2.1.1 基础理论

目前，关于农村空心化的学科基础和理论研究较少。刘彦随等（2011b）在《中国乡村发展研究报告——农村空心化及其整治策略》一书中，从农村空心化演进的生命周期、代际演替空间型式、"推拉"理论和"三整合"调控理论进行了较为系统的阐述，并就此提炼出农村空心化研究的主题范式。生命周期理论认为，农村空心化过程按其发展程度可以划分为出现期、成长期、兴盛期、稳定期和衰退期 5 个阶段，但因受政策、规划、村庄逐步改造建设等外力影响要经历一些起伏，具有多种情形。代际演替模式的主要内容是村庄道路通达性和便捷性为指示特征的乡村微观区位，对于乡村空间演变趋向、速度与规模具有明显的主控作用，沿路、沿街拓展和追求临近交通布局成为乡村生长形态的主导方向。乡村聚落在经过第一、第二、第三和第四代的发展，最终大致形成了外实内空的"荷包蛋"圈层格局。"推拉"发展理论将收入、投资、机遇等看作离心力，乡村文化、邻里关系等看作向心力，分别探讨了农村空心化的成长期、兴盛期、鼎盛期、衰退期两种力的变化。"三整合"理论主要观点是以建设新农村为契机，以整治空心村为切入点，借助农村地域系统的"空间重构、组织重建、产业重塑"，通过"三整合"实现农村要素合理优化配置。王介勇（2010）也对农村空心化理论进行了探索和总结，提出破窗效应等理论，认为空心化初期，某一户或几户由于经济条件的改善，放弃狭窄和陈旧的老房屋，向外搬迁，而致使邻里关系被打破、环境恶化明显，加之攀比心理，周围邻居向外搬迁，并开始蔓延。农村空心化的基础理论研究视角和研究内容见表 2-1。各理论对农村空心化及其资源环境效应的贡献将在第 3 章进行详尽的阐述。

表 2-1 国内有关农村空心化的基础理论研究

研究视角	理论名称	主要内容
时序演进过程	生命周期理论	农村空心化过程按其发展程度可以划分为出现期、成长期、兴盛期、稳定期和衰退期 5 个阶段，但因受政策、规划、村庄逐步改造建设等外力影响要经历一些起伏，具有多种情形
空间演进规律	代际演替模式	村庄道路通达性和便捷性为指示特征的乡村微观区位，对于乡村空间演变趋向、速度与规模具有明显的主控作用，沿路、沿街拓展和追求临近交通布局成为乡村生长形态的主导方向。乡村聚落在经过第一、第二、第三和第四代的发展，最终大致形成了外实内空的"荷包蛋"圈层格局
	破窗效应理论	空心化初期，某一户或几户由于经济条件的改善，放弃狭窄和陈旧的老房屋，向外搬迁，而致使邻里关系被打破、环境恶化明显，加之攀比心理，周围邻居向外搬迁，并开始蔓延

续表

研究视角	理论名称	主要内容
成因机制机理	"推拉"发展理论	根据分析,将收入、投资、机遇等看作离心力,乡村文化、邻里关系等看作向心力,分别探讨了农村空心化的成长、兴盛期、鼎盛期、衰退期两种力的变化
优化调控策略	"三整合"理论	以建设新农村为契机,以整治空心村为切入点,借助农村地域系统的"空间重构、组织重建、产业重塑",通过"三整合"实现农村要素合理优化配置

2.1.2 现象表征与过程机制

农村空心化问题已引起不同学科学者的普遍关注。从研究视角看,逐步从初期对农村空心化现象的内涵(程连生等,2001;薛力,2001;雷振东,2002;刘彦随等,2009)、基本特征(张逸风,2005;刘彦随等,2009;李丽,2009;龙花楼等,2009a;陈玉福等,2010)、成因机制(Andrzej,1992;冯丽,2008;White et al.,2009;)与对策制定(单胜道,2000;王成新等,2005;范远超,2007)的关注,转移到对农村空心化的演化规律(程连生等,2001;王成新等,2005)、驱动机制(Yukihiko,2007;刘彦随等,2009;龙花楼等,2009a)、潜力调查与测算评价方法(陈亚婷等,2010;朱晓华等,2010a;刘园秋等,2011;纪广韦等,2011)、整治模式(张昭,1998;谷晓坤等,2007;刘彦随等,2009;高超和施建刚,2010;陈玉福等,2010;肖碧林等,2011)、管理决策与调控(单胜道,2000;王成新等,2005)等深层的探讨。研究方法上,初期研究多以定性描述为主,目前,主要结合农户调查数据和高分辨率遥感影像数据,综合集成地理、土地、"3S"等多学科理论及其技术手段,采用系统分析方法、指标体系法、计量模型与情景预测模拟等定量评价方法对农村空心化问题进行研究。研究尺度上看,主要集中在典型农区或者典型村庄,以微观尺度研究居多,对全国范围县域尺度农村空心化研究较少,这不利于国家从全国宏观尺度上对农村空心化问题的把握和制订合理的调控措施,亟需开展相关研究。

2.1.2.1 概念与内涵

概念、内涵认识的差异和深化,反映出问题研究的侧重和发展。学术界对农村空心化现象的描述,有空洞村、空壳村和空心村等多种术语。随着研究的深入,农村空心化概念和内涵得以不断补充、完善。

初期的研究主要集中在乡村聚落空心化(程连生等,2001;冯文勇等,2007)、乡村聚落空废化(雷振东,2002)、人口过疏化(Ediger,2006;Verburg,2009)和住宅的空心化(许树辉,2004)等问题上,侧重于对农村宅基地问题现象与演化特征的探讨。张昭(1998)从土地利用的角度把空心村定义为新住宅多向村外发展,村庄面积盲目扩大,农村内部出现了大面积的空闲宅基地的一种特殊结构布局的村庄。随后,范远超(2007)从成因机制角度将空心村定义为由于部分农户迁移到城镇居住,或农民在新建住宅过程中,没有合理规划,新建住宅大部分散漫分布在村庄周围,而致使村庄内存在大量的闲置宅基地和其他类型空地,形成外实内空、零零散散的房屋分布状态。还有学者从城镇化背景（薛力，2001）、村庄空间形态（程连生等，2001；许树辉，2004）、空心村形成原因（王海兰，2005）等方面给出了空心村不同的定义。刘彦随等（2009）结合山东典型村庄调研和系统的理论分析，指出农村空心化本质上是在城乡转型发展进程中，由于农村人口非农化引起"人走屋空"，以及宅基地普遍"建新不拆旧"，新建住宅逐渐向外围扩展，导致村庄用地规模扩大、闲置废弃加剧的一种"外扩内空"的不良演化过程，强调农村空心化是乡村地域系统演化的一种特殊形态，其结果产生了空心村。既包括土地空心化、人口空心化，也包括产业空心化和基础设施空心化，本质上是农村地域经济社会功能的整体退化。

2.1.2.2 基本特征与形态

农村空心化基本特征与形态也是研究热点。从村内外设施视角看，空心村村内部交通条件差，村外通行方便；村内外基础设施供给不足；教育、医疗等社会服务业发展滞后（张逸风，2008；刘彦随等，2009）。从村内住宅分布及景观格局看，随着距离村庄地理中心距离的加大，农宅平均规模、质量水平不断增加（王海兰，2005），代际演替性强（刘彦随等，2009），表现出强烈的村庄内部的大量闲置房屋长期无人居住和维修，倒塌废弃日益严重，村外路周边新房占地、空置增加。从村内人口结构看，青壮年劳动力少，老幼和妇女留守现象普遍，农村主体弱化、老龄化明显。从空间形态看，由于各地区社会经济发展程度、地形条件、村庄原有基础、区位条件等方面存在明显差异，其空心村的表现形式也明显的不同（李丽，2009）。主要有受区域空间拓展与差异影响，规模较大、相隔较远的农区村庄通常表现为单核同心圆式空心村（薛力，2001）；村庄相隔较近的地区则形成多核式空心村，而不同的应力会引致环状、扇状、带状等不同空间模式（程连生等，2001）。地形、河流、道路等因素和村庄原有形状的不同，将产生差异化的空间形态，并表现为圆形、扇形、矩形、带状、跳跃式等多种形式（许树辉，2004）；不同时期农村建房规模、房屋结构，与农村经济发展水平、土地管理调控、人口生育政策变动有着密切关系，村庄房屋建设及空心村演化表现了明显的人文经济要素作用的痕迹，在空间上具有多类型模式交互出现、叠加发生的组合式（刘彦随等，2009；龙花楼等，2009a；陈玉福等，2010）。

2.1.2.3 演进过程、地域类型及其特征

农村地理区位、资源禀赋、社会经济发展程度等差异，造成农村空心化发展过程和阶段不尽相同，空心村整体特征存在差异。程连生等（2001）从聚落范围和人口密度在地域上的消长规律入手，基于城市扩展理论建立了村庄空心化过程模型，把农村空心化过程划分为村核带增长过程、村核带膨胀过程、缓冲带增长过程、缓冲带膨胀过程和新扩带增长过程5个阶段。王成新等（2005）从新住宅所占比例、村落特征、新旧住宅布局、农房闲置率等方面，将农村空心化过程划分为初期、中期和晚期三个阶段。刘彦随等（2009）通过对东部沿海广大农村地区的调研、分析，提出农村空心化演化的生命周期过程和村内住宅建设的代际演替过程。

程连生等（2001）依据空心化聚落的潜育环境，即利用空间欲望、家庭数量、经济

收入和土地政策等要素构成雷达模型,并根据资源环境中所包含触发要素的多少,将村庄发展划分为最易空心化型、轻易空心化型、平易空心化型、较难空心化型与最难空心化型 5 种类型。龙花楼等(2009b)提出了空心村类型划分方法和突出现状特征、过程-形态统一性、治理措施和利用方向的一致性、主导性 4 个基本原则,根据各地区社会经济发展水平和自然地理格局的差异性,将空心村演化的类型区域划分为城乡结合部、平原农区、山地丘陵区和草原畜牧区 4 类,并给出了各类型形成的主要原因、特点、演进特征及其整治模式,从理论上解答了城乡结合部空心村演化阶段与过程。杨忍等(2012)基于农村土地利用、社会经济发展数据,采用子系统综合评价与层次逐级判断组合研究方法,综合评价了中国县域尺度的农村空心化程度,并进行了地域分区。

2.1.2.4 成因机制

20 世纪 90 年代以来,一方面随着我国城市化和工业化的快速发展,农村空心化问题日益显现;另一方面,受制于我国城乡二元社会经济结构的特殊体制,以及滞后的农村规划管理体制等因素,我国农村空心化问题比其他国家更复杂、更严重,如户籍限制造成"两栖"占地现象普遍,宅基地管理无序致使"一户多宅"现象突出。

关于农村空心化的成因研究,学者们主要集中在农村发展的资源与环境因素、经济与社会因素、体制与制度因素及管理与政策因素 4 个方面,并以此进一步提炼农村空心化动力机制。程连生等(2001)通过太原盆地东南部农村聚落空心村的调研,认为农村空心化的形成是低建筑成本、低移动成本和低土地成本三种力共同驱动的结果。王成新等(2005)透过村落空心化的表象,对北公村居民进行问卷调查和实地考察,将农村空心化的内在机制概括为村落向心力和离心力失衡的矛盾(客观因素)、经济迅速发展和意识观念落后的矛盾(主观因素)、新房建设加速和规划管理滞后的矛盾(环境因素)。王海兰(2005)把空心村形成的原因归结为固有村落缺陷、农村宅基地管理缺失、农村经济发展和住房需求膨胀、攀比心理等。龙花楼等(2009a)从经济、自然、社会文化、制度与管理 4 个方面阐述了空心村形成演化的影响因素,认为村庄空心化是由农户建房意愿增强和建房能力提升双重驱使下的建房需求增长与相应监管调控政策的缺位共同作用下的不合理农户建房行为,所导致村庄内部土地利用空间格局变化的一种过程和表征。王介勇等(2013)采用多元逐步回归方法分析农村空心化程度与影响因素之间的定量关系,研究发现农村空心化程度与户均宅基地宗数、人均耕地面积呈显著的正相关,而与村庄人均收入呈显著负相关。

2.1.3 资源环境效应及政策

农村空心化过程中要素的变化,对我国农村经济的发展有着极大的影响。学者对农村空心化的效应研究,主要侧重于土地资源尤其是耕地资源的流失、农业生产主体弱化、人居环境恶化和农村景观破坏、农村基础设施落后等。在对 20 世纪 90 年代中国土地利用矢量数据分析基础上,田光进等(2003)得出淮河与长江中下游、华北平原是农村居民点扩展造成耕地资源流失的主要地区。随后,单胜道(2000)、王成新等(2005)、范远超(2007)和陈玉福等(2010)学者通过大量的调研分析发现,空心村扩张过程中大量农用地被侵占,造成土地的浪费和多重占用;空心村伴随着精壮劳动力的流失,农田多为老年劳动力管理,削弱了农村的生产功能;空心村带来公用设施配给困难,增加了配给成本;空心村缺乏生活垃圾和污水处理设施,生态环境脏、乱、差,加之村内大量房屋的废弃、闲置,导致人居环境恶化和农村景观破坏严重。杨忍等(2013)研究表明,农村空心化与耕地利用集约度变化存在着耦合联动关系,空心化出现、成长期,农村劳动力向城镇转移,农村地区隐性失业问题得以解决,耕地利用集约度不断提升;农村空心化发展至兴盛期,农村地域发展面临主体弱化,耕地利用集约度有所下降;至空心化稳定期,健全的土地流转机制和农业现代化的持续推进,耕地利用集约度将反弹上升,最终趋于波动稳定。

针对农村空心化带来的问题,学者们开展了农村空心化政策研究。政策的提出与农村空心化的成因与效应有着较强的呼应性。概括起来主要有三个方面:①加强立法与宣传,提高土地集约节约利用意识。单胜道(2000)、王成新等(2005)提出通过深入开展土地基本国情和国策教育,加强土地开发管理法则和政策的宣传,提高全社会对土地开发整理在全面建设小康社会、实现可持续发展战略、保护和建设生态环境中重要作用的认识,增强公众参与和监督意识,珍惜土地。②改革农村宅基地使用制度,促进宅基地合理流转,尤其是改革现有的宅基地产权关系,探索建立具有中国特色的农村宅基地市场(刘彦随等,2009)。③创新耕地"补占平衡"及土地整理折抵建设用地指标异地调剂政策,加快推进农村空心化问题整治(刘彦随和刘玉,2010b)。

2.1.4 整治策略与实践模式

2.1.4.1 整治潜力

开展空心村用地整治潜力的调查与评价是实行空心村整治、进行土地综合整治规划的重要前提和基础。我国农村空心化整治潜力研究对象以农村建设用地尤其是农村居民点用地整治潜力为主,研究手段逐步由早期的定性描述转向定量评估、遥感探测。

陈亚婷等(2010)根据中国东南沿海区农村居民点整治的特点,从扩展可利用空间等5个影响因素层面构建了农村居民点整治潜力评价指标体系,根据评价指标的作用从中选取了筛选因子和全局影响因子,在此基础上提出了筛选法、多因素综合法、整体调控法相结合的综合潜力计算方法,分析了三个层次的潜力结果表达方式,并选取江苏省高邮市为例进行实证研究。纪广韦等(2011)以烟台市牟平区为例,以乡镇为单位,在社会经济条件和农村居民点用地调查分析的基础上,对农村居民点用地整治潜力进行测算,得到各镇农村居民点整治潜力及潜力系数,将区域划分为四级整治潜力区。朱晓华等(2010b)参考《土地利用现状分类》国家标准(GB/T21010—2007),构建了基于0.25m分辨率中科高清遥感影像的村域尺度土地利用现状分类体系,并在山东省禹城市牌子村进行了实际应用,准确反映了牌子村的土地利用结构及用地特征,而且还测算出该村所具备的土地资源整治潜力,取得了良好的实际应用效果。其研究成果可直接为我国村庄特别是空心村土地综合整治潜力的调查与评价提供技术方法的有益参考和有力支持。随后，朱晓华等（2010b）进一步以山东省禹城市徐集等13个典型村为例，深入开展了典型空心村选取、村庄尺度土地利用现状分类体系构建、宅基地利用属性调查表设计、高分辨率遥感影像（分辨率0.25m）使用与解译、空心村整治潜力类型及其测算方法等研究，逐层递进地构建了空心村用地潜力调查与评价的成套技术方法，是对传统土地利用研究的有益创新，取得了良好应用效果。刘园秋等（2011）以河北省清河县为例，采用层次分析法分析和测算农村建设用地整治潜力，界定了挂钩规模的允许范围，并对项目区增减挂钩的布局进行了安排；研究得出挂钩是优化土地利用结构、推进节约集约用地的一项重要手段，最终可以实现增加耕地有效面积，提高耕地质量，节约集约利用建设用地，使城乡用地布局更合理的目标。鲁莎莎和刘彦随（2013）结合自然条件和土地资源特点、农村居民点用地的有关法律规定，采用综合修正系数对理论潜力进行修正，测算出106国道沿线样带区不同农村空心化演进类型的现状潜力和远景潜力。研究表明：106国道沿线样带区县域农村空心化指数为0.18～0.82，现实转化潜力系数为0.07～0.32；2009年、2020年农村居民点整治的现实潜力分别为93 219.4 hm^2、145 430.0 hm^2，村庄整治增地率分别为6.8%、11.4%。

2.1.4.2 整治实践与模式

农村居民点土地整治是解决我国农村居民点用地浪费、居住环境差和增加耕地面积的重要措施。我国农村空心村整治已涌现出一些实践范例和典型模式。例如，张昭（1998）结合河北省不同地区不同市县的具体特点，把河北省空心村整治拟定为村庄合并开发耕地模式、空闲宅基承包开发模式、旧宅基利用建新宅基模式和新增乡镇企业占用旧宅基模式共4种；高超和施建刚（2010）将上海各区县宅基地置换模式概括为货币置换、异地住房置换和异地宅基地置换三种，并探讨了佘山镇宅基地置换运作模式和对策建议；谷晓坤等（2007）在综合分析浙江省嵊州市农村居民点整理驱动力的基础上，提出了"三方共建"模式，其特点是政府相关部门、村集体经济组织和村民三方共同出资共同实施整理。肖碧林等（2011）在综合分析我国农村宅基地置换涵义和当前全国宅基地置换工作实践基础上，总结出4类宅基地置换模式：城乡统筹模式、城中村和园区村改造模式、宅基地整理模式和增减挂钩模式，其实质是实现了政府为主导，企业参与的土地发展权转移，但都存在潜在的问题；陈玉福等（2010）以山东禹城市为例，基于48个典型村庄、401份农村空心化与空心村整治意愿的农户问卷调查，重点开展了空心村整治模式的实证研究，围绕构建新型城乡关系和推动农村空间重构、资源整合、集约用地的指导思想，将国家战略同农民意愿有机结合，提出了城镇化引领型、中心村整合型和村内集约型等空心村综合整治模式。刘彦随等（2009）以山东省禹城市为例，系统地探讨了空心化村庄整治的基本原则、发展理念与规划方案，并进行了整治示范工程，重点研究空心化村庄整治引领新农村建设、耕地红线保障和城乡土地统筹配置"三位一体"目标的机制、政策与模式。

2.1.4.3 国外农村空心化整治实践

农村空心化现象在国际上具有一定的普遍性，如欧美发达国家乡村地区衰落问题，韩国的"落后农业国"问题，日本的"农村人口过疏化"现象，以及英国城市发展过于集中导致部分村镇人口过剩、居住环境被大幅破坏等问题，都是农村空心化的表现形式（Andrzej，1992；Yukihiko，2007；White et al.，2009）。为此，各国进行了种种探索。英国于20世纪40年代先后颁布了新城法案、城乡规划法案等，对乡村地区的开发建设采取严格的控制政策，以阻止乡村的无序发展和蔓延。法国政府在1995年的《空间规划和发展法》中提出了"乡村复苏规划区"方案，将乡村划分为郊区乡村、新乡村和落后乡村三类，然后提出了各类乡村的空间发展规划宗旨；进一步地通过保护农业、改善住房和公共服务设施、减税政策，帮助乡村复苏，引导社会资金向乡村复苏区投入。韩国政府积极开展"新村运动"，以改革居住条件、修建公路、改良农牧业品种为基础，引导投资进行村庄建设，兴建各种公共设施，调动农民建设家乡的积极性；在发展畜牧业、加工业以及特产农业的同时，积极推动农村金融、流通和保险业的发展等措施，扭转了乡村衰败的局面。日本1965年掀起的"平成大合并"运动及《过疏地域措置法》的颁布，大量"村制"地方公共团体被撤销，跳跃式推进了农村城市化，实现了行政服务的广域化；涌现出一批城乡一体或以城带乡发展型的田园都市，树立并提高居民所在市町村对外的良好形象，为地区社会发展与经济建设创造了新契机。

2.2 农村地区土地利用变化及其效应

人类生活在一个"人类-环境"交互作用的复合地球系统中。作为地球陆地系统最重要的组成部分，土地系统是人类-环境关系的纽带和桥梁，对于理解和弄清人类-环境复杂关系具有重要作用（GLP，2005）。人类为了自身的生存和发展需求，通过对自然资源的开发、经营和利用，在获取大量的产品、服务和财富的同时，也剧烈地改变了地球表层的土地利用方式或土地覆被（唐华俊等，2009）。

按照土地利用现状类型划分，农村地区土地利用涵盖了耕地、林地、草地、水域、建设用地和未利用地六大类型。其中农用地（直接用于农业生产的土地）包括耕地、园地、林地、牧草地，以及畜禽饲养地、设施农业用地、农村道路、坑塘水面、养殖水面、农田水利用地、田坎、晒谷场等用地。因此可以进一步地将农村地区土地利用类型划分为农业用地、建设用地和其他用地，其他用地主要包括未用于农业生产的水域、未利用地。

根据地租理论的解释，在对土地产品的需求持续增加的情况下，有两种途径可以应对需求的增长：扩大生产这种产品的土地面积；或者提高现有土地的劳动或资本集约度，以增加产出，即土地利用集约化。相反，在需求下降的情况下，土地利用上也会有两种响应：地租产出能力低的部分土地退出生产过程；或者土地的劳动或资本集约度下降。前者被称为土地边际化，后者被称为土地利用粗放化。到底采取调整面积还是集约度的途径来应对需求变化，则取决于土地的集约边际和粗放边际（李秀彬，2008）。

土地利用变化有两种类型：一是面积变化或称为用途转移；二是集约度变化（李秀彬，2008）。因此，关于农村地区的土地利用变化研究也不外乎对这两种类型的探讨。

2.2.1 农村居民点用地利用

农村建设用地可以分为工矿用地、农村居民点用地、公共管理与公共服务用地和交通运输用地，本节主要综述农村建设用地中农村居民点这一用地类型。

农村居民点是社会经济发展到一定阶段的产物，是农村居民生活和生产的主要场地，也是农村土地的主要组成部分（谭雪兰，2011）。从农村居民点用地利用变化看，美国1980~1997年农村居民点用地变化快速增长（Vesterby and Krupa，2002），并对生态系统产生负面影响（Hansen et al.，2005），博茨瓦纳城乡结合地区农村居民点处于外延无序扩张状态（Musisi，1996），农村居民点用地面积扩张已引起了国外学者的广泛关注。在我国，农村居民点仍是农村人口聚居的主要形态，其突出特征是规模小、数量多、居住分散，人均建设用地面积较城镇人均建设用地高，与发达国家城镇扩展是居民点用地开展的主要形式不同，我国农村居民点用地占绝大比例（田光进，2003），是城乡建设用地的重要组成部分。李秀彬（1996）和龙花楼（2006）以长江沿线为例，研究了区域内的农村宅基地变化及其转型特征；蔡为民等（2004）运用一系列景观指数，以黄河三角洲地区为例，系统地研究了农村居民点景观格局变化。

近年来，以宅基地废弃与土地闲置为主要特征的农村空心化现象日渐严重（刘彦随等，2009），学术研究逐步由对农村居民点布局现象的解释发展到对农村居民点集约利用评价及整治研究。

关于农村居民点集约利用评价，研究集中在集约利用评价方法、影响因素、对策措施三个方面。赵若曦等（2012）从"节约集约用地内涵"出发，建立了农村居民点用地节约集约利用评价指标体系；运用SPSS13.0和Stata9.0软件，采用相关系数检验、逐步回归，并建立面板数据回归模型，分析得出经济发展水平依然是我国农村居民点用地节约集约利用最主要的影响因素，也是农村居民点用地实现更高节约集约利用水平的根本推动力。魏洪斌和廖和平（2011）以重庆市开县为例，通过构建多因素的农村居民点土地集约利用评价指标体系、多因素综合评价模型，得出开县目前大多数地区土地利用处于适度及粗放利用状态，并针对性地提出了保障土地节约集约利用的对策措施。刘巧芹等（2011）基于石家庄市农村居民点用地增长过快对土地持续利用、经济和社会发展构成严重制约的现实，在农村居民点用地集约利用潜力评价内涵界定和集约利用分区的基础上，构建了农村居民点用地集约利用潜力评价指标体系，建立评价模型，以县为评价单元，对石家庄市农村居民点用地集约利用潜力进行了实证研究，按综合评价分值高低将18个评价单元划分为集约利用潜力很大、较大、较小3个级别，提出石家庄市农村居民点用地集约利用的有效途径。

农村居民点用地整治是合理利用土地资源、扎实推进新农村建设、统筹城乡发展的重要突破口（陈秩分等，2012），现已成为乡村地理研究的热点领域。目前，关于农村居民点整治研究主要涉及整治分区、整治潜力、整治模式和对策策略4个方面。国土资源部出台的《土地开发整理规划实例》中对农村居民点用地整理进行了研究，涉及农村居民点土地开发潜力的含义及潜力的计算方法、效益，并提出了以人均宅基地用地标准计算、以户均宅基地用地标准计算、以土地利用总体规划和城镇体系总体规划为标准、项目工程标准、抽样调查资料标准 5 种潜力分析方法。刘玉等（2011a）以环渤海地区 327 个县域为评价单元，从整理潜力、整理能力和整理迫切度 3 方面构建农村居民点用地整理分区的概念模型，利用熵值法确定权重并计算综合评价值，运用指标判别法将研究区划分为 5 种类型区。研究认为，优先整理区着重推进城镇化引领型的村庄整治模式；重点整理区依据组织整合、产业整合、空间整合的原则适时推行区域内部"城市建设用地增加与农村建设用地减少"相挂钩；优化调整区应以内部挖潜为主推进农村建设用地调整；适度整理区在整理过程中重点关注农村生态环境的改善；挂钩项目优选区应实施整域推进的区域整理模式，实现城乡等级体系重构和现代高效农业园区建设的有效结合。李乐等（2011）以北京市顺义区为例，统筹考虑城市、产业、交通、生态规划外部性特征，建立规划导向度分析指标体系，定量分析相关规划的外部性对农村居民点整治和发展的影响，并划分规划导向区和限制发展区，将全区农村居民点划分为高度实力、中度实力和低度实力 3 个类型，并与规划导向度分析结果相结合划分出 4 类农村居民点整治规划区；研究表明，基于规划导向度的农村居民点整治可以充分利用规划分区的外部性和自身社会经济实力，实现农村居民点多元化和因地制宜的整治和发展模式。马佳和韩桐魁（2008）以 C-D 生产函数为基础建立 C-D 生产函数修正模型，运用该模型探讨近郊区和远郊区（农村腹地）农村居民点用地集约利用的最佳人均投入量估算，并以湖北孝感市孝南区为例进行实证，估算了在现有经济与技术条件下，其近郊区代表——新铺镇的最佳人均农村居民点用地量为 $86m^2$，这个标准远远低于现状水平，新铺镇农村居民点用地仍有较大潜力可挖。陈秧分等（2012）首先理论解析以非农就业程度表征的农户生计转型和以人均农村居民点用地面积度量的农村土地利用特征的相互关系，应用 GIS 技术和空间自相关分析方法研究中国县域尺度农户生计转型的存在性、拐点值及其主导下的农村居民点用地整治适宜区域。结果表明，农户非农就业程度与人均农村居民点用地面积存在倒"U"形规律；资源禀赋、经济发展阶段、地形等外部因子影响农户生计与农村土地利用的相互关系；控制资源禀赋、地形等外部因子作用的农户非农就业程度拐点为 38.36%，结合人均农村居民点用地规模，可将中国县域划分为适宜程度依次递减的优先整治区、优化调整区、适度挖潜区与限制整治区 4 种类型区；最后，提出了切实反映农户生计特征的区域农村居民点用地整治政策建议。

2.2.2 农用地利用及其效应

农用地利用如何从面积和集约度上响应需求的变化，国外发展了一些解释性的假说，包括马尔萨斯人口论的土地面积持续扩张假说、博斯鲁普的需求诱发型集约化假说、吉尔茨的集约度弹性假说、土地利用粗放化假说（李秀彬，2008）。这些假说从不同角度揭示出农用地面积和集约度变化与农业的增长与衰退、人口数量有着密切的联系，而备受关注。

农村空心化过程中，农村人口不断减少，劳动力析出严重，农村地区人地关系发生了较大的变化。为此，国内学者围绕农用地利用变化及其与农村人口变化的关系开展了大量研究。Li 和 Wang（2003）以复种指数、化肥使用量、灌溉面积、粮食产量与单位面积产量等指标，对我国 1981~2000 年农地利用集约度变化的区域差异进行了研究。刘成武和李秀彬（2006b）以价值形态的农作物种植成本为表征指标，对我国 1980~2002 年农地利用集约度的变化特征进行了年际间、不同种植业之间与不同区域之间的比较研究，得出：近 20 多年来，我国农地利用的集约度不断提高，农地利用主要以物质成本投入为主，物质成本投入相对稳定，而劳力成本的投入变化较大；不同种植业生产在总的时序变化规律上差异不明显，但不同区域之间农地利用集约度的变化特征差异显著。崔丽和许月卿（2007）从投入强度、利用程度、利用效率和持续状况 4 个层面构建评价指标体系，采用熵值法确定指标权重，综合指数法计算 1985~2005 年河北省各县（市）的农用地集约度，结果表明：土地投入强度对农用地集约利用水平的影响较大，各县（市）农用地集约利用水平表现出明显的区域性差异，农用地的投入强度和持续状况都表现出提高的趋势，而农用地的利用程度和利用效率则有所下降。贺三维等（2012）提出基于动态模糊神经网络的农用地集约利用评价模型，并应用于陕西省实例研究，得出陕西省农用地的集约度存在陕北、关中、陕南空间分异；农用地集约度与农民人均纯收入呈显著正相关，高于人均 GDP、城市化水平，农民人均纯收入是影响农用地集约度的主要因素。辛良杰等（2011）对近年来我国普通劳动者工资的变化对农地利用的影响进行了分析。结果表明：近年来随着我国普通劳动者工资的增长，东部发达地区的部分省份，其复种指数已经出现了明显的下降趋势，物质和服务投入中，省工性投入比例增加，农业种植结构向蔬菜作物和茶果园转变明显，且有逐渐蔓延之全国的趋势。

  以上研究的共同点是把农用地作为一个整体进行考察，采用不同的模型方法和指标，重点研究了农用地集约利用程度及其影响因素评价。农用地中，耕地无疑是最受关注的对象，有必要对这一用地类型的变化特征及其驱动机制进行单独综述。

  作为可变性最强的土地利用类型之一，耕地已成为保障食物安全与解决"三农"问题的基础资源、保障区域建设发展的载体资源以及保障区域生态安全与改善人居环境的基础要素（宋小青和欧阳竹，2012a）。影响耕地变化的因素复杂多样，下面将主要从农户耕作行为对耕地利用的影响进行综述。

  陈美球等（2006）通过对江西省 16 县（区）21 村的农民耕地利用行为的调查，对在不同生存发展环境下农民的耕地保护意识、耕作目的、铲地投入、耕地流转进行了比较分析。分析结果表明：随着生存发展环境的改善，农民保护耕地的责任意识在不断降低，他们耕种耕地的主要目的更多地停留在满足自家口粮上，耕地土壤改良、水利基础设施建设的资金投入意愿在降低，劳动力的投入更是很少，但他们对耕地的短期流转意愿却在增强。随着农户兼业行为的发展，Hao 和 Li（2011）以内蒙古太仆寺旗为例，分析了农户兼业及其对耕地利用的影响。结果表明：随着农户兼业程度的增加，农户经营土地总面积先增后减，而劳均耕地面积呈递减趋势；种植结构上，纯农业户和一兼型农户对粮食作物和蔬菜的播种比例更高；耕地利用投入方面，劳动力和役畜投入逐渐减少，而机械和化肥的投入一兼型农户最多，纯农业户次之；兼业化程度越低的农户倾向于转入更多的耕地。孔祥斌等（2008）基于农户土地利用行为变化的相关理论，创建了基于农户土地利用行为的"压力—状态—效应—响应"的耕地质量变化框架模型，构建了基于农户土地利用行为的"耕地质量评价指标体系",以北京市大兴区为研究样区研究发现:随着家庭联产承包责任制的深入,农户耕地利用差异性增加,国家的农业基础设施投入也显著提高,是耕地效应指数整体增加和空间变异性增大的原因;2000年以来,农户的土地利用目标转型,土地投入差异进一步扩大,导致耕地质量提高幅度降低,耕地质量的空间差异性进一步增强。为了促进耕地质量整体提高,需要进行土地产权机制创新,以促进土地投入水平的整体均衡增加。田玉军等(2010)采用logistic回归模型对宁夏南部山区农业劳动力析出对生态脆弱区耕地撂荒的影响进行了分析,研究发现,撂荒耕地面积与劳动力外出数量、时间及农户所拥有的耕地总面积呈正相关,耕地中的坡耕地和旱地首先被撂荒,这种撂荒行为有助于生态环境的自然恢复。

2.3 农村地区资源环境变化

我国快速城镇化、工业化和农业现代化推进,既促进了乡村地域的发展,也带来了诸多的矛盾和问题,引发了经济社会结构的质的变化。其中,农村地区的空心化问题已严重阻碍了城乡统筹发展和新农村建设步伐,也深刻地改变着农村资源环境。

如何最大限度降低资源环境的负面效应,逐步实现城乡一体发展目标,促进国家和区域的科学、可持续发展?翟彬和聂华林(2010)认为实现城乡一体的核心在于加强城乡联系,促进城乡互动,通过城乡统一规划、土地混合利用和构建生态系统等,最终实现城乡可持续发展;在区域层面上,应致力于区域内部协作和区域一体化发展。通过对相关文献的进一步研读发现,目前,学者对农村资源环境的关注可以从农业现代化、城镇化和工业化对农村资源环境的影响、农村资源环境保护机制以及资源环境指标测度与效应评价方法5个方面进行综述。梳理已有的农村资源环境研究,可以为农村空心化的资源环境效应研究提供更多的视角和启示。

2.3.1 农业生产对农村资源环境的影响

农业是自然再生产和经济再生产相互交织的生态-经济复合系统(姚成胜和朱鹤健,2007;刘彦随和郑伟元,2008)。农业现代化注重现代科学技术、现代工业产品和先进管理方法的应用,但其基本策略都是建立在能源和化学高度集约的工业化农业模式。工业辅助原料的过度投入,深刻改变着传统的农作方式,对资源环境产生了巨大的影响效应(王凯荣,1999),导致地力受损、土壤板结、地下水污染、视觉景观破坏等一系列问题(赵玉萍等,2007;文传浩等,2008)。例如,日本早期农业现代化过程中,高投入及大量使用化肥、农药导致了沉痛的资源环境代价,包括土壤污染、农药与化肥等残留污染、农畜产品加工排出物污染、水质水体污染、大气污染等多个方面(衣保中和闫德文,2006)。在甘肃省,除甘南区处在低施肥量区,其余4个区化肥施用量均超过全国高施肥量区的平均值,其中河西区施用量已超过全国平均高施肥的3.22倍,粮食/施肥产出率仅4.8kg/kg;甘肃省河西区农药和地膜平均施用量最大,对环境的影响是土壤有效营养元素失衡、土地板结、保水保肥能力下降、地表水和地下水受到污染;农作物品质下降,有机磷农药蔬菜检出率为76%(尉元明等,2005)。

进一步地,学者们深入探讨了集约化农业生产模式对农村资源环境影响的微观机制。以化肥施用为例,Pamela和Matson(1998)通过分析农业生产中过量氮肥的使用,土壤硝酸盐通过淋溶作用进入,不仅能造成农作区水体的污染,而且使下游地表水的硝酸盐浓度有所增加,导致水体污染。我国许多地区也已面临着严重的地下水硝酸盐污染问题(张维理等,2004;文传浩等,2008),刘兴权等(2010)采用地统计学方法,对山东省种植区地下水硝态氮含量数据进行空间变异分析。结果表明,不同区域地下水硝态氮含量存在一定的差异,存在明显的趋势效应以及变异性,且含量随地下水深度增加而减少。通过相关性分析,获得与地下水硝态氮含量相关性最高的两个因子——土壤有机质含量和全氮含量,并作为协克里金(Cokriging)插值方法中的协同因子,对山东省地下水硝酸盐污染进行插值。经比较分析,协克里金法比普通克里金法的精度高,减少了80%的平均误差。协克里金法空间插值结果表明,空间分布规律表现在从西南到东北逐渐升高的方向性效应,而地下水硝态氮含量较高的区域主要分布在潍坊、青岛、烟台种植区,如青岛的平度、莱西,潍坊的寿光等农业较发达的种植区。此外,各种速溶性肥料的频繁施用,极易造成降雨与施肥期的耦合,引发农田氮磷通过径流、淋溶和地下水径流等形式进入水体,造成水体污染和富营养化。

2.3.2 城镇化过程中农村要素的变化对农村资源环境的影响

城镇化问题是当代中国社会经济发展综合性的重大问题,涉及自然资源的合理开发利用、环境基础、农村人口适度转化和人类生存空间高质量化提升的根本问题(姚士谋,2008)。城镇土地利用变化是区域环境演变的重要组成部分(史培军和袁艺,2001)。我国城镇化率年均递增达1个百分点,城镇化战略走的基本上是一条土地资源依赖型的发展道路,城镇化快速发展过程中不合理的土地利用方式,不仅导致土地资源的巨大浪费和破坏,而且带来严重的生态与环境问题(刘彦随等,1999;李静会等,2004;杨庆媛等,2006;张友安和郭尚武,2004)。张淑敏(2009)将城镇化占地分为直接占地、间接占地和诱发占地,并对北京、上海、济南等城市城镇化过程中的土地占用进行了分析,发现城镇化建设用地按直接占用<间接占用<诱发占用的倒"金字塔"形结构排列,城镇的实际活动大大超越了城镇自身的有限空间;王映雪(2009)以西南生态脆弱区云南昭通为例,分析探讨了农村城镇化发展的资源环境效应,得出城镇化过程中城镇的无序扩张,大量的耕地、林地、水域被建设用地侵占,城郊土地闲置,造成了土地浪费和耕地资源的快速流失,生态环境的脆弱性增大。

受制于我国城乡二元经济结构、户籍制度等因素,我国城镇化水平滞后于经济发展(陈明星等,2010),20世纪90年代以来,乡村人口以年均1000多万的规模涌入城镇,成为城镇化的重要方式(卢向虎等,2006),但由于生活成本较高、农转非的制度约束等因素,导致乡村人口"两栖"占地现象普遍(刘彦随等,2009),农村空心化现象严重。李君和李小建(2008)以河南省石棺村为例,通过实地走访和农户调查,发现大量耕地被占用及土地资源闲置浪费,农村空心化打破了原有村庄相对集中、同族临近的空间居住格局,四世同堂、亲缘邻近、邻里和睦的关系逐步弱化,影响到各种社会经济关系的重构,农村人居环境恶化。Long 等(2009)基于遥感影像数据对苏南地区农村居民点用地变化进行分析时发现,农村空心化扩张过程中,92%的居民点用地由耕地转化而来。

2.3.3 工业发展对农村资源环境的影响

工业化水平与规模、工业布局、经济增长方式等因素对资源环境产生了较大影响。城乡转型过程中工业化发展带来的资源环境效应及其区域性特点,深刻地影响着农村地区的生产生活活动。工业化发展因其巨大的资源消耗、化石燃料的使用以及污染物的排放,如有害气体、烟尘、废水、固体废弃物等,在带动经济发展的同时,使得区域资源环境恶化与污染。以乡镇企业为主体的中国农村工业化,最主要的特征就是农村资源(包括自然资源、劳动力资源和资金等)的就地开发、就地利用和就地转化,表现出布局分散化、规模小型化、产业趋同化的特征,这种"村村点火,户户冒烟"遍地开花式的发展格局,更是直接带来了严重的资源浪费、环境污染和生态破坏问题(姜百臣和李周,1994)。于术桐等(2008)采用区域生态经济系统物质代谢分析方法,以快速工业化阶段的江苏省通州市(现南通市通州区)为例,以食物、能量、水、非食物性物质以及固、液、气三相的废弃物为对象,探讨了工业化对自然环境的影响,得出工业化的快速发展,通州市县域生态经济系统物质代谢演变趋势加快,代谢速率远远超过了自然生产力和自净速率,有害废弃物迅速积累,致使资源环境恶化。王腊春(2009)基于江苏省的 54 个小城镇水污染进行了调查,研究发现:一方面,工业化和乡镇企业的迅速发展,污水废水排放量大,而污水处理设施建设滞后,工业污水排放达标率低,导致水污染情况日益严重;另一方面,乡村工业用水循环利用率低,水资源浪费严重。钟德平(2010)分析了工业固体废弃物的危害,主要包括占用土地和污染土壤,污染水体,固体废弃物中的尾矿、粉煤灰和垃圾中的微粒进入大气会降低能见度,污染大气等。刘晓华(2010)首先对酸雨的成因进行了分析,认为工业发展和汽车使用过程中 SO_2 的排放是酸雨的社会成因,进而探讨了酸雨的危害,可造成土壤的酸化、森林退化等资源环境问题。

2.3.4 资源环境指标测度与效应评价方法

随着 GIS/RS 等技术手段的不断发展,对资源环境效应的定量化分析研究也日趋完善,主要包括综合指数或指标体系、计量模型、GIS 分析及仿真模拟方法等,评价内容涵盖了水环境、土地资源和大气环境等多种资源环境因素。

在评价单因素对资源环境的影响时,如从产业结构、居民消费结构、城市化过程、能源消费和土地利用变化等角度,考察城乡发展转型过程中要素变化对资源及生态环境的影响,学术界主要应用相应指数或指标体系。张芳怡等(2009)通过定义不同土地类型的相对生态服务价值,分别运用区域生态环境质量指数和区域土地利用变化类型生态贡献率,系统评价了苏州市土地利用变化的生态环境效应;高练和周勇(2008)运用土地利用变化动态度指数、生态系统服务价值评价和敏感性分析等方法,分析了武汉市土地利用/覆盖变化的环境效应;宋翔等(2009)运用生态环境质量指数,建立了各土地利用类型与生态环境质量之间的数量关系,定量分析土地利用变化对生态环境质量的影响。张东青(2009)构建了产业发展的生态环境影响系数与产业结构生态环境影响指数,分析了诸城市产业结构的变化对生态环境的综合影响;刘述锡等(2010)构建了包括生物效应、生态系统功能效应和环境效应三方面的生态环境效应评价指标体系,运用层次分析法与赋值综合评价法对围填海的生态环境效应进行综合评价;师华定等(2010)采用排放系数法估算了1980~2004年时段我国农村能源消费的CO_2及主要污染物的排放量,比较了传统生物质能源与煤炭为主的商品能源的消费特点与环境效应;杨友孝和蔡运龙(2000)采用一体化核算体系(SEEA)对我国农村经济发展的资源与环境代价完成测度。

系统评价及模拟分析发展过程中生态环境效应时,多采用计量模型进行定量化研究,如徐晓勇和雷冬梅(2010)运用生态足迹分析模型,以云南省为案例区,定量研究了区域产业结构变化的生态环境效应;Brown(2002)采用能值分析,对电力产业发展对生态环境的影响进行了评价;国内学者杜博洋等(2008)应用能值理论,综合评价了河北农田生态系统资源环境效应;刘耀彬等(2007)采用耦合度模型,对城市化发展与资源环境效应的强度进行了耦合度分析;孙强和蔡运龙(2008)应用 L-THIA GIS 模型,模拟了长时间段内城市扩展带来的土地利用变化及其对城市非点源污染的宏观影响态势;王张成和马海峰(2010)建立向量自回归(VAR)模型,通过脉冲响应函数刻画产业对环境的影响轨迹,分析产业对环境的动态影响机制;邱桔等(2006)与蔡克光等(2007)通过实证研究,分析验证了城市化与生态环境之间呈现出倒"U"形曲线关系。

2.3.5 农村资源环境保护机制

建立必要的资源环境保护机制是减少城乡发展转型对农村资源环境不利影响、实现区域和城乡可持续发展的基本保障,主要调控机制包括法律保障、经济调控、公民参与等方面。

1. 法律保障机制

发达国家往往建立有完善的法律体系实现对乡村发展控制和环境保护。以养殖业污染的防治为例,美国、加拿大和日本都有完善的禽畜养殖业管理法律体系,欧盟也制定了禽畜养殖相关标准(曾鸣,2007)。借鉴国外环境保护法经验与国际环境保护法制接轨,建立中国农村环境问题的法律调控机制(王迪新,2006),是我国保护农村资源环境的基本前提,由于农村环境问题的核心是农村土地污染问题,因此,有研究者认为立法的核心应关注农村土地污染问题(朱立志和王蓉,2007)。

2. 经济调控机制

环境、生态经济学者致力于环境的价值化,为环境污染和环境保护的代价制定了量化衡量标准。Dales(1968)应用产权理论讨论了环境资源产权的设置与生态环境破坏的关系问题，提出了排污权交易的设想。Anderson 和 Leai（2000）提出的环境资源的资本化经营方式，就是通过对环境资源的休闲、观赏和文化价值的产权界定，使环境产权具有资本的意义，成为"环境资本"。从实践层面，不少国家利用财政政策防治环境问题，如印度尼西亚和孟加拉国通过减少对农药和肥料的补贴，鼓励有机耕作，反而增加了粮食产量，提高了效率并减少了对环境的负面影响；巴西取消了导致过量土地开垦的补贴，也起到了保护生态环境的效果；美国的一系列土地保护政策的中心内容是政府给予经济补贴，鼓励农民休耕或退耕部分种植粮棉的耕地，以便保护土壤免遭侵蚀（曾鸣，2007）。

3. 公民参与机制

农民的环保意识在资源有效利用和生态环境保护中发挥着重要作用的观念已被广为接受。波兰在防控非点源污染时，其农业部门在每个地区都建立了农业推广服务中心，负责农业生产服务和组织培训、研讨会和示范工程。大部分农民都可以免费享受服务，他们提供的服务包括：土壤分析，每年一次的动植物生产规划，农场营养平衡，有效的农药化肥喷涂设备使用，高效利用农药化肥实验演示，介绍有效的农药储存设施，粪便储存设施和生活污水处理设施（Dzikiewicz，2000），这些措施极大地减少了不必要的农业污染，保证了农产品的安全。因此建立农村中间型环境保护公益组织，借助环保教育等手段，培养公民的环境保护意识（张祖庆，2008），建设可持续发展为主导的农村环境文化（林佳梅，2008）是未来中国农村环境保护亟需努力的方向。

4. 工程技术革新应用机制

新材料、新能源和新技术的应用是降低资源浪费、保护环境的重要手段。在乡村转型过程中注重推广生态农业，控制畜禽养殖业污染，推广利用沼气（张波，2004）。在住宅建设上，根据各地自然环境，广泛采用节能、环保材料。同时，加强了农村社区卫生管理和污染物处理系统建设，譬如通过推进垃圾分类处理，改善农村社区环境（况安轩，2010）。环保技术的革新和推广，为城乡转型过程中切实改善我国农村环境条件、促进环境保护提供了强有力的保障。

5. 规划与制度创新

发达国家的经验显示，综合性的空间规划和管制有利于保护农村地区资源环境。Osbom 和 Datta（2006）分析了政府在治理破坏环境行为时所采用的环境管制与非管制的优缺点，认为单一的环境政策对保护环境的效果不是很明显，应综合包括管制、规划、排污权交易、居民自治等多种手段，形成保护生态环境的综合措施。管制应该充分发挥政府和市场的作用，但也不应该忽视介于市场制度与强制性制度之间的自治制度，应该重视发挥参与者自发作用而实现的内在治理制度的作用（Ostrom，2005）。在空间规划创新上，美国的大都市区规划、日本的国土综合规划、英国的环城绿化带建设为城乡环境保护提供了诸多借鉴。

2.4 研究进展评述与启示

基于不同的时代背景和区域发展特点，国内外学者从不同尺度和实践相继开展并推动了农村空心化问题研究，逐步由现象表征、过程机制研究，到基础理论研究与提升，再到农村空心化的资源环境效应和对策研究，并用于指导农村空心化整治实践。

研究体系虽然较为完善，但通过综述可以发现研究仍然有不足之处。作为农村地域系统演化的重要过程，农村空心化现象及机制揭示较多，方法体系和理论基础研究较为薄弱，农村空心化要素变化及其资源环境效应问题的研究涉及较少，造成农村空心化研究与农村空心化问题解决、整治实践有严重脱节之处，如农村空心化是如何引起负效应的，其机制机理是什么？如何判断整治时机，做到"恰逢其时"的整治？现有研究并未对这些问题作出有效解答。为此，可以从以下几个方面深化研究：

（1）农村空心化过程中要素变化及其驱动机制。农村空心化作为城乡转型发展进程中乡村地域系统演化的一种特殊形态和不良退化性过程（刘彦随等，2009），是复杂的社会经济不良过程在村庄物质形态中的表现。那么，农村空心化过程中必然会有要素的变化和转移，其轨迹是怎样的？驱动机制是什么？

（2）要素变化引起的资源环境效应有哪些？传统农区农业生产是主要的活动，人地作用关系剧烈。随着农村空心化过程中要素的变化，人地作用关系的强弱程度也会发生变化，表现为农村地区土地利用的变化。

（3）要素变化与资源环境的作用机制是什么？如何量化辨识？既然农村空心化过程中要素变化能够引起资源环境变化，两者间存在怎样的作用机制？可以采用什么方法技术进行直观的量化辨识？

（4）要素变化与资源环境的作用规律探寻。农村空心化所处阶段的不同，要素变化会有强弱的差别，那么资源环境变化是否也会有相应的阶段，两者之间的作用关系有没有规律可循？

第3章 农村空心化及其资源环境效应的理论解析

农村空心化过程及其资源环境问题综合性、系统性较强，需要以不同的学科和理论作为研究基础。本章从不同的理论视角对农村空心化过程及其资源环境效应涉及的主要问题作出解析，具体包括农村空心化演进机制、演进规律和农村人口空心化的解释，农村空心化与资源环境的关系、作用机制和规律，以及农村空心化与资源环境统筹优化路径、调控策略的理论基础。

3.1 相关概念辨析与界定

3.1.1 农村、空心村与农村空心化

"村"是我国最小的行政区划单位，农村又称为乡村，主要有两种理解：一种是指农村居民点，另一种是指农村地域。从居民点的角度看，农村是居民以农业生产为主要经济活动形成的聚落，即人类各种形式的居住场所。从空间地域系统角度看，农村是指城市以外的广大地区，也称为非城市化地区，是人类为适应最基本的生存条件，进行各种生产、生活活动而形成的人类聚居地的一种最基本形态，是社会生产力发展到一定阶段产生的、相互独立的、具有特定经济社会和自然景观特点的地域综合体（郭焕成和李晶宜，1999；孙艺惠等，2008）。

村域是一个自成体系的组织，具有系统的基本特征，是经济活动载体（费孝通，2005）。村域的边界大多是泛化的、模糊的，可能是一个村或是由数个均质的具有较强关联的村组成，具有生活性、生产性、生态性等特征，承载着农村家庭联产、乡村企业生产、农民日常生活、农村社区发展等农村居民的诸多生产、生活行为。村域系统可以看作是特定村域范围内，社会经济要素和资源环境要素相互联系、相互作用而构成的具有一定空间、结构和功能的乡村体系（李裕瑞，2011）。

学者们通过深入研究，把农村空心化定义为城乡转型发展进程中乡村地域系统演化的一种特殊形态和不良退化性过程（刘彦随等，2009），是复杂的社会经济不良过程在村庄物质形态中的表现。本书也将农村空心化看作是乡村地域系统演化的阶段，包括人口、产业、空间结构的变化，是一个多要素变化的过程，即有其出现、成长、兴盛、稳定和衰退的完整周期特性。空心村是村庄的空间形态，是农村空心化的结果，有高度、中度和低度不同空心化程度之分，是单个或者一类农村发展现象的表述。两者有较大的差别，农村空心化是相对乡村地域而言，空心村是村庄的空间形态（图3-1）。

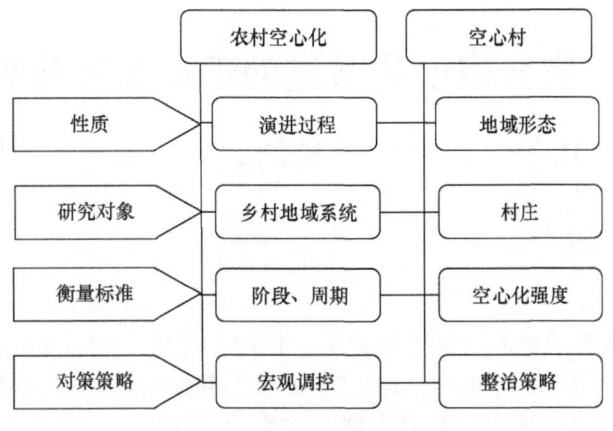

图 3-1　农村空心化与空心村的区别

3.1.2　资源环境与资源环境效应

资源环境包括资源与环境两个概念。资源包括自然资源和社会资源。其中，自然资源是指人类可以直接从自然界获得，并用于生产和生活的物质资源。自然资源一般可以分成可再生资源和非再生资源两大类。可再生资源是指在较短时间内可以再生、可以循环利用的资源，包括土地资源、水资源、气候资源、生物资源和海洋资源等。非再生资源是指在使用后不能再生的资源。

环境既包括以空气、水、土地、植物、动物等为内容的物质因素，也包括以观念、制度、行为准则等为内容的非物质因素；既包括自然因素，也包括社会因素；既包括非生命体形式，也包括生命体形式。环境有其中心事物性，是指相对并相关于某项中心事物的周围事物，或者说围绕着某一事物（主体）并对该事物会产生某些影响的所有外界事物（客体），即环境。大致可以分为自然环境、人工环境和社会环境。自然环境是指未经过人的加工改造而天然存在的环境；自然环境按环境要素，又可分为大气环境、水环境、土壤环境、地质环境和生物环境等，主要就是指地球的五大圈：大气圈、水圈、土圈、岩石圈和生物圈。人工环境是指在自然环境的基础上经过人的加工改造所形成的环境，或人为创造的环境。人工环境与自然环境的区别，主要在于人工环境对自然物质的形态做了较大的改变，使其失去了原有的面貌。社会环境是指由人与人之间的各种社会关系所形成的环境，包括政治制度、经济体制、文化传统、社会治安、邻里关系等。

效应（effect）是指在有限环境下，一些因素和一些结果而构成的一种因果现象，多用于对一种自然现象和社会现象的描述，效应一词使用的范围较广，并不一定是指严格的科学定理、定律中的因果关系。

资源环境效应有着丰富的内涵，本研究中资源环境效应是指农村空心化过程中要素变化，如人口迁移、宅基地扩展、耕地粗放利用等引起的资源利用方式、结构，人居环境、社会环境等变化，主要考察土地资源利用、生态环境的变化。正是在这一界定下，开展诸如作用机制、规律和量化辨识研究。

3.2 农村空心化演进的理论基础与解析

3.2.1 基于"推拉"理论的农村空心化演进机制

3.2.1.1 "推拉"理论

19世纪80年代英国经济学家、社会学家E. G. Ravenstien提出"迁移法则",并在其著作《人口转移规律》一文中诠释了"推拉"理论(push and pull theory)的基本框架,提出了7条规律:①人口的迁移主要是短距离的,方向是朝工商业发达的城市;②长距离的流动基本上是向大城市的流动;③每一次大的人口迁移也带来了作为补偿的反向流动;④流动的人口首先迁居到城镇的周围地带,然后又迁居到城镇里面;⑤全国各地的流动都是相似的,即农村人口向城市集中;⑥城市居民与农村居民相比,流动率要低得多;⑦女性流动率要高于男性。最后,他进一步解释到,经济因素是人口转移的主要动力。

20世纪50年代,美国学者D. J. Bogue和英国学者E. S. Lee在Ravenstien的理论框架基础上相继提出了迁移理论,即研究宏观人口流动和移民最有影响的"推拉"理论。Bogue认为人口的转移和流动是由两种不同方向的力相互作用的结果:一种是促使人口转移的力量,即有利于人口转移的正面积极因素;另一种是阻碍人口转移的力量,即不利于人口转移的负面消极因素。在同一个地方,存在有导致人口迁入和迁出的两方面因素,而人口最终的迁往和流动方向,要看是迁入和迁出各种因素中,哪种因素占主要作用。例如,在人口迁出地,自然资源的枯竭、农业生产成本的增加、农村劳动力过剩导致的失业和就业不足、较低的经济收入水平等因素成为推力因素,并成为人口迁移的主导力量,把原居民推出其常居住地;而在人口迁入地,较多的就业机会、较高的工资收入、较好的生活水平、较多的受教育机会、较完善的文化设施和交通条件、较好的气候环境等就成了拉力因素,吸引外来人口的入住。Lee着重考虑了在现代社会发展过程中的经济条件下驱动和诱使力量,首次划分了影响迁移的因素,并明确将其分为"推力"(push factors)和"拉力"(pull factors)。该理论认为:在市场经济和人口自由流动的情况下,人们之所以迁移和流动,是因为人们可以通过流动就业改善生活条件。于是,在流入地中一些使移民生活条件改善的因素就成为拉力,而流出地中一些不利的社会经济条件就成为推力。其后,Base、Sovani、Trewartha都做了一些修正(任宝林,2008)。"推拉"理论在国外得以广泛应用与推广,在国内,"推拉"理论已经不仅仅限于对人口流动的研究,刘聚梅(2007)将其引入对旅游动机研究,张静和章海鸥(2008)运用"推拉"理论解释我国现阶段非转农现象,都是对"推拉"理论的应用和发展。

3.2.1.2 农村空心化演进机制解析

村庄的起因是清楚的,它是典型的农业和其他方面对土地使用而形成的。在这种方式制约下,生活在乡村和农庄的人数与土地面积的大小是相关的;生活在给定区域的居民，必然与一定的农业技术和农业组织形式下赖以生存的土地利用面积相一致（克里斯特勒，1998）。在某一确定的区域内，通常总有一种聚落形态是占优势的。随着社会经济的发展，对村庄发展以及衰落具有决定意义的是农村居民能否在这里获得谋生，以及是否存在着对于村庄所能提供的事物的需求，因此，经济因素对于农村聚落的兴衰是决定性的。

按照这一逻辑过程进行推理，农村空心化作为农村地域系统演化过程的一种阶段类型，可以解释为农村居民在特定乡村地域难以谋生或寻求更好的谋生而离开村庄，或村庄所提供的事物需求度降低而导致村庄衰落。可见，农村空心化发生在社会经济发展到一定阶段后，并发生在特定的农村地域，存在着"驱动和诱使的力量"。

基于"推拉"理论的研究视角，我们可以就农村空心化的形成机制作出剖析，将"驱动和诱使的力量"划分为导致农村空心化的"推力"和"拉力"。在我国，随着工业化和城镇化的快速推进，推动农村人口不断向城镇迁移，但受制于城乡二元体制，户籍制度等使得农村人口难以实现有效转移，其主要现象表征是农村人口减少，住宅废弃或空置，农村土地利用方式改变等。从农村空心化表征要素角度，可以将其分为人口空心化、居民点空心化、产业空心化三种实体空心化。其中，人口空心化以劳动力转移而带动农村人口减少为主要特征，居民点空心化包括住宅废弃或空置、基础设施与服务缺失等，产业空心化是指以土地初级产出为主的产业，产业链短，缺乏其他后续相关产业发展。这三种实体空心化的因果关系是明确的：与其他区域相比，本区域产业发展的滞后，造成农民收入相对较低，而推动农民寻求其他发展；低于"预期收入"区域的农民，迁移愿望强烈，使得农村劳动力转移发生，劳动力空心化开始出现；农业劳动力的大量转移促进了农村家庭经济的发展，新建房屋增多，旧房废弃，居民点用地空心化问题出现；随着农业劳动力长时间的转移，思想和对生活认知水平的提高，一定程度上推动了人口的迁移，造成农村地区的人口空心化。

由此可以看出，新时期经济因素也是农村空心化产生与发展的根本动力。其中，工业化和城镇化进程中非农产业的发展、较多的就业机会、良好的社会服务设施和生活环境条件等成为农村空心化产生的"拉力"，基础设施与服务缺失、较差的生产生活环境，以及户籍制度、宅基地管理制度等可以看作为农村空心化产生的"推力"。

3.2.2 生命周期理论与农村空心化演进规律

"生命周期"最早是生物学领域中的术语，用来描述某种生物的演化过程。后来，生命周期概念被逐步引入到经济、管理和环境等领域，被广泛用来描述相类似的变化过程，发展形成了企业生命周期理论、产品生命周期理论、旅游地生命周期理论和家庭生命周期理论等。

在乡村发展研究领域，空心村生命周期规律由刘彦随等（2009）在《中国农村空心化的地理学研究与整治实践》一文中提出，并在著作《中国乡村发展研究报告——农村空心化及其整治策略》中作了详细阐述。

一个完整的农村空心化过程，与有生命现象的有机体经历的出生、成长到成熟衰老直到死亡的整个生命周期过程相似,通常经历出现期、成长期、兴盛期、稳定期和转型(衰退)期等阶段(刘彦随等,2010),因内外部因素的作用,不同时期长短不一,还可能出现一些波动起伏,但基本发展过程符合生命周期规律(图3-2)。

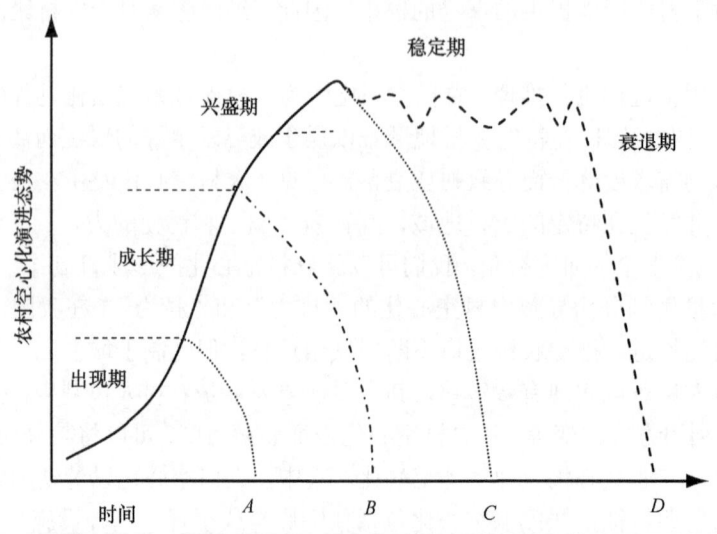

图 3-2 农村空心化演进的生命周期规律(刘彦随等,2011b)
曲线 D 代表农村空心化的完整演进过程;曲线 A 表示空心化出现初、中期,在政策与规划等外力作用下提前进入衰退期;曲线 B 表示在空心化成长到一定阶段,通过村庄改造建设进入衰退期;曲线 C 则表示在空心化兴盛期采取有效措施扭转了空心化扩展态势

刘彦随进一步以我国农村空心化研究为例,系统分析了空心村各演进时期的特征和原因,并提出:对处于出现期和成长期的村庄,要加强村庄规划和宅基地管理,避免村庄空心化程度进一步加深和新的空心村的出现;对于兴盛期、稳定期的空心村,要加快其改造进程,推进迁村并居和中心村建设;对转型期的空心村,由于处于空心化末期,政府只需引导即可实现村庄的改造,促进农村资源的合理配置等整治策略(刘彦随等,2010)。基于生命周期理论发展形成的空心村生命周期规律对农村空心化演进过程进行了诠释,这对于抢抓时机、因地制宜推进农村空心化管控和乡村空间重构,具有重要的理论意义和应用价值。

3.2.3 基于劳动力转移理论视角的农村人口空心化

农村劳动力转移是当今世界各国,尤其是发展中国家普遍关注的重大课题(孙峰华,1999)。国外对农村剩余劳动力转移的理论成果较多,国内劳动力转移理论研究相对薄弱(表 3-1)。代表性的理论有刘易斯理论、拉尼斯-费景汉理论、乔根森理论和托达罗理论。根据模型构建的研究理论基础不同,农村劳动力转移模型可以分为三大类:①空间物理学模型,包括距离模型、引力模型、经济引力模型和空间相互作用模型;②空间社会学模型,包括中介机会模型、"推拉"模型、"成本-效益"模型和"预期收入"模型;③空间经济学模型(李扬和刘慧,2010)。

表 3-1 劳动力转移相关理论表述

理论名称	代表学者	主要观点	缺陷
刘易斯理论	刘易斯	农村剩余劳动力的劳动边际生产率等于零,这时只要工业部门需要,就可从农业部门中得到无限的劳动力,这一发展态势一直把农村剩余劳动力全部转移到工业部门为止。此时,发展中国家的二元经济变成了一元经济,不发达经济变为现代资本主义经济	农村剩余劳动力的劳动边际生产率等于零,可为工业部门提供无限的劳动力是不存在的;忽视了农业部门发展和科技进步的作用;忽视了外资对发展中国家农村剩余劳动力的吸收作用;城市不存在失业,这一假定也不符合发展中国家国情
拉尼斯-费景汉理论	拉尼斯费景汉	把农村剩余劳动力转移划分为3个阶段:农村劳动边际生产率等于零阶段;农业劳动边际生产率大于零小于农业平均固定收入阶段;农业劳动边际生产率等于和大于农业平均固定收入阶段。第三个过程在同时提高农业劳动生产率,即农业生产部门和工业生产部门同步发展才能实现	以农村存在剩余劳动力、城市不存在失业、假定人口不变为前提,故它除了有和刘易斯理论共有的缺陷外,其自身一个重要缺陷,即它假定农业劳动者的工资不会随着农业生产率的提高而提高,是不符合事实的
乔根森理论	乔根森	工资率是随着资本积累上升和技术进步而不断提高的;农村剩余劳动力转移到工业部门,是人们消费结构变化的必然结果;人口增长是由经济增长决定	关于粮食需求收入弹性的假定,即在存在农业剩余时,粮食需求收入弹性为零,这个假定显然与事实不符。此外,人口增长是由经济增长决定的观点,也不符合发展中国家的实际情况
托达罗理论	托达罗	在许多发展中国家,农村剩余劳动力转移不仅存在,而且事实上在加速。农村剩余劳动力决定其是否转移到工业部门的决策不仅取决于城乡实际收入差异,而且还取决于城市就业率和失业率。在许多发展中国家,尽管农业边际产品是正数,城市失业率很高,但农村剩余劳动力向城市转移的趋势逐渐加强,为了减轻城市的压力,可大力发展农村的各项事业,使农村剩余劳动力就地转移	该理论假定农村不存在剩余劳动力。这与人多地少的发展中国家的实际不符。该理论暗含的假定农村剩余劳动力迁移到城市就永远居住在城市,无法就业也愿在城市里而不返回乡村,这与事实不符

Lewis 的农村劳动力转移理论认为劳动力转移是对现代工业部门的生产扩大的响应,即只要工业部门生产规模不断扩大,更多的农村劳动力就会被转移(Lewis,1954)。明显地,该理论忽视了农业科技进步对农村劳动生产率的提高(孙峰华,1999),以及其他产业发展对劳动力的吸收转移作用。Ranis 和 Fei(1961)以农业劳动边际生产率变化为准则,划分劳动力转移阶段,认为提高农业劳动生产率、使农业和工业生产部门同步发展可实现劳动力全部有效转移。进一步地,依据新古典主义分析方法创立的 Jorgenson 理论从 Malthus 人口论观点出发,认为农业劳动力剩余是转移的前提,剩余规模决定着工业部门的发展和转移规模(Jorgenson,1961)。Todaro 模型从城乡收入差异、城市就业率与失业率(Todaro,1969;Harris and Todaro,1970)等因素解构了农村劳动力转移的响应机制:城乡收入差异造成农村劳动力对迁入城市获得"预期收入"的愿望强烈、转移加速,但城市的就业率或失业率决定了劳动力的有效转移率,为减轻城市压力,可大力发展农村经济及各项事业使劳动力就地转移。

农村空心化过程中,土地空心化是现象表征,产业空心化是根本实质,人口空心化是本质推手,人口尤其是农村劳动力外出务工现象普遍。1978 年改革开放以来,我国城镇化率以年均 0.93 个百分点的速度快速推进,乡村人口不断涌入城镇。城镇化过程的实质可理解为农村劳动力完成从传统产业向现代产业转移、从农村到城市迁移的过程(孟晓晨，1992）。但农村劳动力能否有效转移事关农民收入、农业与农村持续发展、健康城镇化道路（卢向虎等，2006；刘彦随和李裕瑞，2010），以及中国现代化建设（李宁等，2003），因此，需借鉴劳动力转移理论对农村劳动力转移实际作出解答。

从农村劳动力转移理论视角看，农村人口空心化是新时期，农业科技进步、农村劳动生产率的提高，工业部门生产规模不断扩大，以及其他产业不断发展，而导致农村劳动力强烈地向现代产业和城镇等"预期收入"区域迁移的结果。农村人口空心化的主要特征是农村青壮年劳动力纷纷外出打工，导致农村人口下降，剩下留守老人、留守妇女和留守儿童，农村劳动主体弱化。劳动力转移理论与模型对有效求解农村人口空心化的发展趋势、动因机制有着重要指导意义。

3.3 农村空心化过程中资源环境效应的理论解析

3.3.1 基于社会-经济-自然复合系统理论的农村空心化与资源环境关系

3.3.1.1 社会-经济-自然复合生态系统理论

我国生态学家、环境科学家马世骏于 20 世纪 80 年代提出了社会-经济-自然复合生态系统理论。他认为，人类赖以生存的社会、经济和自然是 3 个不同性质的系统，但其各自的生存和发展都受其他系统结构、功能的制约，是一个复合大系统的整体（图3-3）。其中，社会是经济的上层建筑；经济则是社会的基础，又是社会联系自然的中介；自然是整个社会、经济的基础，是整个复合生态系统的基础（马世骏，1981）。他进一

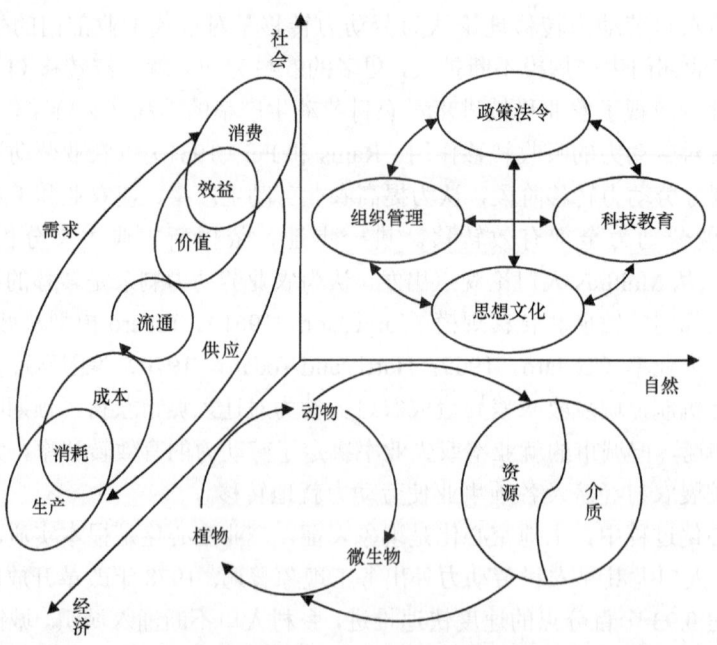

图 3-3 社会-经济-自然复合生态系统（马世骏和王如松，1984）

步指出，复合生态系统的研究是一个多目标决策过程，应充分考虑自然系统的合理性、经济系统的有利性、社会系统的有效性基础上，在经济生态学原则的指导下拟定具体的社会目标、经济目标和生态目标，使系统的综合效益最高，风险最小，存活机会最大（马世骏和王如松，1984）。

社会-经济-自然复合生态系统理论以唯物辩证法和现代系统论基本原理为基础，从生态整体的逻辑视角，凸显了自然资源的可持续利用对社会整体利益和经济社会可持续发展的重要意义。目前，探讨社会-经济-自然复合生态系统的动力学机制和控制论方法，协调人与自然、经济与环境、局部与整体等在时间、空间、数量、结构、序理上复杂的系统耦合关系，促进物质、能量、信息的高效利用，技术和自然的充分融合，人的创造力和生产力得到最大限度的发挥，生态系统功能和居民身心健康得到最大限度的保护，经济、自然和文化得以持续、健康的发展，是社会-经济-自然复合生态系统理论一直关注的热点问题（鲍超，2007）。

从复合生态系统的观点出发研究各亚系统之间纵横交错的相互关系：其间物质能量信息的变动规律，其效益、风险和机会之间的动态关系，应是一切社会、经济、生态学工作者以及规划、管理、决策部门的工作人员所面临的共同任务，也是解决当代重大社会问题的关键所在（马世骏和王如松，1984）。

3.3.1.2 对农村空心化与资源环境的关系辨识

乡村是指城市以外的广大地区，是人类为适应最基本的生存条件，进行各种生产、生活活动而形成的人类聚居地的一种最基本形态。乡村地域是一个典型的社会-经济-自然复合生态系统。

根据社会-经济-自然复合生态系统理论原理，我们很容易能够辨识出农村空心化与资源环境的关系：资源环境作为基础要素，是初期农村聚落形成和发展的重要影响因素；农村空心化是新时期乡村地域发展过程中人类社会经济活动在村庄物质形态中的表现（刘彦随和刘玉，2010），农村空心化过程中必然引起乡村地域资源环境的变化，包括资源利用结构（土地利用结构、要素投入结构）和利用效率（土地产出率、耕地撂荒比率、宅基废弃率）的变化，以及环境的正负效应等。农村空心化过程与资源环境效应是一个复合系统的变化过程，各自的生存和发展都受其他系统结构、功能的制约，两者在空间、数量、结构、序理上存在着复杂的系统耦合关系。

3.3.2 人地关系地域系统理论对农村空心化与资源环境的作用机制

3.3.2.1 人地关系地域系统理论

人地关系地域系统理论是我国著名地理学家吴传钧院士于 20 世纪 90 年代初提出的，是现代地理学的核心理论。吴传钧先生认为，人类社会系统和自然环境系统相互作用的聚焦地带是地球表层，这两个系统在地球表层空间相互作用、相互联系而构成一个规模庞大、空间广阔、时间漫长、结构复杂、要素众多、功能综合的巨系统，也就是人与地相互影响、相互作用的综合体（吴传钧，1991）。人地关系地域系统即以地球表层为基础的人地关系系统,是由人类社会和地理环境两个子系统在特定的地域中交错构成的一种动态结构(吴传钧和郭焕成,1994)。其核心是将中国古代经典的"天地合一"思想、西方倡导的"人地和谐"理念,上升到区域的、系统的层次,侧重区域发展的过程、格局、机制与情景的综合研究,以期为科学协调人地关系的规划与决策提供科学依据(刘彦随和郑伟元,2008)。作为人地关系地域系统的重要组成部分,毛汉英(1995)基于距离衰减规律和扩散原理,从乡村系统、城镇系统和其他乡村系统相互作用、相互联系,并向城镇系统输出人力、食物、原材料等资源的视角,对人地系统关系和区域可持续发展作了系统阐释(图3-4);并以山东省为案例,提出了省域可持续发展指标体系框架(毛汉英,1996)。要进行人地关系地域系统理论的研究应用,理清系统与要素、结构与功能、环境与行为等一系列相关概念之间的关系,这对于农村空心化与资源环境的关系辨识和调控路径,有重要的理论价值和现实指导意义。

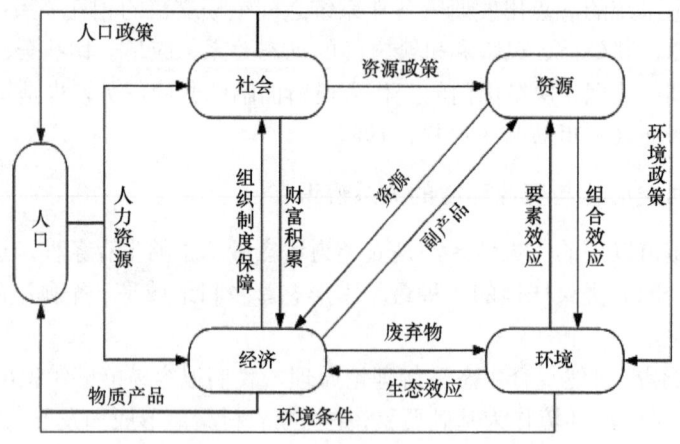

图3-4 人地系统内部关系及其作用机理(毛汉英和于丹林,2001)

3.3.2.2 人地关系地域系统对农村空心化及其资源环境机制的解析

按照经济发展的阶段性与差异性,区域发展系统可简单划分为城镇系统与乡村系统(刘彦随和郑伟元,2008)。农村空心化是乡村地域系统演化过程的重要阶段,这一阶段过程中,人类社会系统发生了较大程度的改变。根据人地关系地域系统理论的解释,这势必会通过人类社会经济活动引起自然环境系统的相应变化。周祝平(2008)甚至把农村人口空心化引起的人口与土地关系变化看作为中国农村社会最深刻的历史性变化,是中国农村正在走出几千年小农经济形态的标志。农村人口空心化对农村地区人地关系的影响可见一斑。

事实上,农村空心化过程中农村人口的不断减少,首先改变了乡村地域人地关系系统的压力层,然后以直接或间接作用的形式影响到农村地区资源环境,迫使乡村地域重新配置各类资源,是一个复杂的系统过程。农村空心化引起的资源环境效应有正向与负向两种性质的响应。①农村人口空心化过程中,农村劳动力转移是人口减少的重要表现形式。农村劳动力的适度转移,为提高农业生产率起到了积极的推动作用;但随着劳动力进一步大规模的转移,农业生产主体老弱化严重,加上农业技术和耕作条件的限制,使得原有精耕细作的小农农业经济逐渐被打破,复种指数降低、撂荒面积增加,资源得不到有效利用，"人去地荒"的情况越来越多，土地生产率不断降低，部分地区甚至出现了"农民荒"，"年轻人成了稀罕物"，这是一个重大的国情变化。②为弥补劳动投入不足，化肥、农药、农膜等省工性投入增加，农业面源污染日益严重，造成生态环境压力增大，甚至恶化。③但另外一方面，也正是因为农村劳动力的析出，部分地区耕地中的坡耕地和旱地等边际土地首先被撂荒，有助于生态环境的自然恢复。现有研究中，有较多的成果支撑上述论点：邴鼎玖和许大文（2000）通过对安徽巢湖的调查分析发现，与1999年相比，2000年农村土地撂荒面积占承包土地总面积的6%；2005年无为县某镇土地抛荒面积占耕地面积的比例更是高达10.3%（徐萌，2007）；熊祥强等（2006）研究得出，2004年重庆市某镇土地抛荒面积占耕地总面积的6.2%。

基于上述分析可以看出，农村空心化及其资源环境效应与调控路径是典型的"状态—压力—响应"过程。

3.3.3 农地利用变化假说与相关的环境效应命题及启示

解释农地利用变化的假说主要包括基于马尔萨斯人口论的土地面积持续扩张假说、博斯鲁普的需求诱发型集约化假说、吉尔茨的集约度弹性假说、土地利用粗放化假说，其基本思想是将用途转移和集约度升降这两种类型的土地利用变化整合在一个过程中，解释其变化机制。马尔萨斯假说认为依据边际效益递减率，人口压力下粮食生产迟早会达到土地生产率的上限，因此土地面积扩张是应对人口压力的必然选择。博斯鲁普的需求诱发型集约化假说则认为，在历史上，人口增长是推动技术进步，提高土地集约度进而增加单位面积产量的起因。吉尔茨的集约度弹性假说主要观点是在食物需求的压力下，农民倾向于选择现有技术条件下集约度更高的作物，或者不断提高土地利用的集约度，甚至忍受平均劳动生产率降低的事实，而不是在面积上扩张。

这些假说又常常与一些土地利用的环境效应命题联系在一起，扩充为解释人地关系的假说，形成的重要命题包括农地面积扩张造成土地退化、优质土地的集约化间接促使生态脆弱地区环境改善、农地利用粗放化和弃耕促使环境和生态恢复（李秀彬，2008）。

以上命题对农村空心化及其资源环境效应研究有着重要启示意义。①农村空心化过程中引起的资源环境效应不能简单地回答是正向的还是负向的，因时因地有着不同的作用层面和作用重点，需要进行情景分析和模式总结。②区域人口变化尤其是农业劳动力增减与农用地变化、环境效应有着重要关系，因此，要对农村人口空心化及其资源环境效应给予重要关注。③进行情景分析时，应该将用途转移和集约度升降这两种类型的土地利用变化整合在一个过程中，然后进一步探讨其环境效应，总结提炼地域差异模式。

3.3.4 环境库兹涅茨曲线理论对农村空心化过程中环境响应规律的启示

3.3.4.1 环境库兹涅茨曲线理论

美国经济学家Kuznets通过大量研究，于1955年提出了经济发展与收入差距变化关系的倒"U"形曲线假说（Kuznets，1955），被称为库兹涅茨曲线（EKC）。1995年美国普林斯顿大学的经济学家Grossman和Krueger在对66个国家的不同地区内14种空气污染和水污染物质12年的变动情况的研究中发现，大多数污染物质的污染程度随人均收入增长先增加后下降（乔标，2007），也呈倒"U"形的变化关系（Grossman and Kreuger，1995）。因此，他们称之为环境库兹涅茨曲线（图3-5）。继Grossman和Krueger之后，Selden和Song（1995）、Panayotou（1997）等学者的大量实证研究，也在一定程度上证实了在大多数环境质量指标与人均收入之间倒"U"形关系。环境库兹涅茨曲线反映了经济发展与环境质量演化的自然进程，即随着经济的发展，环境限制因素会逐步得到缓解，从而使环境得到改善（乔标，2007）。

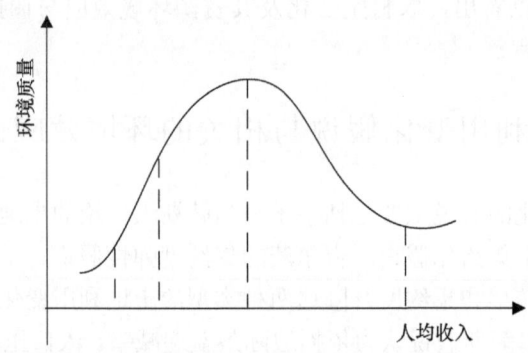

图3-5　环境库兹涅茨曲线（Grossman and Kreuger，1995）

随着研究的进一步深入，学者们发现某些环境退化要素是不可逆的，经济发展只能减缓或终止这类环境退化，经济发展与环境质量变化并不一定是倒"U"形关系。倒"U"形规律只是整个经济发展与环境质量变迁过程中部分发展形式，这是在一定条件下的规律，如经济发展后，采取积极的政策，减少污染，改善生态环境质量。相反，如果只注重经济发展，忽视生态环境保育，就可能导致倒"U"形曲线超出生态阈值的发展曲线。不可否认的是，经济发展与环境变化存在复杂的关系，环境库兹涅茨曲线的提出，开启了经济发展与环境演化关系的讨论与研究，试图探寻其中的规律研究仍在继续。

3.3.4.2　对农村空心化过程中环境响应规律的启示

正如农地利用变化假说与相关的环境效应命题所研究的结论，无论是农地利用变化的假说还是其环境效应的命题，成立的条件都是因地而异的，试图从还原论的角度出发想归纳出一个统一的理论来刻画土地利用集约化的必然路径，几乎是不可能的（李秀彬，2008）。也正如环境库兹涅茨曲线及其讨论所揭示的，经济发展与环境变化存在复杂的关系，并不仅仅是一种简单的倒"U"形规律。农村空心化过程中的相关环境效应亦是如此，是多向的路径，存在着多种变化规律，基于实地调研的大量案例分析，是得出合理解释和判断的基础。

EKC的存在并不意味着环境退化只是与经济发展阶段相联系的一个暂时现象，环境库兹涅茨曲线并不会自动越过峰值，它仅表明如果采取适当的政策，在经济快速增长的同时保持相对较低的污染，甚至改善污染，作生态友好型、污染减量式的经济增长是可能和可行的（Grossman 和 Krueger，1993）。因此，需要相应的政策措施来防止倒"U"形曲线超出生态阈值（乔标，2007）。环境库兹涅茨曲线（EKC）理论是本书的重要理论基础，为农村空心化及其环境效应的作用规律辨识提供了研究思路和方向。

3.4 农村空心化及其资源环境问题调控的理论依据

3.4.1 基于系统论视角的乡村地域发展与资源环境统筹优化路径

系统论是由美国生物学家 L. V. Bertalanffy 于 20 世纪 40 年代正式提出的。它是研究客观现实系统共同的模式、本质、原理和规律的科学。系统论最明显的特征是着重从整体大局出发去研究系统与系统、系统与要素以及系统与外部环境之间的动态关系和普遍联系（周冬梅，2011）。其基本思想是综合和整体优化。它把研究对象看作一个有机整体，在分析对象的各个组成部分之间的相互联系和制约关系时，强调整体不是部分的机械总和，而是它们有秩序的有机组合体，并且客观上有可能存在最优的或较优的各部分的有机组合秩序和状态（鲍超，2007）。

就一般系统而言，演化的方向有两个，一个是积极主动地提高系统有序性，通过改变系统内部结构关系，灵活应对内、外部环境的变化，实现系统进化；另一个是消极被动降低系统有序性，通过降低对内、外部环境的要求程度，达到系统暂时的稳定，即系统退化（胡皓和楼慧心，2002）。由此可以看出，作为典型的社会-经济-自然复合系统退化过程，农村空心化及其资源环境问题处于一定的相互关系中，并且这种相互作用决定了系统的特征和功能，但只是一种暂时的稳定。在系统论中，结构和功能的辩证关系是最重要问题之一（钱学森，1985）。结构是系统内部组成要素之间相对稳定的联系方式、组织秩序及其时空关系的内在表现形式的综合，这样的综合导致了系统的一种内在的、整体性规定；功能是指系统与外部环境相互联系和相互作用中表现出来的性质、能力和功效。整体优化的核心就是要使系统整体取得最好的组织结构和组织功能。由于要素之间的非线性相互作用是系统具有整体性的内部根据，所以系统整体优化的内部根据就在于系统中的竞争和协同。人们研究自然系统的优化演化，从优化设计到优化计划、优化管理、优化控制，最终是为了实现优化发展（魏宏森和曾国屏，1996）。

鉴于当代重大社会问题都直接或间接关系到社会体制、经济发展状况以及人类赖以生存的自然环境（马世骏和王如松，1984），从系统论的思想出发，农村空心化及其资源环境问题应从市场经济和政府制度等角度制订综合的、整体的调控路径，实现减轻农村空心化带来的负面影响，解决已出现的问题的目标。

3.4.2 基于"三整合"理论的农村空心化调控策略

新农村建设历史机遇期，农村空心化问题如何解决，刘彦随研究员提出的"三整合"理论作出了有效的回答。在农村空心化兴盛期到来之前，通过强有力的政府管制和深化制度改革，推进农村地域系统的组织、产业、空间"三整合"（图 3-6），从而阻隔空心化演替的路径，实现农村要素有序流动及其优化配置（刘彦随等，2011b）。

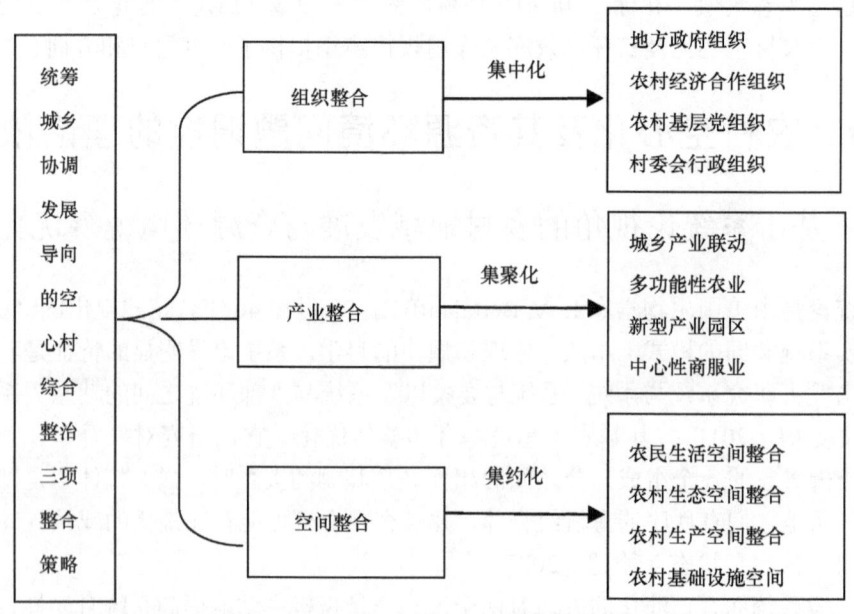

图 3-6　农村空心村综合整治的"三整合"策略（刘彦随等，2011b）

（1）空间重构（图 3-7）。城乡发展转型期，乡村聚落由"生活"功能转向"生活、生产、生态"的综合功能，农村宅基地的生活、保障功能逐渐弱化。鉴于以上事实，实施城乡一体化空间布局规划，科学制订村镇体系规划，以此为指导，首先在地域上明确空间重构方向；然后按照空心村生产、生活、生态及基础设施的空间整合方向，通过实施农村居民点拆迁、改造、合并，引导农民向中心村、城镇社区集中；基于农村生态系统的自身特点，强化农村生态系统的建设与保护，重构新时期农村发展的有序结构形态，促进乡村向生态化、集约化方向发展，促进城乡要素的合理流动和农村要素的相对集聚，也为农村宅基地的功能转换提供空间。

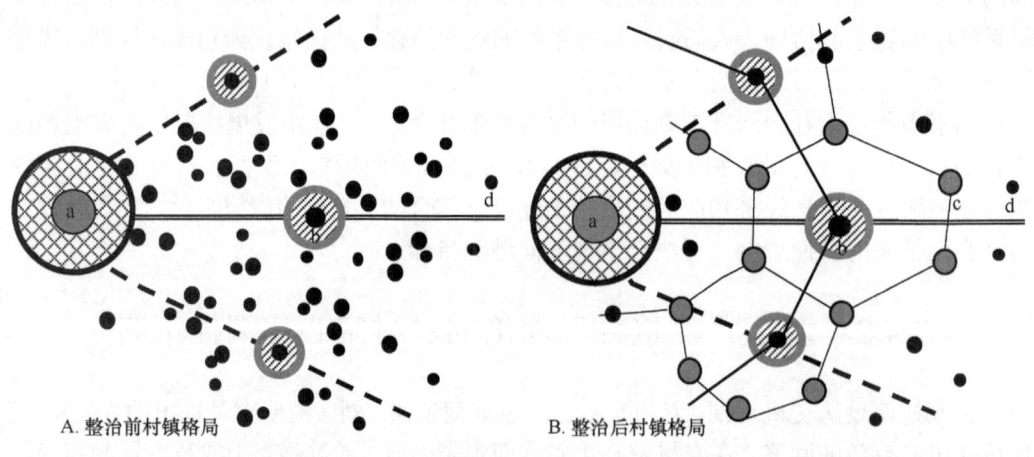

图 3-7　基于中心地理论的空心村整治空间优化模式示意图（刘彦随等，2011b）

（2）组织重建。农村空心化过程的一个重要特点是农村要素的低效利用和配置，因此，要使空心村整治促进农村生产规模化，亟需有效的组织主体来推进要素配置的集约化。当前，空心村调控的主体是具有一定宏观性和引领性的政府组织，但多部门分治管理削弱了作用效率，因而整合多层次的组织机构显得尤为重要。目前具有专业性质的农村经济合作组织发展相对缓慢，应重点把农村经济合作组织关系由信誉担保推向契约合同，进而发展为产权制联结，促进农村组织的社区化、专业化与股份化（刘彦随等，2011b）。但需要注意的是，组织整合必须以自愿为基础，以被整合的组织成员的共同利益为基本的价值取向（徐克帅，2012），以防止发生不必要的争端。

（3）产业重塑。村庄空间重构和组织重建为乡村产业重塑与升级搭建了新平台，产业整合是组织整合和空间整合的重要保障。全国尺度上，以劳动地域分工理论为理论基础，确立区域产业发展方向，依托地方优势与特色，发展壮大特色农村经济；积极促进区域农业产业整合，延伸产业链，通过向上下游延伸不断提升附加值，做大、做强、做实农村地区的产业；建立健全城乡要素市场，切实保障农民权益。总之，科学的城乡产业发展定位、合理的城乡产业链、完善的城乡要素市场、恰当的城府政策调控，是保障县域村镇产业重塑工作顺利推进、实现县域村镇产业转型升级的关键（徐克帅，2012）。

3.5 本章小结

基于"推拉"理论、生命周期理论、劳动力转移理论、社会-经济-自然复合系统理论、人地关系地域系统理论、环境库兹涅茨曲线理论等相关理论要点，本章着重开展了农村空心化及其资源环境效应的理论解析。

（1）农村空心化发生在社会经济发展到一定阶段后，并发生在特定的农村地域，存在着"驱动和诱使的力量"。工业化和城镇化进程中非农产业的发展、较多的就业机会、良好的社会服务设施和生活环境条件等成为农村空心化产生的"拉力"，基础设施与服务缺失、较差的生产生活环境，以及户籍制度、宅基地管理制度等可以看作为农村空心化产生的"推力"。经济因素是其产生与发展的根本动力。

（2）农村空心化过程中，土地空心化是现象表征，人口空心化是本质推手。农村空间空心化演化过程符合生命周期规律，通常经历出现期、成长期、兴盛期、稳定期和转型（衰退）期等阶段，合理判断农村空心化阶段，是恰逢其时进行空心村整治的重要基础。农村人口空心化是新时期，农业科技进步、农村劳动生产率的提高，工业部门生产规模不断扩大，以及其他产业不断发展，而导致农村劳动力强烈地向现代产业和城镇等"预期收入"区域迁移的结果。

（3）作为基础要素，资源环境是初期农村聚落形成和发展的重要影响因素。根据社会-经济-自然复合生态系统理论的解析，得出农村空心化过程中必然引起乡村地域资源环境的变化，包括资源利用结构（土地利用结构、要素投入结构）和利用效率（土地产出率、耕地撂荒比率、宅基废弃率）的变化，以及环境的正负效应等。农村空心化过程与资源环境效应两者在空间、数量、结构、序理上存在着复杂的系统耦合关系。例如，区域人口变化尤其是农业劳动力增减与农用地变化、环境效应有着重要关系。环境库兹涅茨曲线理论为农村空心化及其资源环境效应之间的作用规律揭示提供了重要理论支撑。

（4）基于系统论的思想，农村空心化及其资源环境问题应从市场经济和政府制度等角度制订综合的、整体的调控路径，防控农村空心化负面效应蔓延；基于"三整合"理论，推进农村地域系统的空间、组织、产业整合，切断空心化演替的路径，实现农村要素有序流动及优化配置。

第4章 我国农村空心化演进的过程、格局与机制

农村空心化过程是农村地域系统演化的一种特殊阶段,引起了地理学、经济学、社会学等诸多学科和有关部门的广泛关注。本章将从地理学的视角对我国农村空心化演进机制、一般过程、空间格局作出较为系统的评价和分析;并以东部沿海地区为例,选取农村空心化与城镇化的重要结点农村劳动力探讨其转移机制及地域模式。

4.1 农村空心化演进的一般过程

农村空心化是乡村地域系统演化过程中自然、社会、经济、政策、技术等多种因素与人的主体行为交互作用的结果(龙花楼等,2009a),空心村是农村空心化发展到一定阶段的村庄形态。国内外学术界侧重于对空心村现象的内涵、基本特征、成因机制与对策制定的关注,及其演化规律、驱动机制、潜力调查与测算评价方法、整治模式分析,过度强调典型空心村问题,而缺乏对农村空心化演进机制与调控机制的研究。本节在深入分析农村空心化演进的影响要素基础上,归纳出其演进的驱动机制与路径,然后进一步探讨了农村空心化演进的一般过程及其阶段特征,并对农村人口空心化和土地空心化的演进态势作出判断。

4.1.1 农村空心化演进的影响因素

4.1.1.1 资源环境禀赋

农村聚落是人类适应、利用自然资源环境的产物,是动态变化的。地质、地貌、土壤、水文、气候、植被等自然条件作为农村聚落选址考虑的首要因素,影响到农村聚落的规模大小、密度与布局形态。自然地理过程原本是一个相对稳定、缓慢的演变过程,对农村聚居的动态变化影响相对较弱(周国华等,2011)。但洪涝、地质等自然灾害的频频发生,以及自然生态环境的逐渐恶化等突变因素都将成为部分农村聚落被动式迁移、衰退甚至消失的重要原因。一般而言,与平原地区相比,山地丘陵、荒漠-绿洲交错带等自然条件相对恶劣的地区多会发生。另外一方面,随着农村经济发展、农民收入增长,农村居民更新住宅的意愿和能力增强,而村外丰富的自然资源和良好的环境条件为住宅向村庄周边扩展提供了基础。

4.1.1.2 农业生产发展

农业生产是农村社会经济发展的基础,也是农村内核系统的重要载体。改革开放以

来，我国一系列的农业制度变革、市场经济体制下农业结构的持续调整、高效农业与生态农业建设，以及农业科技的重大突破、农业技术的创新与应用，不仅深刻改变着传统农业生产方式，提升了农业综合生产能力，极大促进了农业生产的发展，而且增加了农民农业收入。近年来，随着农业科技的飞速发展，农业劳动生产率与土地生产率的大幅度提高，加之现代工业品对农业劳动和土地要素投入的替代，使得部分农村劳动力从农业生产中解放出来，为农村劳动力非农就业转移提供了源泉。

4.1.1.3 城镇化与工业化推进

工业化、城镇化是农村发展的主要外援性动力之一，表现形态多样。城镇化进程中，通过产业、技术的梯度转移，以及现代文化、信息的传播不断辐射带动着周边广大农村地区的发展，城乡各类生产要素的相互流通日益频繁；工业化发展模式的转变和阶段提升，产业经济非农化趋势明显，提供了大量工作岗位，使得农村劳动力转移成为可能。此外，城镇化、工业化也推动了农业科技进步与农用现代工业品的发展，工业企业向农村地域延伸，为农村发展提供了正向动力。由此看来，城镇化、工业化成为农村产业经济转型、就业方式转型的主要驱动因素。

4.1.1.4 社会文化变迁

传统农业社会向工业社会转变过程中，更加需要自由流动的劳动力和生产养育功能的社会化，为适应生产生活方式的变化，家庭也会发生相应的变革，由结构复杂、规模庞大的家庭向结构简单、规模较小的核心家庭转化。主干家庭向核心家庭的快速变迁，将农村建房推向高潮。原有旧住宅环境较差、面积偏小等固有缺陷，促使农户住房投资区位的明显改变（乔家君和祝英丽，2008），造成大量旧宅基地的废弃或闲置。另外一方面，传统的"多一处宅基、多一份家业"的小农思想，祖宅遗产继承、"风水"观念，以及盲目的攀比心理等特定的社会观念与文化习俗，客观上加剧了农村宅基地废弃化和农村空心化发展（刘彦随和刘玉，2010b）。除此之外，城市文化对农村社会文化的冲击，也影响到农民对新形式住宅的追求，建房意愿增强。

4.1.1.5 基础设施建设

基础设施建设对农村聚落演变速度、方向以及形态具有重要的空间引导作用（周国华等，2011）。早期因缺乏村庄规划，造成村庄内部建设普遍杂乱无章、空间拥挤、道路狭窄。国家早期长期资金分配缺失与新时期资金分配的跟进，导致村庄内部基础设施建设落后与村庄外围良好便捷的基础设施建设形成了鲜明的对比。新时期生产生活便捷是居民建房微观区位选择的主控因素，沿路、沿街、沿河拓展和追求临近交通线布局成为乡村形态演进的主导方向（图 4-1）。村内住宅废弃或低效利用与新建住宅向外扩展的代际演替空间型式，形成了"外实内空"的圈层、带状格局，加剧了农村空心化问题。

A. 沿路带状新建农村住宅形态(山东省青州市小高村)　　B. 沿河新建住宅(浙江省杭州市李原村)

图 4-1　沿路沿河型农村聚落形态

4.1.1.6　居民生计多元化转型

农村居民生计多元化转型是影响农村人口迁移与农地利用方式、效率变化的重要原因，客观上加剧了农村空心化演进。我国农业结构的持续调整及农村产业经济的发展，如养殖业的兴起，民俗村、旅游村的兴建，乡镇企业的发展等，深刻改变着农户农地利用结构和生计方式。我国农村产业结构、农户赖以生存与生活的就业形式已经发生了根本变化，农户逐渐由纯农户向一兼户、二兼户、三兼户、非农产业农户多元化方式转变，纯农业农户比例不断下降，非农业收入占家庭收入比例上升，农民对农业生产与农村土地依赖性逐渐减弱。城镇化与工业化的推进，进一步为农民就业结构转型提供了机遇，农村人口不断向城镇转移，成为当前人口的主要流动形式，农村人口空心化问题加剧，造成了庞大的农村留守老人、留守妇女、留守儿童特殊群体。

4.1.1.7　户籍制度

新中国成立以来，中国户籍管理制度的变化大致可划分为：1958 年以前的自由迁徙期、1958~1984 年的严格管控期、1984~2013 年的小城镇户籍逐步放开到全面，以及 2014 年以来的新型户籍制度改革四个阶段。以 1958 年《中华人民共和国户口登记条例》为标志，明确将城乡居民区分为"农业户口"和"非农业户口"两种不同户籍。户籍制度不仅削弱了经济要素的自由流动和经济的可持续发展，而且严重阻碍了城镇化进程，成为农村人口转移的体制性障碍。20 世纪 90 年代，我国工业化、快速城镇化加速推进，农村就业结构不断变化，乡村人口以年均 1000 多万的规模拥入城镇，成为城市化的主要方式。但由于户口和福利待遇、就学和就业机会直接挂钩，农业转移人口市民化面临诸多问题，进城农民难以在制度上获得生存保障，守住农村旧宅基地成为理性选择，因而乡村人口转移并未实现农村居民点用地缩减，"两栖占地"、农村住宅"季节性闲置"现象普遍。

4.1.1.8　土地利用制度及管理政策

从 1949~1952 年的土地改革到 1952~1978 年的人民公社，再到集体所有、家庭联产承包制度的确立，中国农地制度逐步完善，农村土地经营方式也随之变化。

以土地流转为核心的农村土地使用制度创新更是为农村聚居人口的流动与土地经营方式的多样化提供了制度基础,也为农村聚居空间的演变提供了新的驱动力(黄树民,2002)。目前我国农村集体土地的产权主体不明确,新建房屋宅基地审批制度不健全,村庄土地规划不完善,加上耕地资源价值被低估,导致占用耕地建房等耕地非农用途转移严重,宅基地超标占地、一户多宅现象突出;而对闲置宅基地的处理制度与违规滥用乱占调控等法规手段滞后,这些农村土地管理政策上的漏洞助推了农村土地空心化的蔓延。

4.1.1.1.9 其他因素

国家与地方行政主体行为,如重大项目建设、行政区划的调整、重要资源开发与保护、地质移民以及其他特殊事件等,对农村聚落关系重构、聚居结构演化有着突发性和根本性的影响,这些外部环境因素对空心村的形成或遏制也会产生较大的影响。

4.1.2 农村空心化演进的驱动机制及路径效应

4.1.2.1 "三力"驱动机制

根据各影响因素对农村空心化演进作用力方向的不同,将其划分为内核推动力、外援拉动力和系统突变力三类(图4-2)。农村内核系统中,农业生产发展、社会文化变迁、公共服务设施及道路建设、农民生计多元化转型等要素的变化,大幅度改变着农村社会系统、经济系统、自然系统和生态系统,对农村空心化的演进与发展发挥着基础性、内发性推动作用,即内核推动力。新时期,农村外援系统的拉动力是农村空心化演进的主导驱动力,主要表现为,工业化、快速城镇化进程中农用现代工业品完成了对部分农业劳动和土地投入的替代,非农产业的发展带动了农村劳动力非农就业转移,这些从根本上拉动了农村人口空心化;非农产业的发展为农民提供了大量非农就业机会,农民收入快速增加,但受制于户籍制度束缚和传统社会文化影响,加上土地管理与监督滞后,农户选择建新不拆旧,共同拉动农村土地空心化。另外,国家重视发展非农产业,长期忽视了农业与农村发展,产业发展缓慢,致使农村内聚力不足,产业链短、附加值低,基础设施和社会服务配置差,导致了农村产业空心化、基础设施和社会服务空心化。农村空心化作为乡村地域系统演化的一种特殊形态,其基本形态是由农村内核系统与外援系统各种因素相互作用的结果。乡村地域系统演进过程中,若遭遇不可预见性的事件或现象,如洪涝、地质灾害、重大项目建设、重大污染事件等,乡村地域系统会偏离一般演进轨道,可能表现为快速空心化,或由空心化到实心化,归属为农村空心化的系统突变力。

农村空心化在内核推动力、外援拉动力、系统突变力的"三力"共同驱动下,农村发展内核各相关子系统之间,及其与农村发展外缘系统之间,不断进行物质流、能量流和信息流的交换,从而推动了以农村社会系统、经济系统、生态环境系统以及农村聚落系统不断演变为表征的农村空心化演进过程。

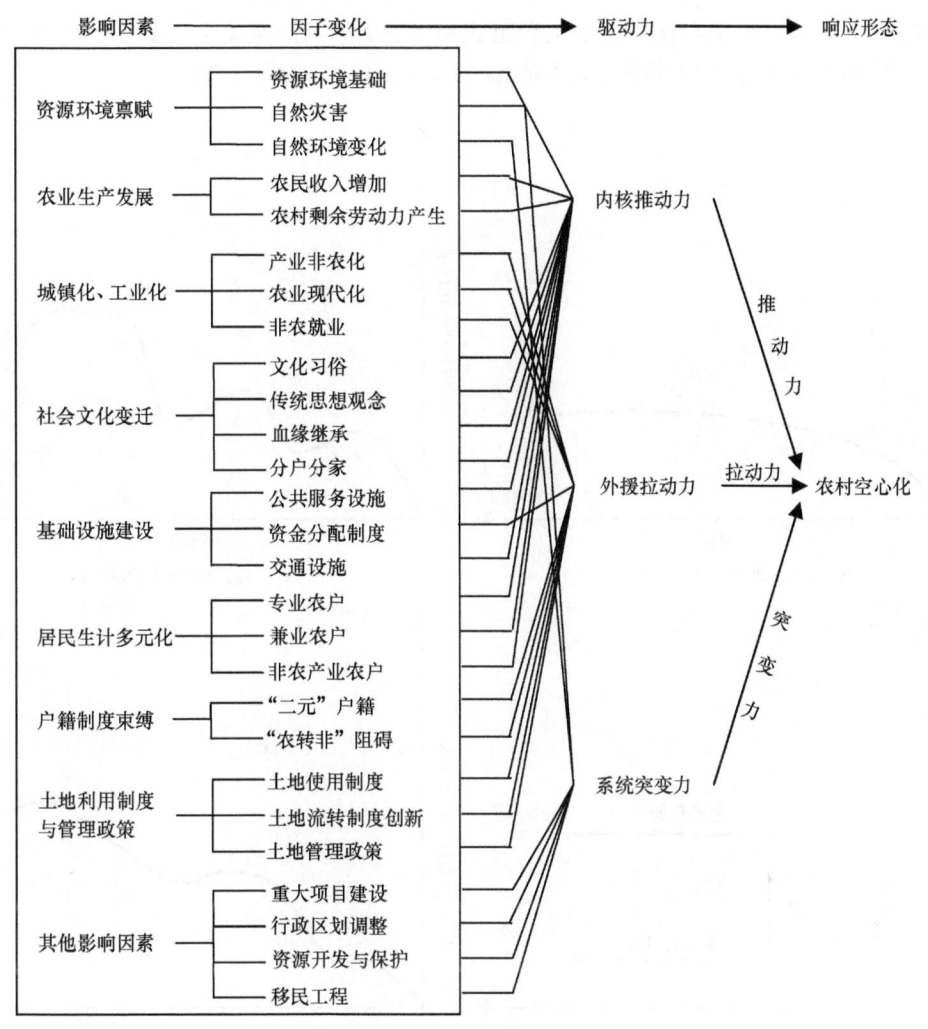

图 4-2 农村空心化演进的驱动机制

4.1.2.2 叠加式演变路径

内核推动力、外援拉动力和系统突变力对农村空心化演进的驱动作用方式有所不同,内核推动力的驱动作用主要表现为农民主体行为对乡村地域系统要素的改变,外援拉动力的驱动作用主要是促进农村行为主体做出改变,而系统突变力以突变的方式驱动农村空心化演进。内核推动力作用下的农村空心化现象表现为自发性的、刚性需求下的无序农村扩张,农村空心化程度低,其演进路径是一条缓慢平稳上升的曲线(图 4-3A),传统农区、偏远山区村庄这一演进路径较为完整和鲜明。外援拉动力影响下的农村空心化演进则是一条快速波动上升的路径(图 4-3B),农村空心化程度转变速度快、特征变化明显,但由于外援驱动因素的时效性、不稳定性,农村空心化演进呈现出一定的波动性和反复性,主要发生在城乡接合部地区。系统突变力作用下的农村空心化演进是一种偶发突变路径(图 4-3C),农村空心化程度会在短时间内发生较大的变化,多因突发事件引起,地域可预期性差。理论上可以解构基于不同驱动力作用的农村空心化演进路径,但实际上，当前农村空心化演进的主导范式是"三力"共同驱动下形成的一种叠加式路径，尤其是内核推动力和外援拉动力的综合驱动、叠加（图4-3D）。

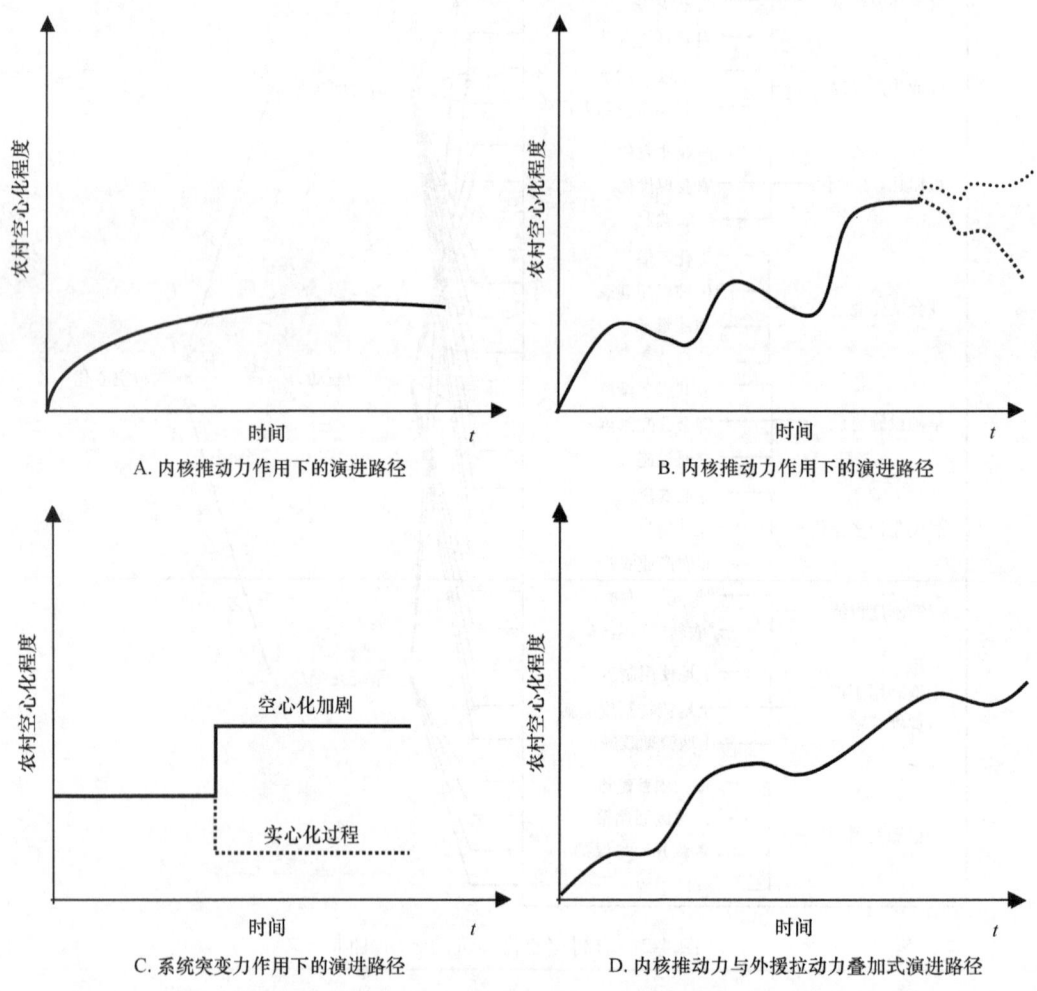

图4-3　不同驱动力作用下的农村空心化演进路径

4.1.3　农村空心化演进阶段划分与态势分析

4.1.3.1　演进阶段划分

通过上述分析可知，农村空心化过程是自然、社会、经济、政策、技术等多种因素与人的主体行为综合作用的结果，有其演进的阶段性，即特定的压力状态对应一定的农村空心化阶段与特征。综合考虑影响农村空心化演进的产业经济发展、生计形式、社会文化、基础设施建设、城镇化与工业等主控因素的发展变化，结合农村空心化演进的总体态势，将农村空心化演进的一般过程划分为4个阶段，即出现期——缓慢发展阶段、成长兴盛期——快速成长阶段、稳定期——高位波动阶段和衰退期——转型消退阶段，各阶段特征如表4-1所示。必须强调的是，我国地域辽阔，区域自然地理条件、资源禀赋状况、农业生产及经济社会发展差异明显,导致农村空心化地域类型分异,演进过程多样。基于此,表4-1对农村空心化演进阶段划分及其特征的分析主要是一般规律的探寻,不同类型农村地区之间空心化阶段特征的差异性暂予忽略。

表4-1 农村空心化演进的一般过程及阶段特征

演进阶段	主控驱动因素特征					农村空心化特征
	产业经济发展	生计形式与生活态度	社会文化	基础设施建设	城镇化与工业化	
初期缓慢发展阶段	以传统农业为主,机械化程度低;产业结构单一,经济发展落后,收入水平低	形式单一,以从事农业生产为主;温饱型农作	联合家庭为主,血缘、宗族聚居概念强烈;人员流动缓慢	基础设施建设落后,村庄道路以泥土路为主,饮水管道及其他公共服务设施建设缺乏	工业化处于初级阶段,非农产业发展水平低,城镇带动力弱	人口空心化水平低,新建住宅以刚性需求为主向村外扩张,农村呈现出内部老房外部新房空间布局,宅基地以老旧废弃为主
中期快速成长阶段	农业科技进步快,农业结构调整明显,经济发展水平逐步提高,农业现代化端倪初现,收入大幅度提高	多样化发展,专业农户、兼业农户出现并迅速发展;追求小康生活	联合家庭向核心家庭过渡,开始较多的与外部文化交流;人员流动速度加快	村外、通村道路得到改善,学校、医疗等基础设施建设明显加强	工业化阶段提升,非农产业发展迅速,提供了大量非农就业机会,城镇带动作用显现	人口流动规模大,人口空心化程度不断提高;以短期流动方式为主,宅基地"季节性"闲置;新建住宅大量出现,不合理建房行为导致的一户多宅现象普遍
后期波动变化阶段	农业生产中现代工业品替代作用明显,农村产业结构没有显著变化,非农收入比例大	形式多样,专业农户、兼业农户比例大;注重生活质量的提升	核心家庭为主;外部文化对本地文化冲击明显,宗亲、邻里关系淡化;人员流动波动性强	基础设施建设没有明显进步,甚至有退步的趋势	工业化与快速城镇化持续推进,对农村发展带动作用强,人口非农化过程明显	人口流动以长期方式为主,宅基地长期闲置,农村老弱化现象明显,"386199部队"(妇、幼、老)成为村庄生产生活的主体与支撑
转型衰退阶段	农业现代化水平高,农村产业结构提升,农村经济社会发展水平高	生计形式多样,非农业农户迁出;追求生活质量	文化融合程度高,新型乡村文化出现,人员流动趋于稳定	交通、教育、医疗、自来水管道、通信等设施建设与管理日益完善	城乡互动发展,城乡关系由分离向融合、一体化转型,城乡"二元化"观念向等值化理念转变	人口流动稳定,规模小,人口空心化水平不断降低;内部房屋的更新率提高;农村基础设施不断完善,村庄居住条件得到较大改善;新农村新社区出现

4.1.3.2 演进态势判断

在农村空心化演进过程中,内核推动力发挥着基础性、内发性作用,而外援系统表现出的强势拉动力是当前影响农村空心化演进的根本性、关键性驱动力,也是未来农村空心化发展演变的主要驱动力。系统突发力因其不稳定性、不可预期性及波及范围的有限性,对全国乃至区域尺度的农村空心化演进作用较小,本节不作为农村空心化演进态势的主控驱动力予以考察。因此,本节重点围绕内核推动力与外援拉动力的综合作用,探讨我国人口空心化与土地空心化这两种主要空心化演进的一般态势。

农村空心化是社会经济发展到一定阶段的产物,与农村经济发展关系密切。改革开放前,我国农村地区经济发展落后,人口流动受到严格管制,人口流动规模小。改革开放后,一系列的农业制度变革激活了农村生产要素,农业科技进步,更是极大促进了农村经济发展,农业劳动生产率不断提高,部分农村劳动力从农业生产中获得解放,为农村人口流动提供了基础;而以城镇化、工业化快速推进为标志的农村外援系统,为实现农村劳动力转移提供了条件。鉴于户籍制度的约束，我国农业户籍人口呈现出快速增长—平稳波动趋势，而乡村常住人口数量经历了 1978～1995 年的快速增长期和 1996 年以来的快速下降期，两者发展趋势有着明显的差异（图 4-4）。当前，我国仍处在快速城镇化进程中，这势必会进一步拉动农村人口转移。此外，城乡发展转型新时期，在以工促农、以城带乡，统筹城乡发展、一体化发展，推进社会主义新农村建设和农村改革发展等重大战略指引下，可以预见农村人口将会经历由快速减少到相对稳定的变化过程，农村人口空心化将在现有基础上演进为一条快速上升到平稳成熟的曲线（图 4-5 曲线 a）。

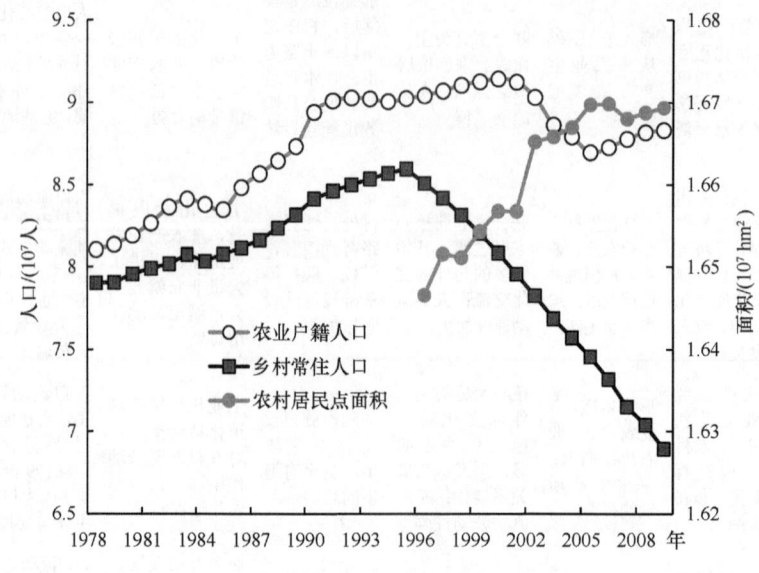

图 4-4 我国农村人口与居民点变化

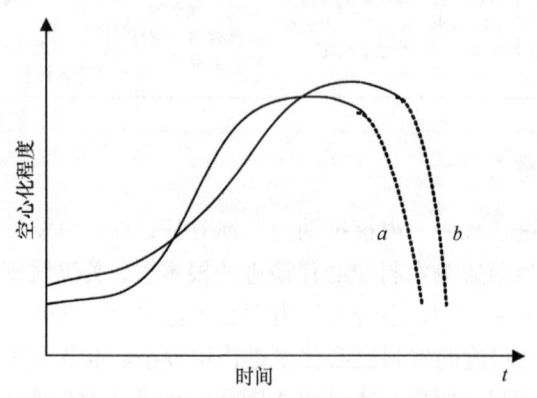

图 4-5 农村人口空心化与土地空心化演进态势

农村土地空心化尤其是宅基地利用的空心化与人口转移有着密切的关系。一方面，我国特殊的"二元"户籍制度是农村人口有效转移的体制障碍，进城农民福利待遇、就学等问题难以解决，守住农村旧宅基地成为理性选择。另一方面，农民对农村宅基地只有使用权而没有处置权，不能进行转让，宅基地流转困难，难以异地置换，缺乏闲置宅基地的处理制度与法规，调控手段乏力，导致农村人口转移并未实现农村居民点用地缩减（图 4-4）。另外，由于我国相应监管调控政策的缺位，与农户建房意愿增强和建房能力提升双重驱使下的建房需求增长的矛盾，造成的农户不合理建房行为，也是导致农村土地空心化的重要原因。因此，农村土地空心化呈现出"缓慢上升—急速上升—波动平稳"的动态演进过程（图 4-5 中曲线 b）。

4.2 我国农村空心化格局

4.2.1 农村空心化形态识别与评价视角

农村空心化过程是乡村地域系统发展的特殊阶段，是动态性的综合演变过程，涉及农村地区的诸多方面，这一定程度上加大了我们对农村空心化形态及空心化程度判断的难度。

实质上，农村空心化是由社会经济、体制制度、管理与政策、自然环境等因素的发展变化及其交互作用导致的，是复杂的社会经济过程在农村地区的表现。相同的宏观政策背景，决定了我国农村空心化形态分异的一致性，如 1978 年改革开放以来，我国在快速工业化和城镇化驱动下，外资、技术的引进促进产业升级，城市地区得以较快发展，非农产业的发展更是为农村劳动力非农转移提供了就业机会，而户籍制度、用工制度和子女教育制度的改革，进一步促进了农村人口向城市迁移，造成农村人口不断减少、农村劳动力结构性失调等农村人口空心化问题。土地利用制度变革、流转制度创新带来的土地经营方式转变和农民收入增加，与土地管理政策滞后、户籍制度束缚、社会文化变迁和传承，共同导致农村宅基地无序扩张、耕地粗放利用等农村土地空心化问题。国家政策、制度、资金分配的城市偏向性，长期以来忽视了农村发展，造成农村内聚力不足，产业弱质性难以改善，基础设施和社会服务配置差，造成了农村产业空心化、基础设施和社会服务的空心化。

综上可知，从农村发展主体变化看，农村空心化表现为青壮年劳动力的大量外出务工，农村人口大规模向城市迁移，致使农村常住人口减少、农村主体老弱化，即人口空心化问题；从农村地区土地利用变化看，农村空心化表现为宅基地的扩张、耕地的相对粗放利用等，即土地空心化问题；从农村产业发展看，农村空心化表现为农村产业层次低、企业数量少，即产业空心化问题。此外，农村地区区域经济社会发展与自然条件等因素的差异性，也将在很大程度上影响农村空心化表现形态及其空心化程度。

4.2.2 研究方法与数据来源

4.2.2.1 农村空心化评价指标体系

由于不同空心化形态形成的影响因素存在差异，导致同一农村区域其空心化形态的空心化程度不一致。为此，本节从农村空心化三种形态的内涵出发，综合考虑影响农村空心化各要素的贡献度和可量化性，遵循科学性、代表性、可行性等原则，人口空心化指标主要反映农村地区人口减少的过程，土地空心化指标主要反映土地利用效率的变化，产业空心化指标主要反映农村产业缺失程度。据此构建各农村空心化形态的空心度评价指标如表 4-2 所示，各指标权重根据熵值法计算得出（刘彦随等，2011b）。

表 4-2　农村空心化指数评价指标体系

空心化形态	评价指标	指标计算	权重
人口空心化	农村人口转移度	（农村户籍人口−常住人口）/农村户籍人口	0.4481
	相对人口密度变化率	（农村户籍人口−常住人口）/土地面积	0.2256
	农村人口集中度	农村常住人口数/农村居民点面积	0.3263
土地空心化	居民点粗放利用度	户均居民点面积/市县标准	0.3530
	村庄相对扩散度	（末期农村居民点用地面积/末期乡村人口）/（初期农村居民点用地面积/初期乡村人口）	0.3035
	农业劳动力集中度	农林牧副渔劳动力/农村劳动力	0.3435
产业空心化	农村经济发展水平	农林牧副渔产值/乡村人口	0.3831
	农民生活水平	农民人均纯收入	0.3129
	非农产业发展水平	非农产业增加值/总人口	0.3040

4.2.2.2　评价方法

表 4-2 中的指标，采用线性加权和法来计算各形态空心化指数，用以反映评价区域的农村空心化程度。为便于区域间的比较，消除原始数据量纲的不同，采用极差标准化的方法对数据进行无量纲化处理（刘彦随和李裕瑞，2010）。空心化指数为

$$\mathrm{HI} = \sum w_i \cdot X_i \tag{4-1}$$

式中，w_i 为熵值法计算的指标权重；X_i 为指标标准化值；HI 为空心化指数，数值越大，表明空心化程度越严重。

4.2.2.3　数据来源

鉴于统计口径差异与数据可获性，考虑到研究的需要，以 2000 年行政区划为基准、将市辖区进行归并等处理，确定研究地域单元（未包括台湾、香港与澳门）。本研究所需乡村户数、乡村人口、农村从业人口、农民人均纯收入、GDP 等社会经济数据来源于 1997 年、2009 年中国统计年鉴、各省统计年鉴、中国人口统计年鉴、中国人口和就业统计年鉴、中国劳动统计年鉴，以及中国县（市）社会经济统计年鉴；分县耕地、农村居民点用地、建设用地等土地利用相关数据来源于 1996 年、2008 年土地利用变更数据库；县（市）宅基地利用标准根据各省《实施<中华人民共和国土地管理法>办法》、《土地管理条例》、《农村宅基地管理办法》等资料确定。对于数据缺失的县（市），则标为无数据。

4.2.3　评价结果与分析

在县域尺度上，利用 3 种空心化形态的指标体系，根据公式（4-1），分别计算了人口、土地和产业空心化，以及农村综合空心化程度。应用自然断裂点法、一倍标准差法，结合 3

个子系统评价结果的层次判断组合特征,将县域农村空心化程度划分为低度空心化、次低空心化、中度空心化、次高空心化与高度空心化 5 级,判断区域空心化程度的空间异质性。

4.2.3.1 农村人口空心化格局及特征

从整体上看,我国县域农村人口空心化指数介于-0.2~0.97,空间分异特征明显(图 4-6),由东南沿海向西北内陆呈现出"高度—次高—中度—次低—低度空心化"的分层空间结构。高度人口空心化地区共 121 个县(市),数量较少,集中分布在非农产业发达的东南沿海省份(表 4-3);次高度人口空心化地区共 595 个县(市),空心化程度均值为 0.66,占研究区总面积的 27%,集中分布在高度空心化地区的外围,主要分布在东南沿海省份,山东半岛和鲁南地区,以及中部地区的湖南省和西南地区的贵州省;中度空心化地区共 886 个县(市),占研究区总面积的 25%,空心化程度均值为 0.45,空间分布较为分散,主要分布在黄河与长江之间的区域;低度和次低人口空心化地区集中分布在长江以北的东北地区和西北地区,及其中部地区的陕西、山西和湖北西部区域,共 762 个县(市),占全国总面积的 44%,空心化程度均值分别为 0.045 和 0.25。

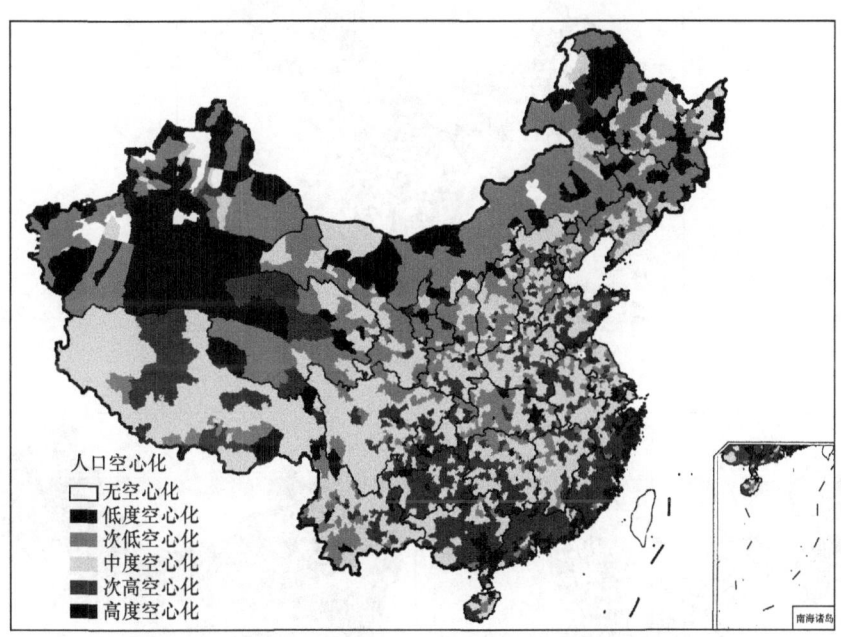

图 4-6 中国县域农村人口空心化的空间格局示意图

表 4-3 中国县域农村人口空心化程度的基本特征

空心化类型	空心度均值	空心化程度	县域个数	数量比例/%	面积比例/%
无空心化	-0.13		14	0.59	2
低度空心化	0.045	★	163	6.85	15
次低空心化	0.25	★★	599	25.19	29
中度空心化	0.45	★★★	886	37.26	25
次高空心化	0.66	★★★★	595	25.02	27
高度空心化	0.85	★★★★★	121	5.09	2

按照农村人口转移度计算方法,依据自然断裂点法和判断修正,确定农村人口转移的增加区、低速、中速和高速减少区阈值分别为<0、0~0.35、0.35~0.65 和>0.65。从该指标的测算结果看(图 4-7A),全国县域农村人口以减少为主。其中,中速、快速减少区主要集中在区位条件优越、经济基础较好、非农产业发达的珠江三角洲、长江三角洲和环渤海地区,这些区域以大城市或城市群为依托,建立了较成熟的城镇等级体系和产业体系,正逐渐成长为具有全球影响力、引领全国自主创新和产业结构转型升级,其辐射带动作用促使周边内陆省份农村人口也较为快速地发生转移,如安徽、江西、湖南等省。低速减少区分布相对分散,较为集中的区域以沿"胡焕庸线"邻近区域为主体,具体包括东北平原区、四川盆地、青藏高原区、云南省以及中部的山西、陕西、河南、湖北,农业劳动力转移较为滞后。农村人口转移度增加区域主要集中于新疆,其中部分原因是统计口径过程中,部分居住在农村的兵团人口是城镇户籍,统计时又以农村常住人口统计,导致农村常住人口大于户籍人口。

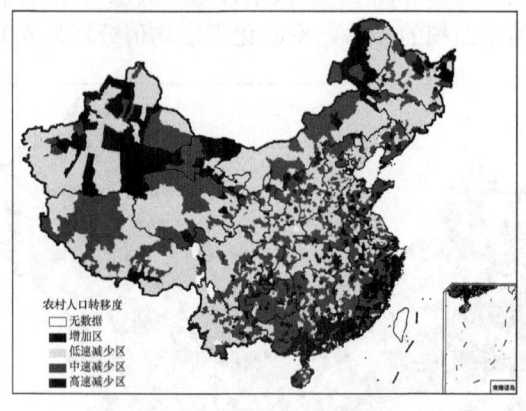

A. 农村人口转移度格局示意图

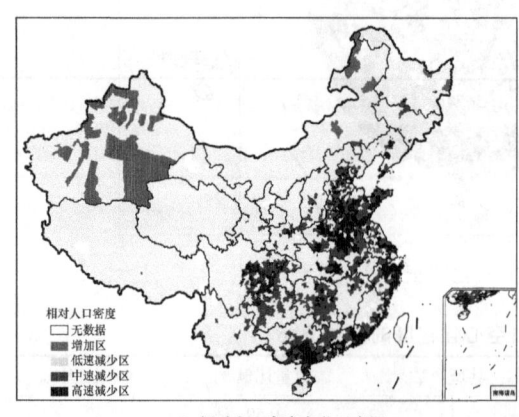

B. 相对人口密度变化示意图

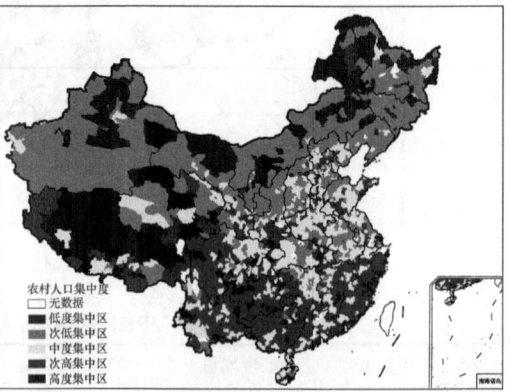

C. 农村人口集中度格局示意图

图 4-7 中国县域农村人口空心化分项指标测算

全国县域相对人口密度变化的空间差异性显著。相对人口密度中速、高速减少区集中分布在黄淮海地区、长江中下游平原区、江南丘陵区、珠江三角洲地区(图 4-7B),

共 880 个县（市），占研究区总面积的 13.87%，主要是因为一方面该区域农村人口密度大、人地关系矛盾突出，另一方面非农产业发展快，就业带动能力强，农村劳动力大规模就业转换、空间转移；低速减少区面积大、区域多，共 1458 个县（市），占研究区总面积的 79.06%，主要分布在四大高原区、四川盆地、闽赣丘陵地区，以及东北三省，主要是因为区域产业结构调整缓慢，非农就业吸纳能力弱，以及后备耕地资源开发等导致农业劳动力转移较慢；相对人口密度增加区县域数量较少，与农村人口转移度增加区空间分布一致。

从单位居民点上承载的人口角度看，我国县域农村人口集中度南北方差异明显，南方地区农村人口集中度高，北方地区农村人口集中度普遍较低，由南到北呈现出"高—中—低"的分布格局（图 4-7C）。高度、次高集中区主要分布在长江流域及以南省份和西藏地区，共 858 个县（市），占研究区面积的 32.78%；中度集中区共 684 个县（市），占研究区面积的 15.23%，主要分布在华北地区、秦巴山地区和长江中下游的北部平原区；次低、低度集中区共 755 个县（市），主要分布在西北干旱半干旱区和东北三省。

4.2.3.2 农村土地空心化格局及特征

我国县域农村土地空心化指数介于 0.003~0.981，空间集聚特征明显（图 4-8）。土地高度空心化地区共 249 个县（市），数量相对较少，占研究区面积的 3.6%，空间分布较为分散（表 4-4）；土地次高空心化地区处于高度空心化地区的外围，地域上集中分布在东部沿海地区，中部地区，东北黑龙江、吉林两省以及西部地区的川西地区和陕西、重庆两省（直辖市），共 875 个县（市），空心化程度均值为 0.59，占研究区总面积的

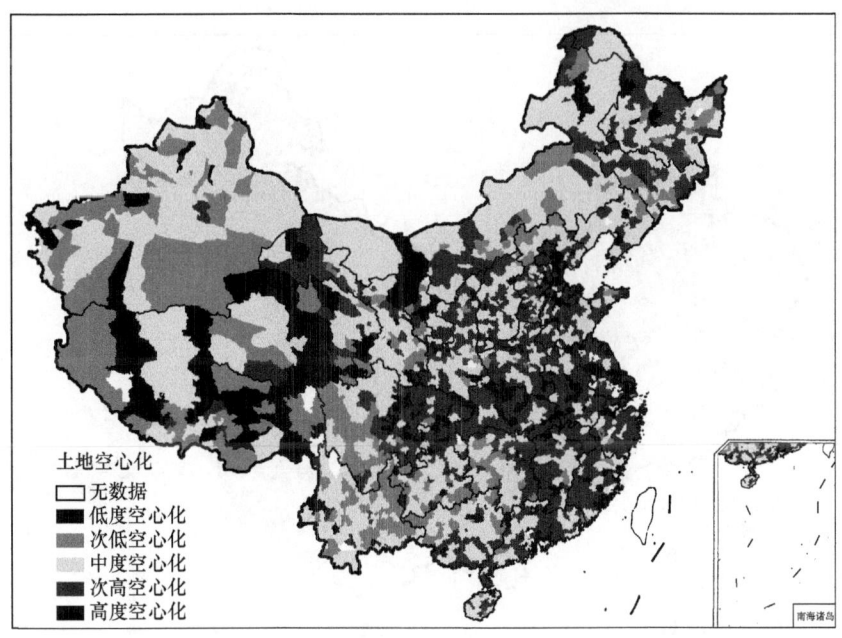

图 4-8 中国县域农村土地空心化的空间格局示意图

表 4-4　中国县域农村土地空心化程度的基本特征

空心化类型	空心度均值	空心化程度	县域个数	数量比例/%	面积比例/%
低度空心化	0.09	★	72	3.02	11.22
次低空心化	0.24	★★	276	11.61	21.06
中度空心化	0.41	★★★	848	35.66	41.19
次高空心化	0.59	★★★★	875	36.8	21.52
高度空心化	0.78	★★★★★	249	10.47	3.60

21.52%，这一部分区域是我国社会经济基础较好、发展程度较高区域，农村人口转移度高、相对人口密度变化激烈，但显然，人口减少并未带来土地的集约利用，这也在一定程度上佐证了前文中提到的"人走地反增"的提法；中度空心化地区共 848 个县（市），占研究区总面积的 41.19%，空心化程度均值为 0.41，空间上镶嵌式分布；低度和次低土地空心化地区集中分布在云贵高原区、青藏高原区和新疆维吾尔自治区，该区域主要特点是经济基础较差、自然条件相对恶劣，单位居民点面积上人口密度大，因此农村地区土地利用相对较为集约。

从该指标的测算结果看（图 4-9），全国县域农业劳动力次低、低度集中区呈现出"T"形空间分布格局，即沿海（海岸线）沿江（长江）分布，这与我国"T"形国土开发和经济布局空间开发相一致，该区域区位条件优越，经济基础较好，产业体系完善，经济发展速度快、程度高，非农就业吸纳能力强，促使农业劳动力不断转移，符合配第-克拉克定理，即随着经济发展，人均国民收入水平相应提高，于是劳动力就开始从第一产业向第二产业转移；当人均国民收入水平进一步提高时，劳动力就会向第三产业转移。

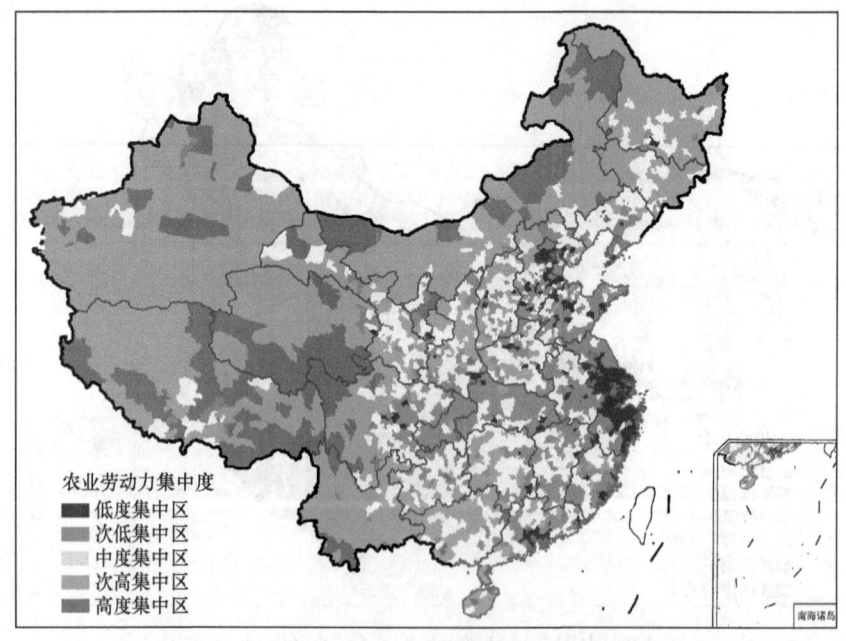

图 4-9　中国县域农业劳动力集中度的空间格局示意图

结果,社会劳动力在产业之间的分布状况是,第一产业劳动力减少,第二和第三产业的劳动力将增加。原因在于,在经济发展中各产业之间存在着收入相对差异,而劳动力总是倾向于流向高收入的产业(李小建,1999)。次高、高度集中区分布在"胡焕庸线"西北方地区,具体包括西北干旱半干旱区、东北黑龙江和吉林两省、青藏高原区、四川盆地和云贵高原区,区域面积大,县域数量多,该区域面积广阔,但大部分区域自然生态环境较差,产业体系不完善、结构落后,非农就业吸纳能力弱,导致农业劳动力集中度较高[①]。中度集中区仍以镶嵌的形式分布,主要分布在"胡焕庸线"东南方地区。户均宅基地粗放利用程度、村庄相对扩散度两个分项指标的测算结果分析,将在第5章做详细论述。

4.2.3.3 农村产业空心化格局及特征

通过对农村产业发展的计算分析发现,全国县域农村产业空心化程度普遍较高(图4-10)。次低、低度产业空心化地区数量较少,共210个县(市),占研究区总面积的2.8%(表4-5),主要分布在长江三角洲、珠江三角洲、京津地区和山西省中南部地区;次高、高度产业空心化地区共757个县(市),占研究区总面积的45.05%,集中分布在西北省份和东北吉林、黑龙江两省。中度空心化地区数量最多,共1337个县(市),占研究区总面积的52.15%,主要分布在东部地区和西部地区。因此,形成了次高、高度与中度以下产业空心化地区以第二、第三阶梯分界线为界的分布格局。

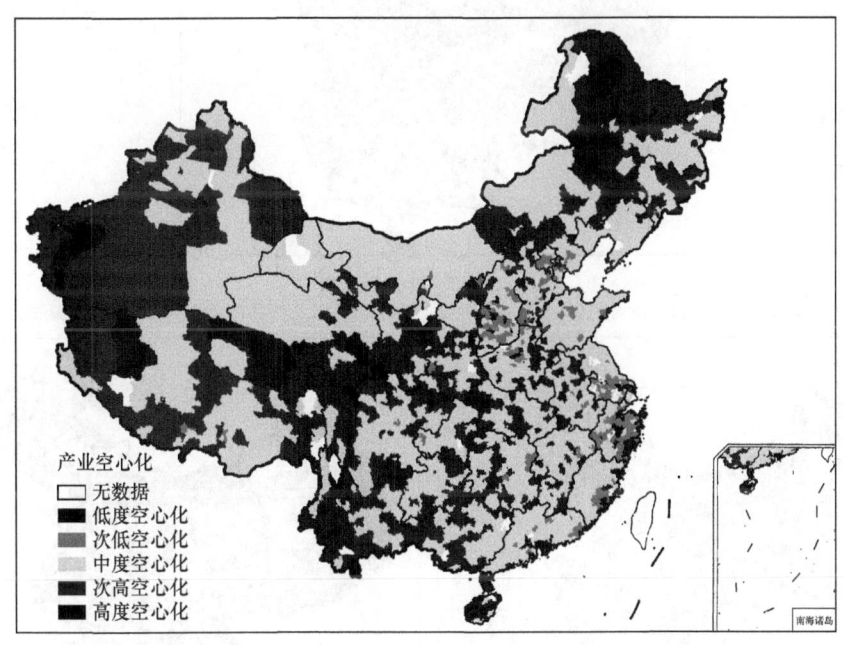

图4-10 中国县域农村产业空心化的空间格局示意图

---

① 据国家统计局《2011年我国农民工调查监测报告》显示,2011年全国农民工总量达到25 278万人,住户中外出农民工12 584万人,举家外出农民工3279万人,本地农民工9415万人,可以看出,地方经济发展对农业劳动力转移发挥着巨大作用。

表 4-5 中国县域农村产业空心化程度的基本特征

空心化类型	空心度均值	空心化程度	县域个数	数量比例/%	面积比例/%
低度空心化	0.09	★	45	1.89	0.68
次低空心化	0.24	★★	165	6.94	2.12
中度空心化	0.47	★★★	1 337	56.22	52.15
次高空心化	0.61	★★★★	694	29.18	38.67
高度空心化	0.81	★★★★★	63	2.65	6.38

从单位人口农业产值计算结果来看，农业经济发展水平次高、高值区，大致为西北干旱半干旱区与第一阶梯上的区域，集中分布在蒙新区、东北平原区，以及鲁西北、苏北、闽西丘陵等传统农区（图 4-11A）。其中，蒙新是我国西北干旱半干旱区的主体，气候干旱、土地贫瘠，却是我国农业经济发展水平的高值区，当然地多人少的因素是其一，但该区域土地的过度开采也是不容忽视的，应该予以重视区域土地生态保育和水土保持的功能。农业经济发展水平次低、低值区以西南地区为主体。

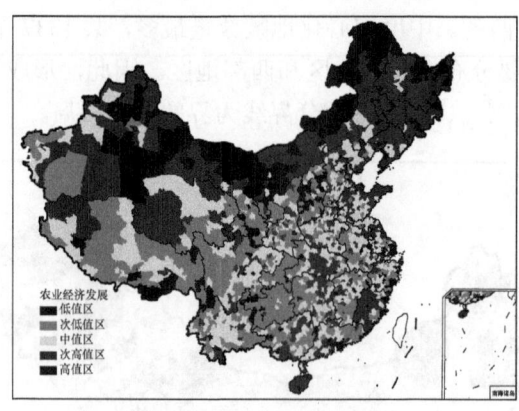

A. 农业经济发展水平示意图

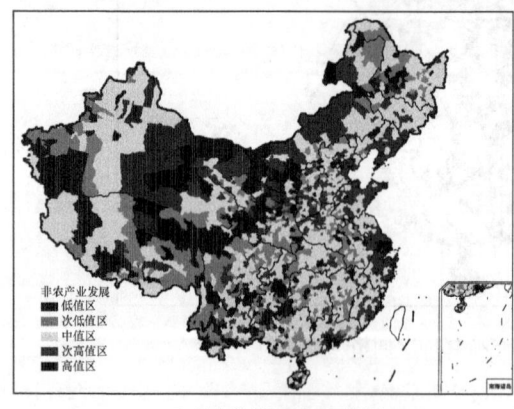

B. 非农产业发展水平示意图

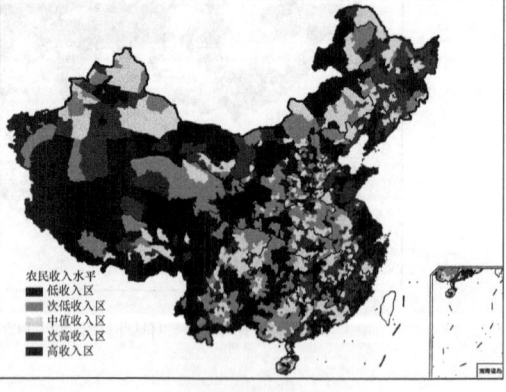

C. 农民收入水平示意图

图 4-11 中国县域农村产业空心化分项指标测算

非农产业发展水平次低与低值区一类主要分布在云贵高原区、秦巴山地区、青藏高原区与新疆南疆地区（图 4-11B），该类区域经济发展的自然条件恶劣、区位优越性差，是造成非农产业发展缓慢的重要原因；另一类区域分布在江汉盆地、黄淮西部地区、呼伦贝尔高原与松嫩平原区，这一区域农业生产条件好，是我国主要的传统农业生产基地，受政策影响，非农产业发展得到一定程度的限制，这是非农产业发展水平低的重要原因。非农产业发展水平次高与高值区也可以分为两类：①在全国相对而言，地广人稀、资源丰富的内蒙古地区和西北西部地区；②中国地理区位最优越、自然条件最好、人口最密集、经济发展最高的东部地区。

农民收入水平与农业经济发展水平空间分布格局有着较强的一致性（图 4-11C）。有所区别的是：东部沿海地区是农民收入次高、高收入区的集中区，尤其是我国三大增长极区域集聚趋势明显，主要是因为，该区域农村劳动力转移力度大，工资性的非农业收入占农民总收入的比例越来越高，成为重要来源，生计转型改变了农业生产收入是农业收入唯一来源的状况。

4.2.3.4 农村综合空心化格局及特征

基于农村人口空心化、土地空心化和产业空心化的评价分级，通过农村综合空心化指数模型，评价农村综合空心化程度。然后在 ArcGIS 的支持下，基于 Getis-Ord Gi*指数计算，采用一倍标准差分类法，将区域土地利用效益划分为冷点区域、次冷区域、过渡区域、次热区域和热点区域 5 级，判断区域内部土地利用效益的空间异质性。通过测算得出，全国分县农村综合空心化均值为 0.63。大致以黄河与第一、第二阶梯分界线形成的交叉线为界，以北、以西地区为农村综合空心化程度较低区域，也是综合空心化的冷点区域，大多数县域单元的农村综合空心化指数低于 0.5；黄河与第一、第二阶梯分界线形成的交叉线以南、以东地区为农村综合空心化程度较为严重区域，农村综合空心化指数多高于 0.72，集中分布在长江流域、东南沿海省份及中部城市群，即农村综合空心化的热点区域（图 4-12）。

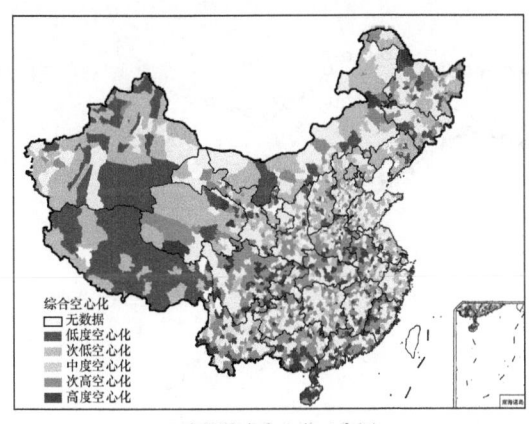
A. 农村综合空心化示意图

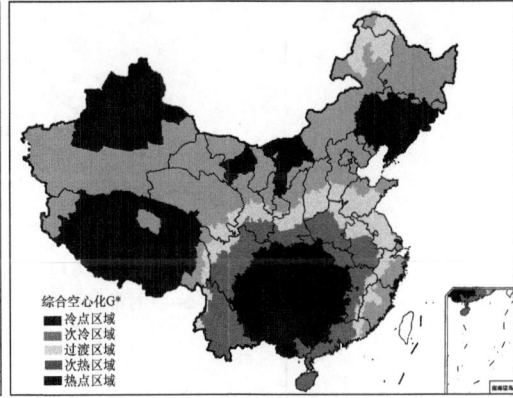
B. 农村综合空心化G*指数空间格局示意图

图 4-12 中国县域农村综合空心化及 G*指数

4.3 农村空心化与城镇化的重要节点：农村劳动力转移

在中国，"城市"这个词，从来都与"农村"一衣带水。所谓的城镇化，就是指农村人口转化为城镇人口的过程。自20世纪90年代，我国城市数量和规模迅速增加，城镇化进展加快。其中，农村人口向城镇的转移成为城镇化的主要方式（卢向虎等，2006），农村人口不断减少，尤其是劳动力不断从农业中析出，进入城镇，从事非农产业活动，劳动力主体不断弱化，这种"自我战胜"的结果往往会导致粗放型的农业经营方式（刘彦随，2010）。城市的迅速扩张，最先挤占的就是农村的发展空间。随着越来越多的人口拥向城市，农村的空心化正在加剧。由此看来，以农村劳动力转移为主体的人口非农化成为农村空心化与城镇化的重要作用结点。

4.3.1 农村劳动力转移与农村人口空心化

农村人口，尤其是农村中青壮年劳动力以不同的方式和途径大量流入城市，导致农村人口减少，青壮年人口比例下降，形成了以儿童、大龄劳动力和老人为主体、年轻劳动力断层的农村人口结构，并且剩余人口在维持农村正常的生产和生活方面产生诸多困难，这种变化的过程即农村人口空心化（刘巍，2011）。

改革开放以来，我国农业户籍人口由1978年的81 029万人，增长到2000年的91 423万人，年均增长451.91万人。2001年开始，农村人口有所下降，到2010年农业户籍人口为88 519万人。农村常住人口由1978年的79 014万人增长到1995年的85 947万人，年均增长385.17万人。1996年开始，农村常住人口快速下降，到2010年农村常住人口减少到67 113万人，年均减少1177.13万人（图4-13）。2010年农村户籍人口与常住人口差值为21 406万人，这一部分人口以青壮年劳动力为主，以农民工的形式存在于城镇，属于"两栖"人员。据国家统计局《2014年全国农民工调查监测报告》数据显示：2014

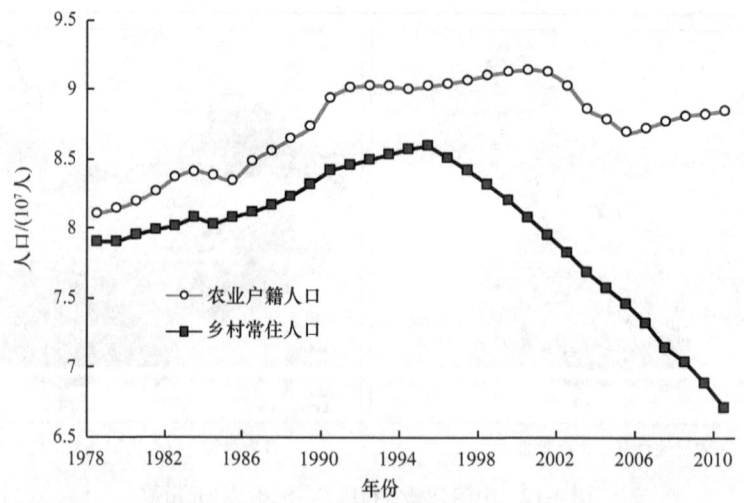

图4-13 1978～2010年全国农业户籍人口与乡村常住人口数量变化

年全国农民工总量为 27 395 万人，比上年增加 501 万人，增长 1.9%。其中，外出农民工 16 821 万人，比上年增加 211 万人，增长 1.3%；本地农民工 10 574 万人，增加 290 万人，增长 2.8%[①]。2011 年、2012 年、2013 年和 2014 年农民工总量增速分别比上年回落 1.0 个、0.5 个、1.5 个和 0.5 个百分点。2011 年、2012 年、2013 年和 2014 年外出农民工人数增速分别比上年回落 2.1 个、0.4 个、1.3 个和 0.4 个百分点，但是总量仍然呈现出增长的态势，近三年本地农民工人数增速明显快于外出农民工增速。

农村人口空心化的过程是伴随着农村人口大量流向城市这一现象而产生的，而农村劳动力向城镇迁移、非农就业转换为主体的流动方式和流动载体，是造成农村人口空心化的最主要原因。农业容纳力与排斥力、城市吸引力与吸收力是劳动力流动的决定因素（孟晓晨，1992）。具体地讲，我国一系列的农业制度变革、市场经济体制下农业结构的持续调整、高效农业与生态农业建设，以及农业科技的重大突破、农业技术的创新与应用，使得农业劳动生产率与土地生产率的大幅度提高，部分农村劳动力从农业生产中解放出来，为非农就业转移提供了源泉。另外一方面，工业化、城镇化的快速推进，我国产业发展模式有较大提升，第二、第三产业发展速度快，非农就业需求量大，使得农民劳动力转移成为可能。城镇化、工业化成为农村就业方式转型、人口迁移的主要驱动因素。

制度因素方面，我国户籍制度历经多次改革，尤其是 1958 年以后，经历了由严格管控逐步向半开放再到开放的不断转变，户籍制度对人口流动的限制虽然在不断削弱，但仍然有较大的约束作用，户口与福利待遇、就业直接挂钩的背景下，农业转移人口进城尤其是进入大城市实现市民化，依然存在众多障碍因素，中国特有的"农民工"应运而生。

政策因素方面，人口政策在人口再生产、经济发展、社会进步、资源合理利用、生态环境良性环循中起着重要作用。依据我国国情，从 1970 年全面推行的计划生育政策，在控制人口增长方面逐步彰显成效，这是 2001 年开始农村户籍人口开始快速减少的重要原因。此外，为促进农民增收和地方经济发展，各级政府积极出台相关支持政策，促进农村富余劳动力转移。例如，加强农村劳动力职业技能培训、强化转移就业公共服务和建立优秀农民工激励机制等。

社会环境因素方面，长期以来，中国农村农民从事农业生产收入远低于城镇居民收入，加上农村地区基础设施、社会保障整体上远落后于城镇地区，农民进城务工从事非农就业活动，提升生活质量的意愿不断增强。青年人留守农村成为了"不光彩"的事，社会文化环境的转变，导致青壮年劳动力从众外出务工思想严重。

农村劳动力是乡村地域发展的基础，其流失导致的农村空心化已经对乡村地域发展产生了较大的影响，宁愿打工，不愿务农，谁来种地？农业文化如何坚守与传承？空心化农村如何"养活中国"？等问题日益受到关注。

---

① 根据国家统计局《2014 年全国农民工调查监测报告》，外出农民工是指调查年度内，在本乡镇地域以外从业 6 个月及以上的农村劳动力；本地农民工是指调查年度内，在本乡镇内从事非农活动（包括本地非农务工和非农自营活动）6 个月及以上的农村劳动力；举家外出是指农村劳动力及家人离开其原居住地，到所在乡镇区域以外的地区居住。

4.3.2 农村劳动力转移与城镇化

城镇化可以看作是劳动力完成从传统产业向现代产业之转换、从农村到城市之迁移的过程（孟晓晨，1992），其本质是生产要素的重新组合，而这一过程是通过劳动力的两种转移来实现的，即产业转换与空间迁移。完成这一过程有三条途径：产业转换与空间转移同时完成；空间转移在先，产业转换在后；产业转换在先，空间转移在后。三种途径衍生出三条城市化道路：单轨城市化，即劳动力只通过第一条途径转移；双轨城市化，即一部分劳动力通过第一条途径转移，其余部分通过第二或第三条途径转移；三轨城市化，即劳动力转移通过三条途径同时进行（孟晓晨，1992）。因此，农村劳动力转移与城镇化的关系是十分清楚的。

4.3.2.1 人口城镇化与农村人口转移

《中国统计年鉴 2010》数据显示：我国城镇人口由 1978 年的 1.7 亿增至 2012 年的 7.12 亿，人口城镇化率达到 52.57%，比 1978 年提高了 34.66 个百分点，年均提高 1.02 个百分点；城镇人口净增 5.4 亿。但据"城镇化进程中农村劳动力转移问题研究"课题组推算得出：农村转移到城镇的人口数量累计为 3.9 亿左右，其中，农业户籍转为城镇户籍的人口数量累计约为 1.7 亿，未获得城镇户籍的农村转移人口数量约为 2.2 亿，而未获城镇户籍 2.2 亿农村人口已在城镇定居的农村转移人口约为 1 亿。因此，2009 年我国 6.2 亿城镇人口中既包含 2.1 亿老市民和 1.9 亿新市民，还包括 1 亿最有可能成为城镇户籍人口的已在城镇定居的农村转移人口，以及 1.2 亿在城乡之间流动的农村转移人口。因此，中国的城镇化和农村劳动力转移是不同质的，6.2 亿统计城镇人口由特征迥异的群体组成。如果以城镇户籍人口作为真实城镇化水平的基础，把包含已定居城镇但未获城镇户籍的农村转移人口作为应当实现而未完全实现的城镇化水平的基础，则截至 2009 年年底，中国的真实人口城镇化率约为 30.3%，应当实现而尚未完全实现的城镇化率约为 37.9%（"城镇化进程中农村劳动力转移问题研究"课题组和张红宇，2011）。

4.3.2.2 从农村劳动力转移角度看我国滞后的城镇化道路

正如库兹涅茨法则所揭示的，农村劳动力转移是现代化进程中的必然现象。改革开放以来，中国走过了一条以工业化带动经济增长为主的发展道路，在较短时期内迅速实现了向工业化中期阶段的迈进，数以亿计的农村劳动力成为产业工人，实现了职业转换。在低成本工业化和高成本城镇化的双重制约下，农村劳动力流动呈现出"候鸟"型转移模式，农民工身份转换滞后于职业转换，农民家庭迁移滞后于农村劳动力转移，即产业转换在先，空间转移在后为主导的城镇化过程。

但我国的农村劳动力空间转移却存在较多的障碍因素：公共支出的高成本抑制了农民向城镇迁移；农民和市民在就业制度、住房制度、社会保障制度、教育制度等方面享受不同待遇，人为地维护并强化了城乡二元体制；由于生活习惯、文化差异、利益冲突等方面的原因，城市原住居民还对农民工从多方面排斥，导致他们难以真正融入城市（"城镇化进程中农村劳动力转移问题研究"课题组和张红宇，2011）。正是由于上述障碍因素的存在，农村劳动力流动呈现出"候鸟"型转移模式、"未获得城镇户籍的农村转移人口数量约为 2.2 亿，而未获城镇户籍 2.2 亿农村人口已在城镇定居的农村转移人口约为 1 亿"等现象和问题就不难解释了，反映在城镇空间上，表现为低成本工业化和高成本城镇化的滞后发展模式。

4.3.3 城镇化进程中农村劳动力转移响应机制：基于东部沿海地区的实证研究

4.3.3.1 东部沿海地区概况

东部沿海地区是国家"十一五"规划确定的四大政策区之一，也是中国改革开放的前沿，包括北京、天津、河北、山东、江苏、上海、浙江、福建、广东和海南 10 省（直辖市）（图 4-14）。该区域土地面积 91.6 万 km^2，2010 年区域总人口为 5.06 亿人，其中农村人口为 2.03 亿人，分别占全国的 36.93%、30.15%。

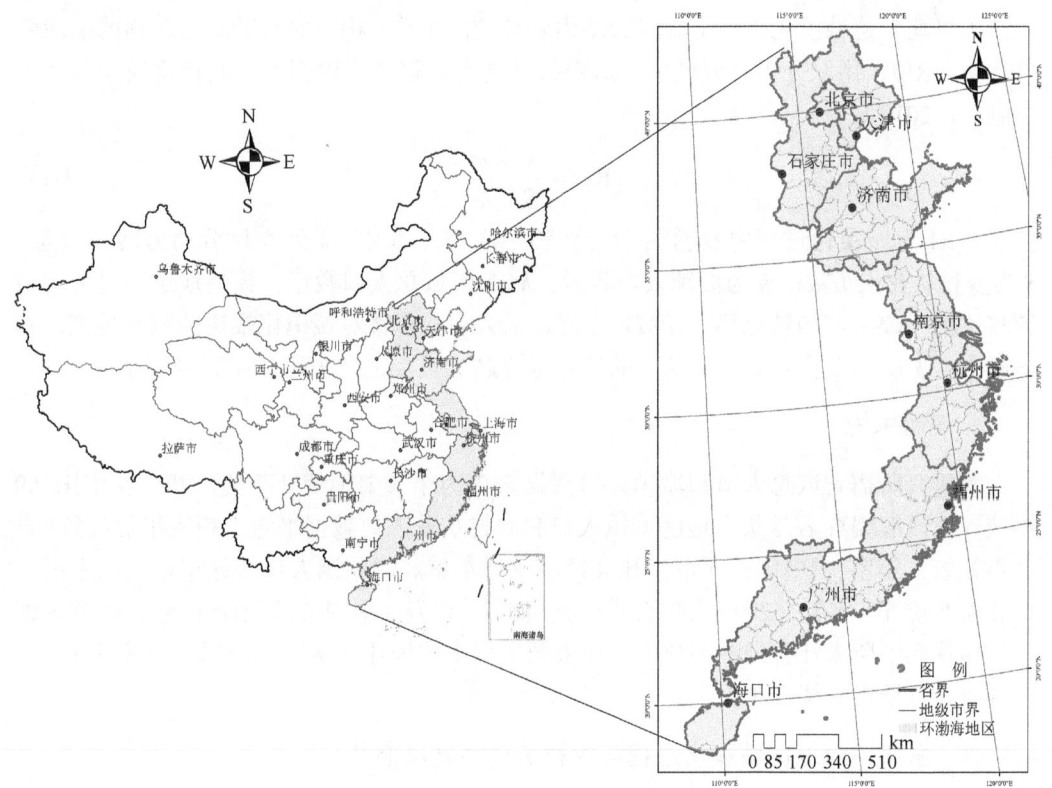

图 4-14 东部沿海地区区位示意图

1978~2010 年东部沿海地区经历了快速的城镇化与工业化过程，社会经济发展迅速，已经成为全国的经济核心增长极和人口高度聚集区，与全国其他区域相比，该区域工业化与城镇化进程快，产业结构、人口结构与就业结构变化更巨大。这也深刻地改变着广大农村地区的产业结构、就业结构与生活观念,第一产业从业人员向第二、第三产业转移,农村人口转移成为城镇化重要方式(张富刚等,2010)。2010年东部沿海地区GDP达到23.2万亿元,占全国的57.83%,人均GDP 45 840元,城镇化率为59.85%,农民人均纯收入7947元,分别高于全国同期的29 992元、49.95%、5919元。但另外一方面,受区位条件、资源禀赋及原有经济基础的影响,东部沿海地区城乡差距大、城镇化发展不均衡等问题也非常突出,加上该地区既有经济发达的乡村,也有相对落后的农村地区,其乡村发展是我国农村发展的一个缩影(龙花楼等,2009b)。因此,选取东部沿海地区作为研究区域,具有典型意义。

4.3.3.2 研究方法与数据来源

1. 农村劳动力转移响应强度模型

农村劳动力转移的响应强度是指随着区域城镇化的推进、城镇体系演变,以及产业结构升级、就业结构改变等因素变化,农村劳动力流向城镇区域,或脱离第一产业,流向第二、第三产业的反馈响应程度。

为直观表达城镇化进程中农村劳动力转移响应强度,构建农村劳动力转移的响应强度指数(RI),用以分析区域城镇化对农村劳动力转移的作用强度,其评价模型为(王国刚等,2013)

$$RI = \frac{s}{S} \bigg/ \frac{m}{M} \tag{4-2}$$

式中,RI为城镇化进程中农村劳动力转移响应强度系数;s为农村劳动力转移数量;S为乡村从业人员数;m为城镇人口数量;M为区域总人口数量。模型通过农村劳动力转移比例(s/S)与城镇化率(m/M)比值表示劳动力转移对城镇化推进的响应程度。RI值越大,说明城镇化对农村劳动力的转移强度越大,反之,表示作用强度越小。

2. 数据来源

本研究所需省域总人口和城镇人口数据来自历年《中国统计年鉴》和《新中国60年统计资料汇编》;各地级市地区城镇人口和农村从业人口数据来源于相应年份各省(直辖市)统计年鉴、《中国县(市)社会经济统计年鉴》、《中国人口统计年鉴》、《中国人口和就业统计年鉴》、《2000人口普查分县资料》,以及《中国劳动统计年鉴》;研究区评价指标体系中所需社会经济等数据主要来源于《中国统计年鉴》、《中国城市统计年鉴》和各省(直辖市)统计年鉴。

4.3.3.3 东部沿海地区城镇化进程与农村劳动力转移态势

1. 东部沿海地区城镇化进程

1978~2008年东部沿海地区城镇化率由19.7%提高到58.2%,年均增长1.28个百分点(图4-15)。其中,1978~1991年城镇化率提高了11.4个百分点,年均增长0.88个百分点,发展速度相对较为缓慢;1992~2008年东部沿海地区城镇化水平迅速提高,年均增长1.67个百分点。2008年,东部沿海地区城镇化率比全国高12.5个百分点。

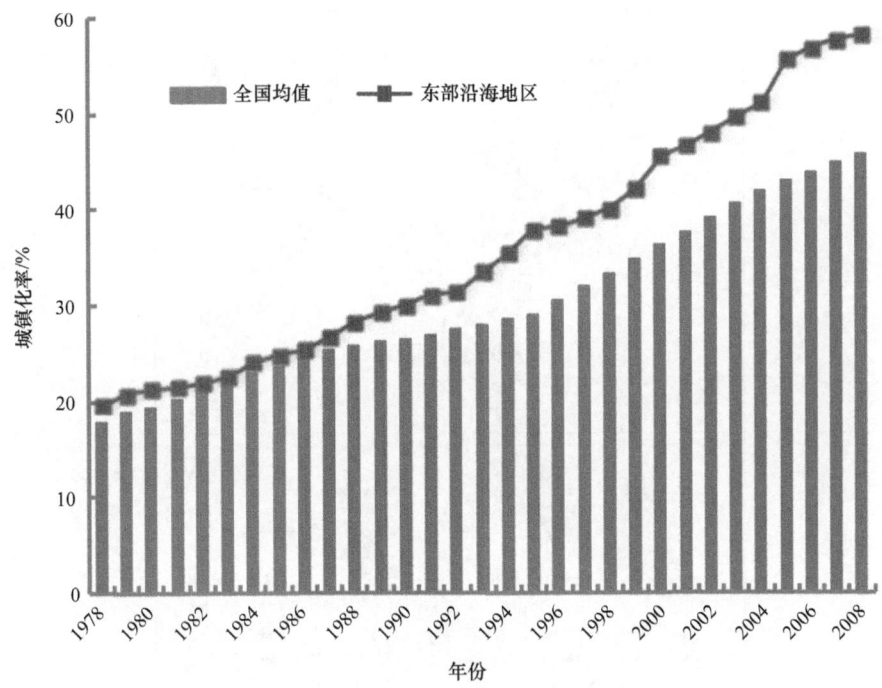

图 4-15　1978~2008 年东部沿海地区与全国平均城镇化水平变化

空间尺度上,东部沿海地区的 87 个地级城市城镇化水平空间差异性明显(图 4-15)。按照 Northam 城镇化发展的"S"形曲线理论划分,2008 年东部沿海地区各地级市都超越城镇化发展的初期阶段,北京、天津、济南、青岛、南京、上海、厦门、广州、深圳等 14 个城市处于城镇化发展的后期阶段;其余 73 个地级城市处于城镇化发展中期阶段,占区域总面积的 91%(图 4-16A)。2008 年与全国平均城镇化率(45.7%)相比,东部沿海地区有 31 个地级城市低于全国均值,占研究区总面积的 47%,主要分布在河北、山东的传统农业区域,福建山区以及粤西、粤北地区。该类区域工业化水平低,经济基础薄弱,发展相对落后,就业吸纳能力弱,农村劳动力以区外转移为主(图 4-16B)。

2. 农村劳动力转移态势

(1) 农村劳动力转移规模与比例的时序变化。

随着城镇化进程的快速推进,东部沿海地区第一、第二、第三产业结构已由 1978 年的 71.4∶17.2∶11.4 变为 2008 年的 27.9∶36.1∶36,第一产业从业人员比例持续下降,第二、第三产业从业人员比例不断上升。由图 4-17 可以看出,1978~2008 年农村劳动力转移规模的阶段性特征明显,大致可分为 3 个快速上升阶段和 2 个平稳发展阶段。其中,1980~1988 年、1991~1998 年、2003~2008 年为 3 个提升阶段,农村劳动力转移规模不断增大。农村劳动力转移比例上升趋势显著,与转移规模有较强的一致性。其主要原因是我国城镇建设、户籍制度改革和非农产业发展,促进了农村劳动力向城镇流动,提高了劳动力非农化程度。

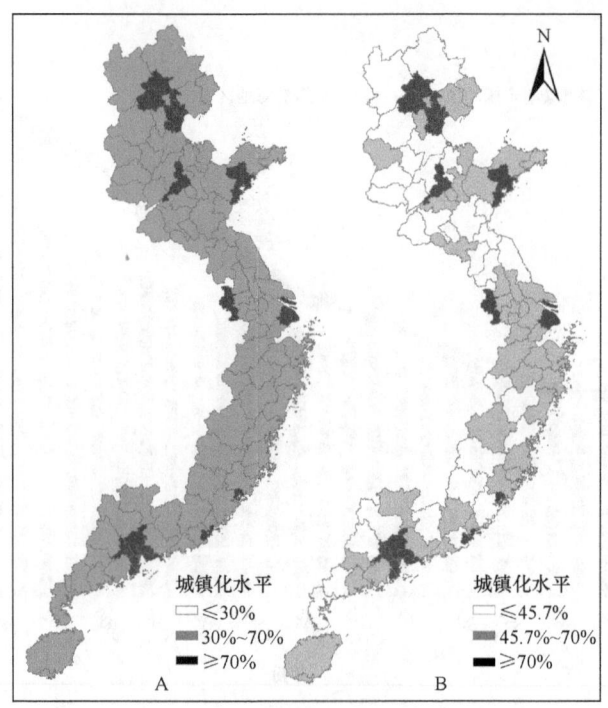

图 4-16 2008 年东部沿海地区城镇化水平（A）和全国均值比较（B）

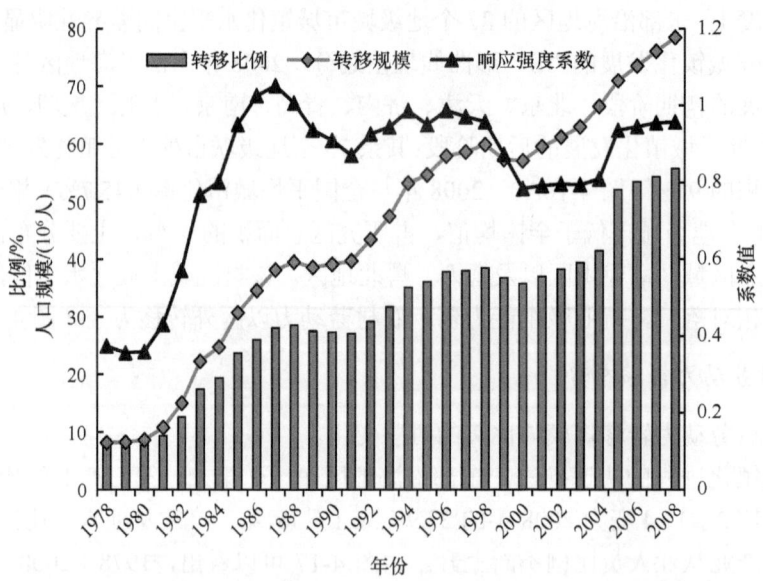

图 4-17 1978~2008 年东部沿海地区农村劳动力转移规模、比例及响应强度系数

(2) 农村劳动力转移规模与比例的空间特征。

东部沿海地区农村劳动力转移规模与比例同步性强，空间分异特征明显（图 4-18）。农村劳动力转移规模大、比例高的区域，主要分布在区位条件优越、经济发达、产业层次高、非农就业吸纳能力强的京津地区、长三角、珠三角、沿海开放城市，以及经济发展相对薄弱、产业体系不完备,以农村劳动力输出为主的河北中南、山东西南、江苏北部地区。劳动力转移规模小、比例低的区域主要分布在河北北部、福建北部、海南省等区域。

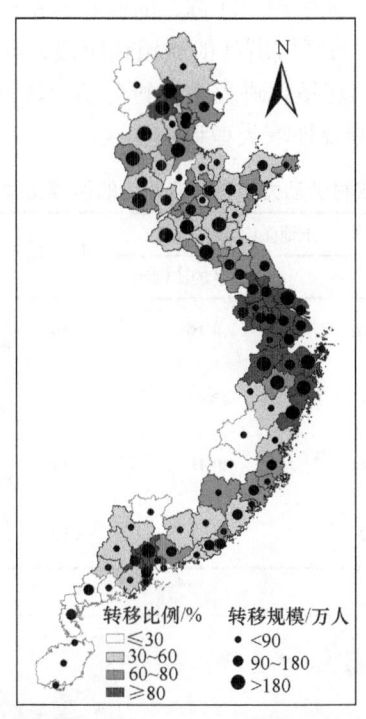

图 4-18　2008 年东部沿海地区农村劳动力转移规模与比例的空间格局示意图

4.3.3.4　东部沿海地区农村劳动力转移响应强度的时空特征

1. 农村劳动力转移响应强度的时序变化

1978~2008 年东部沿海地区农村劳动力转移响应强度系数呈现出快速增长的态势,由 1978 年的 0.37 增大到 2008 年的 0.96(图 4-17),增长了 1.6 倍。这说明东部沿海地区农村劳动力对城镇化推进的响应强度在不断增大,城镇化对农村劳动力的转移作用日益显著。

从响应强度系数的时序变化看,存在显著的波动上升特征。1978~1988 年,农村劳动力转移响应强度系数上升的趋势较为明显。1989 年后,劳动力转移与城镇化进程趋于同步推进,农村劳动力转移响应强度系数处于高位响应状态,低幅度的下降和上升交替,并逐步趋向稳定,但劳动力转移比例仍以上升为主。

2. 农村劳动力转移响应强度的空间分异

按照东部沿海地区各地级市 RI 值的大小,采用自然断裂点分级方法,划分出弱响应型、同步协调型、强响应型和超前响应型 4 种类型(表 4-6)。东部沿海地区快速城镇化进程中农村劳动力转移响应强度类型的空间分异明显(图 4-19A)。从不同响应类型的特征看,弱响应型区域较少,共 10 个,占研究区总面积的 17.70%,主要分布在天津市、海南省;同步协调型区域数量多,共40个,土地面积达39.04万 km²,主要集中分布在北京市、山东省和广东省三省(直辖市);强响应型地级市个数和土地面积分别占研究区的 34.48%、30.18%,分布在冀中、鲁西南、苏中、苏南、闽粤交界;超前响应型主要分布在鲁南、鲁西北、冀中南、江苏、浙西和闽东南等区域,占研究区总面积的 8.30%。由于相同响应类型分布区域所处的城镇化阶段差异较大,下面我们将进一步按照城镇化发展等因素,划分出城镇化进程中农村劳动力转移响应地域类型,分析城镇化对农村劳动力转移的作用机制及地域类型调控模式。

表 4-6 农村劳动力转移响应强度的区域类型及其特征

类型	地级市个数	土地面积		RI 均值	类型特征
		数量/万 km²	占研究区的比例/%		
弱响应型	10	17.70	19.19	0.59	农村劳动力转移速率慢于城镇化速率,城镇化对劳动力转移作用强度弱
同步协调型	40	39.04	42.33	1.01	农村劳动力转移与城镇化速率同步,城镇化对劳动力转移作用强度适中
强响应型	30	27.84	30.18	1.39	农村劳动力转移速率快于城镇化速率,城镇化对劳动力转移作用强度较大
超前响应型	7	7.65	8.30	2.10	农村劳动力转移速率明显快于城镇化速率,城镇化对劳动力转移作用强度大

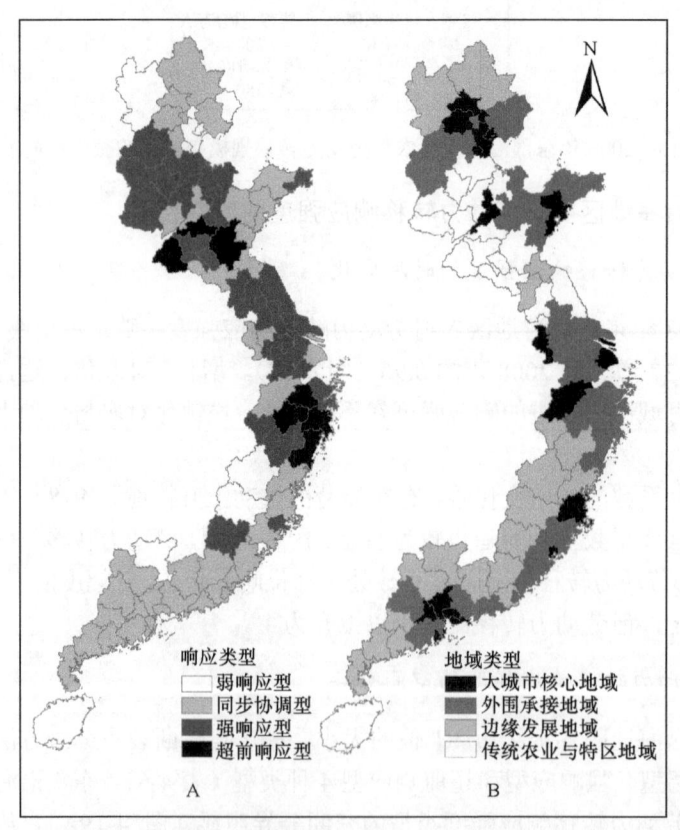

图 4-19 东部沿海地区农村劳动力转移响应强度类型(A)与地域类型(B)划分示意图

4.3.3.5 农村劳动力转移响应机制及调控模式

1. 响应机制分析

(1) 指标体系与模型构建。

为深入研究东部沿海地区城镇化进程中农村劳动力转移的响应机制，本节选取反映劳动力转移态势的农村劳动力转移规模（Y_1）和农村劳动力转移比例（Y_2）2个指标作为因变量，选取反映城镇化进程中要素变化的非农产业增加值比例等14个指标作为自变量（表4-7）。

表4-7 城镇化进程中农村劳动力转移响应机制的评价指标体系

目标域	指标	指标描述	指标	指标描述
城镇化要素（x）				
	人均地区生产总值（x_1）	区域发展水平	第二产业从业人员数（x_8）	第二产业就业能力
	二三产业增加值（x_2）	非农产业发展	非农产业从业人员比例（x_9）	就业结构的水平
	建城区人口密度（x_3）	人口集聚水平	工业企业数（x_{10}）	产业结构的水平
	城乡居民收入比（x_4）	城乡收入差异	工业总产值（x_{11}）	工业发展能力
	城镇人均可支配收入（x_5）	城镇居民生活水平	城镇职工平均工资（x_{12}）	期望收入
	年末城镇登记失业人员数（x_6）	城镇就业能力	万人拥有床位数（x_{13}）	社会发展水平
	城镇私营和个体从业人员数（x_7）	私营就业吸纳能力	城市地均GDP（x_{14}）	城市经济集聚水平
农村劳动力转移要素（y）				
	农村劳动力转移规模（Y_1）	农村劳动力转移数量	农村劳动力转移比例（Y_2）	农村劳动力转移强度

采用逐步回归法得到的回归模型不受多重共线性干扰，但经计算发现，数据舍弃量大、利用率低。为此，本节首先采用BOX-COX变换将所有变量进行正态转换，然后运用相关分析、因子分析进行指标筛选和自变量间结构关系确定，最后通过变量岭回归降低多重共线性，得出回归模型。这既解决了数据的多重共线性问题，又能保证数据充分利用（王真等，2009）。

(2) 农村劳动力转移机理分析。

东部沿海地区农村劳动力转移规模（Y_1）的驱动因素包括二三产业增加值（x_2）、城镇私营和个体从业人员数（x_7）、非农产业从业人员比例（x_9）、工业企业数（x_{10}）、城镇职工平均工资（x_{12}），贡献了农村劳动力转移规模变化的83.2%（表4-8）。其中二三产业增加值是影响劳动力转移规模的最重要因素，说明非农产业的发展对区域农村劳动力转移有着巨大的带动作用；而城镇职工平均工资即农民对收入的期望值对农村劳动力转移也有显著推动作用。

表4-8 东部沿海地区城镇化进程中农村劳动力转移的响应机理模型

指标	k值	模型	R^2	P
农村劳动力转移数量	0.03	$Y_1=19.84+0.376x_2+0.039x_7+0.181x_9+0.044x_{10}+0.593x_{12}$ (0.819) (0.672) (0.546) (0.625) (0.734)	0.832	0.0000
农村劳动力转移强度	0.1	$Y_2=10.78-0.037x_1+0.671x_5+0.186x_9+0.365x_{14}$ (0.796) (0.683) (0.708) (0.605)	0.807	0.0000

注：括号内数字为因变量与自变量的相关系数

根据模型分析，对东部地区农村劳动力转移比例有显著作用的变量包括人均地区生产总值（x_1）、城镇人均可支配收入（x_5）、非农产业从业人员比例（x_9）、城市地均GDP（x_{14}），贡献了东部沿海地区农村劳动力转移比例变化的80.7%。需要特别指出的是，人均GDP较低地区，农村劳动力转移比例较大、外出转移愿望强烈，而城镇人均可支配收入、非农产业从业人员比例对农村劳动力转移比例有明显的拉动作用。

东部沿海地区作为国家"十一五"规划确定的四大政策区之一，地处中国改革开放的前沿，城镇化与工业化快速推进，第二、第三产业快速发展，企业成长迅速，提供了巨大的就业空间，极大促进了第一产业从业人员向第二、第三产业转移，农村人口向城镇地区迁移。随着农业科技进步与农用现代工业品发展，农业劳动生产率得以大幅度提高，使得部分农村劳动力从农业生产中解放出来，而城乡差距、区域差异的扩大，相对落后的农村居民为提高收入和生活质量，迫切要求向收入更高的非农产业转移，这成为农村劳动力转移的内发推动力。城镇化、工业化发展的外核拉动力和农村内核推动力共同构成了农村劳动力转移的"双力"驱动。此外，我国户籍制度改革，及地方政府对农村劳动力转移的重视等较难量化的新型因子也成为推动农村劳动力快速转移的重要力量。

2. 响应地域类型与调控模式

（1）响应地域类型划分。

农村劳动力转移响应的地域类型是根据城镇化发展水平、劳动力转移响应强度及两者相互作用划分的地域空间单元，兼有经济和空间双重属性。

根据响应机制分析，本节选取人均GDP、非农产业从业人员比例、职工平均工资、城市地均GDP、城镇化率、响应强度系数、劳动力转移比例7项可比指标，进行分层聚类分析。聚类结果表明，东部沿海地区可分为4类谱系，以此为基础，综合考虑各地域类型的发展特点，分别命名为大城市核心地域、外围承接地域、边缘发展地域、传统农业及特区地域（表4-9和图4-19B），据此提出各地域类型的调控模式与导向。

表4-9 东部沿海地区城镇化进程中农村劳动力转移响应地域类型

类别	地域类型	地域范围
I	大城市核心地域	北京市、天津市、上海市、南京市、济南市、广州市、厦门市、杭州市、福州市、青岛市、深圳市、珠海市、佛山市、东莞市
II	外围承接地域	唐山市、无锡市、廊坊市、石家庄市、秦皇岛市、保定市、常州市、苏州市、南通市、扬州市、镇江市、泰州市、温州市、嘉兴市、汕头市、湖州市、淄博市、东营市、烟台市、潍坊市、威海市、绍兴市、宁波市、金华市、舟山市、日照市、台州市、莆田市、泉州市、漳州市、莱芜市、惠州市、汕尾市、中山市、江门市、肇庆市、潮州市
III	边缘发展地域	张家口市、阳江市、湛江市、茂名市、连云港市、承德市、宿迁市、衢州市、丽水市、三明市、南平市、龙岩市、宁德市、韶关市、河源市、梅州市、清远市、揭阳市、云浮市
IV	传统农业及特区地域	临沂市、济宁市、邯郸市、邢台市、沧州市、衡水市、淮安市、盐城市、枣庄市、泰安市、德州市、滨州市、菏泽市、徐州市、聊城市、海南省

（2）响应地域类型调控模式。

大城市核心-外围承接地域。根据美国学者费里德曼的核心-外围理论，区域中心与外围之间存在不平等的发展关系，中心居于统治地位，外围依赖于中心发展。东部沿海地区大城市核心地域主要集中在省会和开放城市，基本特征表现为经济发达、人口高度集聚、产业与就业结构相对合理、城镇化率高等。外围承接地域与核心区域空间邻接、经济联系紧密，其主要特征是经济比较发达，拥有良好的区位条件和发展基础。大城市核心地域与外围承接地域城市空间扩展较快，占用大量耕地，而农业劳动力未实现快速转移。因此，大城市地域调控方向是加快产业及职能向周边地域扩散，防控大城市的"不集约"等"城市病"问题；进一步优化"核心-外围"城镇体系的空间与功能结构、产业结构和就业结构，充分吸纳农村劳动力。同时，发展特色高效农业，提高农业产出。

边缘发展地域。东部沿海地区边缘发展地域主要分布在省际交界处和生态保育区等。因远离经济增长中心、缺乏转入快速增长轨道的条件，边缘发展地域经济发展和城镇化水平都较低，带动劳动力转移作用弱。边缘发展地域调控应从产业着手，明确区域优势和核心竞争力，集中发展优势产业，带动就业和劳动力转移；注重生态、经济与社会综合效益，实施生态城镇发展战略；加大人力资本投入，提升劳动力素质和竞争力。

传统农业地域。东部沿海地区传统农业地域的重要特征是劳动力过剩、人多地少的矛盾十分突出。但受产业结构仍以农业生产为主，且农业部门较单一，生产规模小，第二、第三产业不发达，产业层次低，以及城镇化水平低、速度慢，经济社会发展相对落后等因素制约，农村劳动力以季节迁徙为主，未实现有效转移。传统农业地域可以通过发展壮大乡镇企业，推进农村工业化进程，促进产业要素向城镇集聚，加快城镇化发展速度，构建产业合理布局、城镇功能分区的新型农区经济空间体系，实现农村劳动力有效的产业转移。

海南特区地域。海南是我国设立的最大且唯一的省级经济特区。但由于农村地区广大，产业基础薄弱、结构单一，导致经济发展落后，城镇化率低，劳动力转移速率慢、带动力不强。海南特区地域未来发展应结合自身热带风光等资源优势，发展新型工业行业、旅游产业，带动城市商业服务业发展；利用好热带资源，发展热带高效农业，建立多元产业结构体系，增强就业吸纳能力；同时，优化城镇空间结构，加快中西部地区的农村劳动力转移。

4.4 本章小结

本章重点开展了农村空心化的演进过程、机制和空间格局分析，探讨了农村劳动力转移与农村空心化、城镇化的关系，并以东部沿海地区为例，系统论述了城镇化进程中农村劳动力转移响应机制。

（1）资源环境禀赋、农业生产发展、城镇化与工业化推进、社会文化变迁、基础设施建设、居民生计多元化转型、户籍制度束缚、土地利用制度及管理政策等是农村空心化演进的重要影响因素。根据其作用方式的不同，将其归结为内核推动力、外援拉动力和系统突变力三类，共同构成了农村空心化演进的"三力"驱动机制。内核推动力的驱动作用主要表现为农民主体行为对乡村地域系统要素的改变，外援拉动力的驱动作用主要是促进了农村行为主体作出改变，而系统突变力的驱动作用带来农村空心化演进的突变。

（2）基于三类驱动力对农村空心化演进作用侧重点的差异，可以归纳出内核推动力作用下缓慢平稳上升路径、外援拉动力影响下的快速波动上升路径、系统突变力作用下的偶发突变路径，以及"三力"共同驱动下的叠加式路径。

（3）农村空心化演进的一般过程可以划分为初期缓慢发展阶段、中期快速成长阶段、后期波动稳定阶段、转型消退阶段4个阶段，受制于产业经济发展、生计形式转型、社会文化变迁、基础设施建设、城镇化与工业化推进等主控因素的影响，不同阶段特征差异显著。农村空心化是自然、社会、经济、政策、技术等多种因素与人的主体行为综合作用的结果，与城镇化构成了社会经济发展到一定阶段的"双向"过程。

（4）农村空心化可以划分为人口空心化、土地空心化和产业空心化三种主要形态。农村空心化的不同形态格局与特征有着较强的分布规律性：人口空心化以长江为界，以北区域以低度、中度空心化为主，南部区域以中度、高度空心化区域为主；土地空心化形成了以"胡焕庸线"为界的分布格局，西北以低度、次低空心化分布为主，次高、高度空心化区域集中分布在东南区；产业空心化形成了次高、高度与中度以下产业空心化地区以第二、第三阶梯分界线为界的分布格局；综合空心化大致以黄河与第一、第二阶梯分界线形成的交叉线为界，以北、以西地区为农村综合空心化程度较低区域，以南、以东地区为农村综合空心化程度较为严重区域。分项指标农业劳动力集中度分布格局规律性较强，农业劳动力次低、低度集中区呈现出"T"形空间分布格局，即沿海（海岸线）沿江（长江）分布，这与我国"T"形国土开发和经济布局空间开发相一致。

（5）1978~2008年东部沿海地区城镇化率年均增长1.28个百分点，城镇化水平大幅度提高，对农村劳动力转移带动作用不断增强，表现为农村劳动力转移规模增大、转移比例提高，上升趋势显著。从响应类型看，京津地区、山东半岛、东南沿海等经济基础好、城镇体系完善地区，城镇化推进与农村劳动力转移同步协调发展，基本态势良好，而冀中南、鲁西等城镇化发展落后地区农村劳动力转移响应强度超前、劳动力外向转移十分明显。进一步地对东部沿海地区城镇化进程中农村劳动力转移响应机制分析发现，非农产业发展带来的就业机会增多、区域发展差异及农民非农就业意愿增强等主导因素，与我国户籍制度改革、地方政府重视等新型因子共同推动了农村劳动力转移。因此，从产业发展升级与结构优化、城镇体系建设、就业结构转型等角度，提出了东部沿海地区大城市核心地域、外围承接地域、边缘发展地域、传统农业及特区地域4种类型的调控模式与重点。

第5章 我国典型区域农村空心化演进的土地利用效应

土地利用是人类经济社会活动作用于资源和自然环境的综合反映，而农村空心化演进是重要的人类社会活动在乡村地域上的变迁过程，因此，农村空心化演进的资源环境效应首要表现是土地利用效应。本章首先从理论上对农村空心化过程中土地利用效应作出了解释，将土地利用效应解构为土地利用变化、土地利用效益和土地利用/覆被变化（LUCC）演变3种表现形态，然后在不同尺度和视角下选取典型案例区进行实证分析，并对土地空心化、土地利用效应的重要载体——耕地和农村宅基地利用进一步作了详细分析。

5.1 土地利用效应分析

土地是人类社会经济活动、生态环境和特殊资源的载体，人类利用土地的活动，任何时候都发生在自然系统、经济系统及体制系统的三重框架之内（图5-1），任何形式的土地利用活动都或多或少地对地表自然环境施加影响（李秀彬，2002）。即使是一块未利用的空地，对其周边的土地利用也有正面的或负面的功能（Platt，1996）。

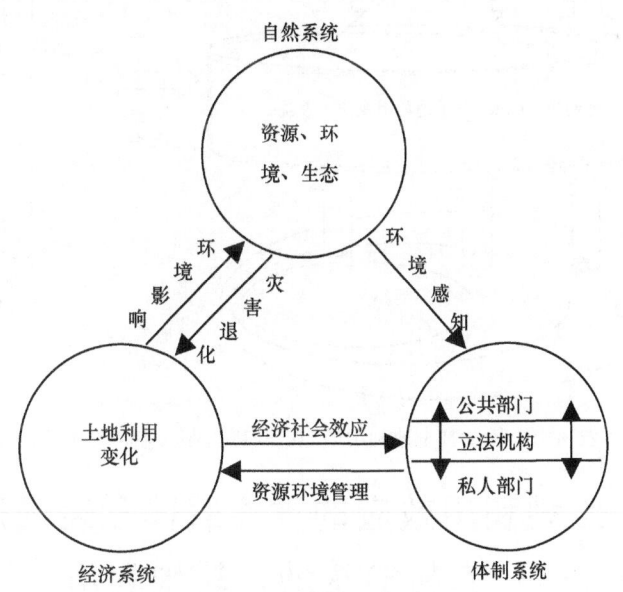

图 5-1 土地利用—环境效应—体制响应循环机制（李秀彬，2002）

土地利用变化是人类经济社会活动作用于自然资源与环境的综合反映（李秀彬，1996），是经济、社会、生态等子系统复合而成的生态经济系统持续运动的过程（刘彦随，1999），与特定的经济社会发展阶段相对应（龙花楼，2012）。土地用途转移（或地类变更）与集约度变化属于土地利用变化研究范畴，影响土地利用变化的社会经济因素可以分为直接因素和间接因素，直接因素包括：对土地产品的需求、土地利用的集约化程度、对土地的投入、城市化程度、土地权属、土地利用政策以及对土地资源保护的态度等（Fischer et al.，1996；李秀彬，1996）；间接因素包括：人口变化、技术发展、经济增长、政经政策、富裕程度和价值取向，通过直接因素作用于土地利用。农村空心化过程中，乡村地域要素的变化，如农村内卷化劳动力的转移等一定程度上改变着土地利用行为和效率。

本章所指的土地利用效应可以看作是农村空心化过程中影响土地利用变化的人类活动的反映，是自然过程、社会过程和经济过程的复合过程。其自然过程以土地利用/覆被变化（LUCC）及其派生的生态环境影响为主要表现形态；社会过程表现为土地利用结构和数量的变化；经济过程是上述两个过程结果的重要驱动力，表现为土地利用集约度或利用效益的变化（图 5-2）。其中，乡村地域耕地和宅基地两大主要用地类型的变化，以及农村空心化过程中土地利用效益、LUCC 演变及生态环境效应是其主要表现形式。

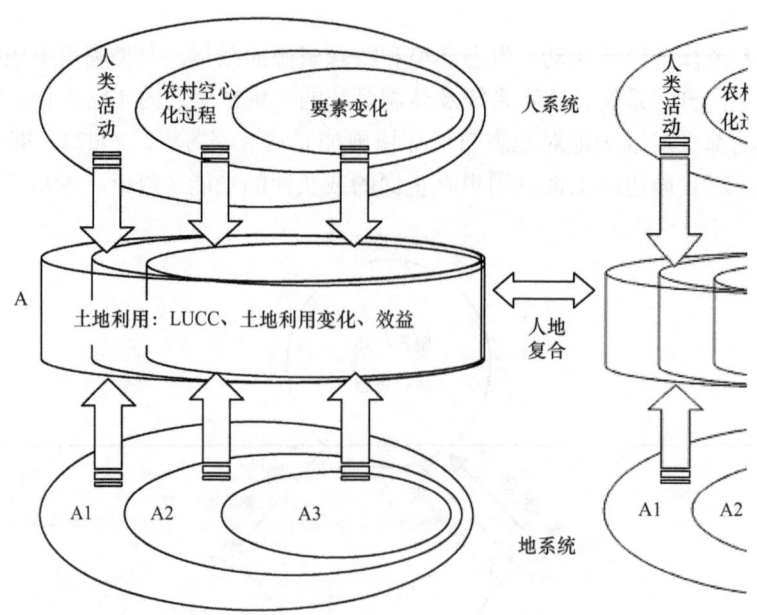

图 5-2 农村空心化及其土地利用效应的作用机制（参考樊杰等，2003）

5.2 土地利用效应的重要载体和表现形式
——农村宅基地与耕地利用

5.2.1 农村宅基地和耕地利用与农村空心化

乡村地域具有粮食生产功能、经济功能、社会文化和生态环境功能等多功能性，是城镇不可替代的（刘玉等，2011b），而乡村地域功能的实现主要依赖于对农村宅基地和耕地的利用。

农村宅基地是农村居民居住和生活所使用的土地。城乡发展转型期，乡村人口转移并未与农民居民点用地缩减相挂钩（刘彦随，2007），"两栖"占地现象普遍，以及宅基地"旧房不拆，新房另盖"，新建住宅向村庄外围扩展，导致村庄规模扩大、占用耕地、原有宅基地闲置废弃，土地浪费严重。农村宅基地空废程度成为衡量农村空心化尤其是土地空心化的主要指标之一，也是农村人口转移过程中不良土地利用方式在乡村地域上的"投影"。

耕地资源是农业生产的主要对象，承载着保证粮食安全、满足工业化和城市化的用地需求以及生态建设的退耕还林还草的要求等功能（蔡运龙和霍雅勤，2006）。农业劳动力是从事农业生产的能动主体，也是乡村地域系统发展的重要因素。区域单位耕地承载的劳动力数量有一个适宜区间，两者共同构成了农业生产的关键基础要素，是乡村地域人地关系研究的重要内容（刘彦随和李裕瑞，2010）。农村空心化演进过程中，一方面，大量农业劳动力非农就业，数量持续减少，部分地区农业劳动力不足，耕地撂荒严重；另一方面，随着耕地经营方式与农村产业结构的变化，耕地被大量占用，非农化现象突出，乡村发展转型带来了耕地利用转型。

乡村地域中，土地利用变化基本上能从与人类生产生活活动最为密切的耕地和农村宅基地的变化上得到反映。耕地在空间上的扩展和收缩，很大程度上反映了人类土地利用活动的变化历史，农村居民点是人类适应、利用自然的产物，反映了不同时代人类生活、生产对周围环境的利用（金其铭，1988）。因此，农村宅基地、耕地利用及其变化可以看作是乡村地域系统在农村空心化演进过程中土地利用效应的重要载体和表现形式。

5.2.2 农村宅基地利用变化及其评价

5.2.2.1 农村宅基地[①]利用时序变化特征

1996～2010年我国农村居民点总面积呈增加趋势，年均增长1.64万hm^2（图5-3）。需要予以关注的是，我国农业户籍人口增长到2000年的91 423万人后，自2001年开始下降，到2010年农业户籍人口为88 519万人；农村常住人口在1995年达到峰值85 947万人后，1996年开始减少，到2010年为67 113万人，年均减少1177.13万人；2010年农村户籍人口与常住人口差值为21 406万人。这与农村居民点面积增长是一个相反的过程，造成农村人均居民点面积快速攀升，远超人均150m^2的国家标准上限值。

影响农村居民点扩张的因素涉及社会经济、生物自然、土地制度与管理等方面，但主要是受我国户籍制度的限制，进城农民难以在制度上获得生存保障，守住农村旧宅基地、挣钱返乡修建新房成为理性选择，因而乡村人口转移并未实现农村居民点用地缩减，

---

① 本章中的农村宅基地对应于土地利用分类中的"农村居民点"这一土地利用类型。

"两栖占地"、农村住宅"季节性闲置"现象普遍,"人减宅基地反增"问题突出。另外一个突出现象是,部分农区宅基地的扩张大量占用耕地,宅基地的增加与耕地减少有着高度耦合性,这无疑给坚守18亿亩耕地红线带来了更大的压力。

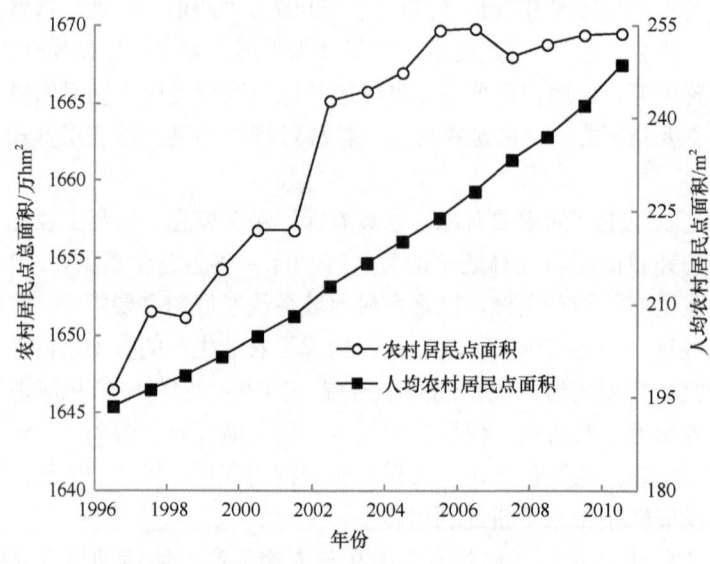

图 5-3　1996～2010年中国农村居民点面积变化

5.2.2.2　农村宅基地空间利用格局评价

为全面反映我国农村宅基地粗放利用程度,选取村庄相对扩散度、居民点粗放利用度两项指标予以评价(表5-1)。(末期农村居民点用地面积/末期农村人口)/(初期农村居民点用地面积/初期农村人口)用以测算村庄相对扩散度,这一指标反映了农村人口与农村用地的相对变化趋势,衡量农村居民点用地是否与特定的人口规模相适应,若农村居民点用地的增长速度快于农村人口增长速度,或农村居民点用地减少慢于农村人口减少速度,或农村居民点用地增加而农村人口减少,则土地利用程度越粗放;户均居民点面积/县(市)标准用以测算农户层面农村居民点粗放利用程度,反映农户土地利用状态和今后整治的潜力。

表 5-1　农村宅基地粗放利用程度评价指标

评价指标	指标计算	指标性质
村庄相对扩散度	(末期农村居民点用地面积/末期农村人口)/(初期农村居民点用地面积/初期农村人口)	正向指标
居民点粗放利用度	户均居民点面积/县(市)标准	正向指标

按照村庄相对扩散度的测算方法,依据自然断裂点法和判断修正,确定村庄相对未扩散区、低速、中速和高速扩散区阈值分别为<1、1～1.2、1.2～1.5、>1.5。1996～2008年中国县域村庄相对扩散区域、未扩散区域县域数量为1511个、867个,分别占研究区总县域数的63.5%、36.5%,由此可以看出,我国村庄相对扩散严重。从其空间分布格局看,未扩散区主要分布在长江沿线流域的省份;低度和中度扩散区主要集中在环渤海

地区(不含北京市),以及中部地区的山西省;高速扩散区分布较为分散,但以南部省份为主(图5-4)。

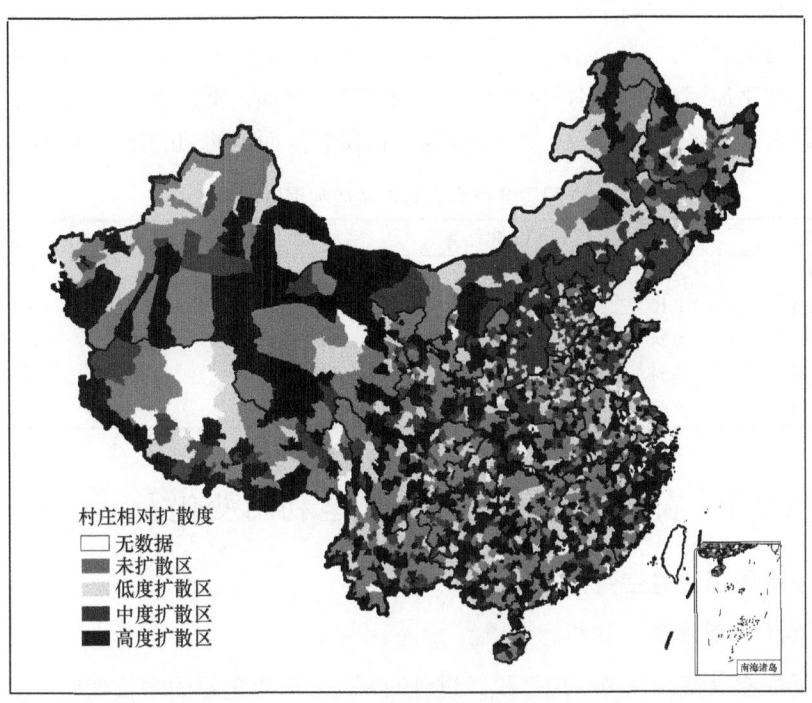

图5-4　1996~2008年中国县域村庄相对扩散度的空间格局示意图

中国县域户均宅基地粗放利用程度普遍较严重(图5-5)。集约利用区主要分布在

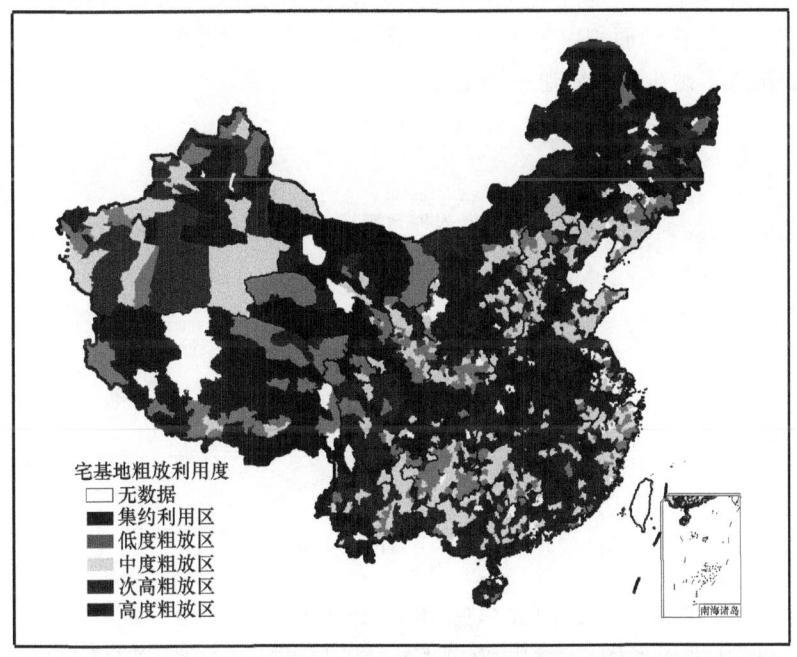

图5-5　中国县域户均宅基地粗放利用度的空间格局示意图

西藏地区，县域数量少，面积比例低；低度粗放区集中分布在青海省、陇中高原、秦巴山区，以及贵州省，共 278 个县域，占研究区面积的 12.52%；中度粗放区分散分布为主，共 454 个县域，占研究区面积的 15.31%；次高度粗放区共 818 个县域，占研究区面积的 26.46%，县域数量多，面积比例大，主要分布在中部六省（直辖市），以及云南高原、川西高原和海河平原区；高度粗放区则集中分布在四川盆地、淮河中上游流域以及黑龙江、吉林、内蒙古三省（自治区）共 633 个县域，占研究区面积的 30.72%（表 5-2）。

表 5-2　中国县域户均宅基地粗放利用度的基本特征

利用类型	均值	空心化程度	县域个数	数量比例/%	面积比例/%
集约利用区	<0		75	3.15	9.69
低度粗放区	0.10	★	278	11.69	12.52
中度粗放区	0.24	★★★	454	19.09	15.31
次高粗放区	0.54	★★★★	818	34.40	26.46
高度粗放区	0.81	★★★★★	633	26.62	30.72

5.2.3　农村空心化过程中耕地利用变化及其评价

5.2.3.1　耕地面积的时空变化格局

1. 耕地面积时序变化分析

新中国成立以来，我国耕地面积经过 1949~1957 年短暂的增长期后，步入下降阶段。2008 年我国耕地总面积为 1.22 亿 hm^2（18.26 亿亩），与 1996 年相比耕地共减少 832.33 万 hm^2，年均减少 69.36 万 hm^2，其中 2003 年耕地减少了 253.74 万 hm^2，净减少面积最多。我国 18 亿亩耕地红线岌岌可危。人均耕地面积变化也有相似的变化趋势，到 2008 年，我国人均耕地面积仅为 1.38 亩（图 5-6），为同期世界平均水平（3.45 亩/人）的 40%，我国人多地少的矛盾进一步显现。

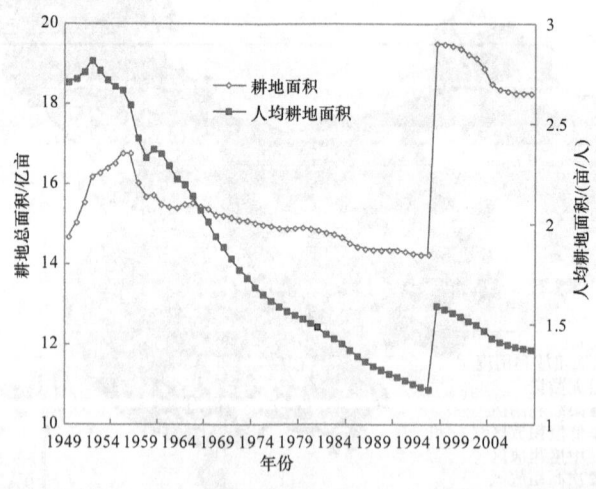

图 5-6　1949~2008 年我国耕地总面积与人均耕地面积变化

1995~1996 年间出现的"折点"问题是人为统计数据上的问题，这并不会影响到我们对耕地利用相关指标在变动趋势上的判断，因为即使按照朱红波等（2006）的方法进行修正，结果和目前统计数据得出的趋势一致

2. 耕地资源丰裕度评价

为反映耕地资源丰裕度，选取人均耕地丰度和耕地集中度两项指标，从全国县域尺度上进行评价分析。

2008年我国人均耕地面积为1.38亩，同期世界平均水平为3.45亩，为考察各县域人均耕地丰裕度，以此为两个分界点，设定衡量标准：小于我国人均耕地面积的区域为低丰裕度区，大于世界平均水平的区域为高丰裕度区，介于两个分界点之间的区域为中丰裕度区（图5-7）。评价结果显示，高丰裕度区共296个县（市），占研究区总面积的24.94%，集中分布在东北和西北地区的黑龙江、吉林、内蒙古、甘肃、宁夏5省（自治区）的大部分地区，以及陕北地区，其主要原因是该部分区域人口密度相对较小，人均耕地资源相对较为丰富；低度丰裕区主要分布在经济发达的东部沿海省份、内陆人口密集的河南、江西、湖南、四川、重庆等省（直辖市），以及耕地资源匮乏的青藏地区，共1157个县（市），占研究区总面积的33.82%。中度丰裕区主要沿云贵鄂皖线、吕梁山-太行山-长白山线分布，共809个县（市），占研究区总面积的31.28%。

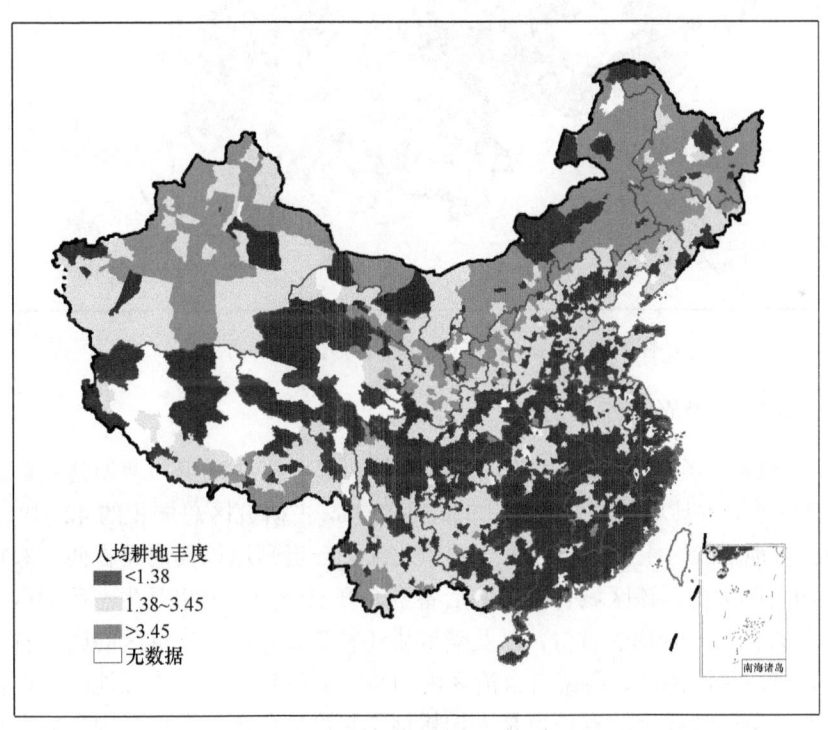

图 5-7　2008年中国县域人均耕地丰度的空间发布示意图

按照耕地面积占区域总面积的比例测算耕地集中度，采用自然断裂点法将耕地集中度划分为低度集中区、中度集中区和高度集中区3级（图5-8）。分析得出：以"胡焕庸线"为界，中国县域耕地集中度呈现出显著的空间分异格局。耕地低度集中区主要分布在"胡焕庸线"西北区，共510个县（市），但占研究区总面积的52.84%，该区域以西北干旱半干旱区和青藏高原区为主体，耕地本底资源较匮乏，是我国重要的畜牧区，也是我国退耕还林还草的重点区域；耕地高度集中区主要分布在华北平原、长江中下游平原、东北平原区和四川盆地四大区域，共 892 个县（市），占研究区总面积的 14.97%，比例较低；中度集中区分布较为广泛，但主要集中在"胡焕庸线"东南区，共 879 个县（市），占研究区总面积的 23.40%。

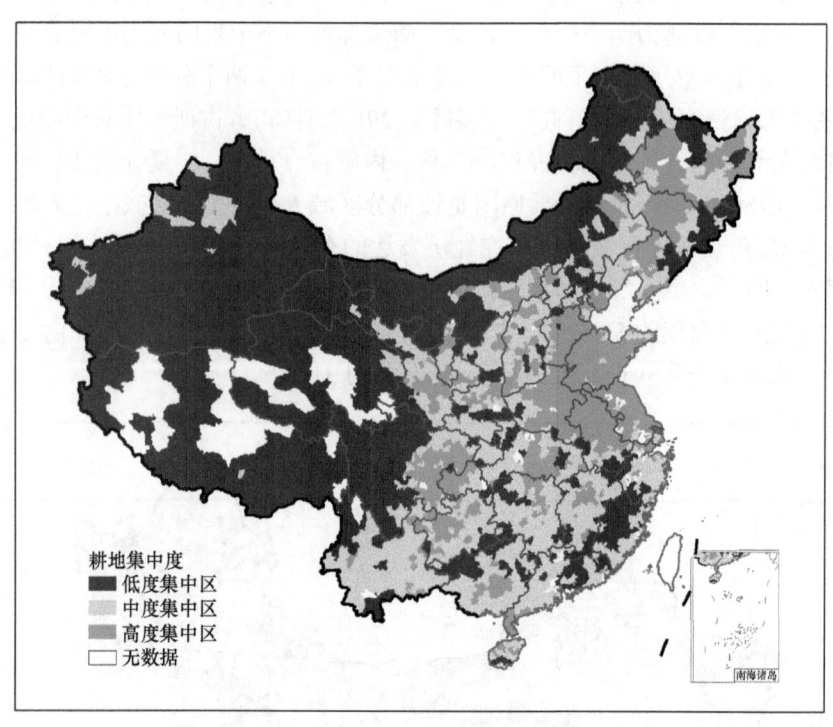

图 5-8　2008 年中国县域耕地集中度格局示意图

3. 耕地利用变化的动态格局

1996~2008 年全国耕地面积总量是减少的，其中耕地减少和增加县域数量分别为 1215 个、577 个，占县域总数量的 51.09%、24.26%，占研究区总面积的 42.71%、32.57%（图 5-9）。耕地增加区主要分布在东北平原北部、云贵高原以及内蒙古西部农牧区、秦巴山地区和新疆大部，该区域有一定的后备资源开发潜力，但也是生态脆弱区。耕地减少区主要分布在第一阶梯的省份，以及受退耕还林工程影响，先行区的四川省和黄土丘陵沟壑区，京津风沙源区、内蒙古自治区内的嫩江流域和西辽河流域地区耕地都有不同程度的减少。第一阶梯上的省份也是人均耕地丰裕度低值区，主要是因为城乡建设用地扩张占用、农业结构调整导致耕地面积快速减少，这在一定程度上又加重了耕地资源短缺的矛盾。

5.2.3.2　耕地利用集约度评价

耕地资源是土地的精华，担负着保障国家粮食安全、满足工业化和城市化用地需求以及生态环境建设等功能（蔡运龙和霍雅勤，2006）。国内外经验表明，随着经济社会发展耕地耗减不可避免（刘丽，2006），中国耕地资源变化也是这一论点的例证。据

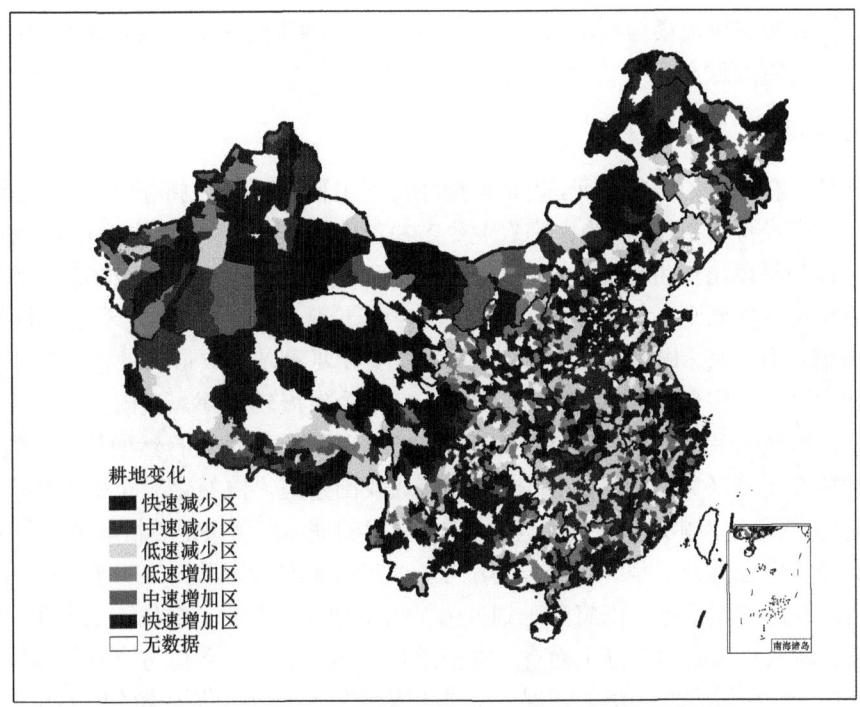

图 5-9　1996～2008 年中国县域耕地变化的空间格局示意图

2008 年国土资源公报数据显示：2008 年我国耕地面积为 18.26 亿亩，与 1996 年相比减少了 1.25 亿亩，年均减少 1041.67 万亩，18 亿亩耕地红线已岌岌可危，人均耕地面积仅为世界同期平均水平的 40%。通过对耕地转移流向考察发现，我国耕地减少的主要原因是生态退耕、建设占用、灾害损毁和农业结构调整（朱会义等，2007）。由此看来，当前退耕还林草、建设大量占用耕地等政策与发展环境下，我国耕地面积还可能继续减少。然而，作为人口与农业大国，庞大的粮食需求量一直居高不下，使得我国有限的耕地资源承受着巨大的生产压力（朱会义等，2007），而耕地面积的减少将进一步威胁世界 1/5 人口的可持续食物安全（刘彦随和李裕瑞，2010）。耕地的动态变化及有效利用程度是影响区域可持续发展与粮食安全的关键因素（许恒周等，2012），已引起中央政府的高度重视。提高耕地利用集约度，在不增加环境压力情况下、从相同面积甚至更少的耕地上生产更多的粮食是未来保障粮食安全的最可能途径（Godfray et al.，2010；宋小青和欧阳竹，2012b）。这意味着提高耕地利用集约度对保障粮食安全具有关键性的作用。

耕地利用集约度是指在生产过程中，单位面积的耕地上投放的资本和劳动的数量（黄贤金和张安录，2010；毕宝德，2011），一定程度上决定了单位耕地面积的产量水平（陈瑜琦和李秀彬，2009）。耕地能否集约利用不仅关系到农民增收问题，还关系到区域可持续发展和国家粮食安全战略（谢花林等，2012）。然而，农民农业生产积极性下降引致的农业及耕地边际化已成为城镇化过程中的普遍现象（Baldock et al.，1996；Huang et al.，2010；刘成武和李秀彬，2006a），因此，"保增长、保红线"的"双保"压力下，以及农村空心化过程中，农村劳动力的大量转移引发"谁来种地，谁来养活中国？"的背景下，探寻影响耕地集约利用的因素，科学评价耕地集约利用程度，针对性地制定调控政策，有着重大意义。

1. 基本思路

农户是农村社会的基本单元，也是耕地经营的主体。实行家庭联产承包责任制以来，农户有了生产经营自主权，成为家庭农业生产决策的基本单位。随着中国市场经济发展，农户经济行为呈现出由生存理性向经济理性转变（李红涛和付少平，2008），农户的整体行为更符合理性原则，为农户行为研究提供了理论基础。农户按照"经济理性"决策，会综合考虑各种环境和资源条件，尽最大可能配置要素以获取最大效益（李小建等，2012）和生产要素配置效率（舒尔茨，2010）。城乡发展转型期，我国人多地少的国情没有改变，但 2 亿多农民工非农就业和人口生育率下降、劳动力自然增长率减慢，导致务农人数持续下降（黄宗智，2010），进而造成我国家庭"内卷化"农业生产要素配置方式的变化。农户作为耕地直接使用者，其生产要素的理性配置决定着耕地集约利用程度。

古典经济学强调分工是经济增长的源泉，生产专业化、劳动分工带来更快的经济增长。超边际经济学理论进一步将分工划分为个人专业化、专业多样化、生产迂回化和经济组织化。就农户家庭内部分工而言，家庭成员个体层面的专业化与家庭整体层面的专业多样化统一，引致迂回经济的发展，促进了农民个体土地经营规模的扩大和小农经济效率的提高，使得兼业化成为长期组织均衡形态（向国成和韩绍凤，2007）。注重资源配置的新古典经济学则认为，农户兼业化阻碍了农业劳动生产率的提高，降低了土地产出率和土地利用率，未达到规模经济的理想状态，不是最有效的资源配置方式。但农户基于对社会经济发展阶段、土地的期望和社会保障功能等认知，谨慎对待土地流转，利用农业剩余劳动力资源以增加农户收入等寻求农业生产要素配置的合理方式，符合"经济理性"决策准则。

基于相关理论分析，本节认为农户微观视角下，耕地资源利用是一种农户行为，农户作为理性个体，对生产投入的选择遵循特定成本约束下的收入最大化原则，耕地集约利用程度正是微观行为主体农户某种经济行为方式的结果（吴郁玲等，2011），即使传统农业生产中，农户也是寻求利益最大化的农业生产要素配置方式，正是基于这一要素配置理念，在特定生产力条件下，农户作为理性的经济人，其耕地投入行为服从效益最大化原则。即耕地集约利用的实质是农户基于效益最大化的要素配置理念，对耕地进行投入利用的行为结果，与农户对耕地的收益期望成正比。

2. 数据来源

耕地数据来源于《中国国土资源统计年鉴》；农业生产投入、产出数据来源于《全国农产品成本收益资料汇编》、《新中国 60 年统计资料汇编》，以及《中国统计年鉴》；农村居民人均家庭农业支出、农村居民人均纯收入来源于《中国农村住户调查年鉴》；劳动力数据来源于《中国农村统计年鉴》、《中国人口和就业统计年鉴》，以及《中国劳动统计年鉴》；其他社会经济数据主要来源于历年《中国统计年鉴》、《中国区域经济统计年鉴》，以及各省（直辖市）的统计年鉴。

3. 评价指标与集约度指数

根据上述对耕地集约利用实质与内涵的分析，考虑到指标选取的全面性、代表性、区域差异性以及资料易获得性原则，最终共选取 8 项指标用以耕地集约利用度评价（表5-3）。其中，耕地撂荒指数计算方法如下：

$$AAI_{ij} = 1 - MCI_{ij}/MCI_{imax} \tag{5-1}$$

式中，AAI 为耕地撂荒指数；MCI 为复种指数；i、j 分别代表地区和年份。其中，MCI_{imax} 表示 i 地区最大复种指数值。耕地撂荒指数主要用于反映耕地数量上的集约利用。AAI 值越大，耕地撂荒程度越高，反之则越低。

以 1996~2008 年省际面板数据为基础，首先采用因子分析法对耕地集约利用评价指标进行分析。具体步骤：①采用极差标准化方法，对原始数据进行标准化处理；②进行因子分析法的使用条件判断；③计算相关矩阵的特征值和特征向量，提取公共因子；④计算因子载荷矩阵。在此基础上，构建耕地集约度指数（CII）。

$$CII = \sum_{i=1}^{n} F_i \cdot V_i \tag{5-2}$$

式中，CII 为耕地集约度指数；F_i 为第 i 公共因子贡献率；V_i 为第 i 公共因子的方差贡献率。

表 5-3 耕地集约利用评价指标及其含义

评价指标	计量方法	指标描述	功效
劳动力投入(V_1)	劳动力/耕地面积	劳动力投入水平	+
化肥投入(V_2)	化肥折纯量/耕地面积	化肥投入强度	+
农药投入(V_3)	农药使用量/耕地面积	农药投入强度	+
机械投入(V_4)	机械动力/耕地面积	机械使用水平	+
地均农业支出(V_5)	农业支出/耕地面积	资金投入水平	+
复种指数(V_6)	农作物总播种面积/耕地面积	耕地利用强度	+
相对撂荒指数%(V_7)	见公式（5-1）	耕地节约度	−
耕地变化率(V_8)	(耕地末期面积−基期面积)/耕地末期面积	耕地转型度	−

4. 驱动因子选取与数据处理

从影响经营主体决策的视角，选取自然资源因素：耕地质量（X_1）、耕地面积比例（X_2）、劳均耕地面积（X_3）；社会经济因素：农民人均种植业纯收入（X_4）、耕地生产比较效益（X_5）、劳动生产率（X_6）；承载力因素：耕地非农化比较利益（X_7）、农户农业生产性固定资产（X_8）、粮食播面单产（X_9），作为耕地集约利用的主导驱动力因素。

耕地质量是影响耕地集约利用的自然基础条件，一般地，耕地质量较好，相同投入条件下产出较高，反映了地区耕地资源的本底特征，采用耕地标准系数度量（Chen et al., 2007）；耕地面积比例表征地区耕地丰裕度，采用耕地面积占区域土地总面积比例度量；劳均耕地面积用以反映农户农业生产对象的稀缺度；农民人均种植业纯收入反映农户农业生产投入的预期，也是农业生产投入能力的重要标志；耕地生产比较效益影响着农户生产的积极性,采用农民人均种植业纯收入与非种植业纯收入的比值度量;劳动生产率是农业产出与劳动力综合变化的重要标志;耕地非农化比较利益采用单位面积居民点及工矿用地第二、第三产业增加值与单位面积耕地农业增加值度量,影响着耕地用途转换,部分耕地非农化转换甚至使得耕地变化具有不可逆性。农户农业生产性固定资产采用国家统计局定义的农户购置役畜、产品畜、大中型铁木农具、农林牧渔业机械等生产性固定资产的数据表示。耕地标准系数计算方法:

$$\mathrm{CLSI}_{ij} = (Y_{ij} \times \mathrm{MCI}_{ij})/(Y_{cj} \times \mathrm{MCI}_{cj}) \tag{5-3}$$

式中,CLSI 为耕地标准系数;MCI 为复种指数;Y 为粮食播种面积单产;i、j、c 分别代表地区、年份、全国。

5. 耕地集约利用驱动力模型

为探寻耕地集约利用的驱动力,本节拟选择多元回归模型判别耕地利用集约度与各种变量之间的关系。建模步骤:①基于相关分析法筛选指标;②采用多元统计的因子分析法确定各变量的贡献率,求解主因子;③基于相关分析结果对进入主因子的自变量进行多重共线性诊断。如果驱动因子间不存在多重共线性,则采用多元线性回归模型,计算公式:

$$Y = b_1 x_1 + b_2 x_2 + b_3 x_3 + b_4 x_4 + \cdots + b_n x_n + m \tag{5-4}$$

式中,Y 为根据自变量 X 计算得出的估计值;b_i($i=1,2,3,\cdots,n$)分别对应 x_j($j=1,2,3,\cdots,n$)的偏回归系数,m 为随机误差。如果存在多重共线性问题,则进入到下一步骤,④通过岭迹图求取参数 k 值,建立岭回归模型(何晓群和刘文卿,2007)。

6. 评价结果分析

1)耕地集约利用的空间分异格局

(1)耕地集约利用的评价因子识别。

以 1996~2008 年耕地集约利用评价指标为样本,运行 SPSS 软件计算结果显示,KMO 统计量为 0.638,Bartlett 球形检验的 p 值为 0.000,表明研究样本通过因子分析的适用性检验。按照特征值贡献率大于 85%和因子载荷的绝对值差异大等原则,提取 5 个公因子($\Sigma\lambda_i$=7.1 个变量),其累积方差贡献率为 89.04%(表 5-4)。

表 5-4 耕地集约利用评价的公因子分析结果

公因子	初始值			旋转提取值		
	特征根	方差/%	累计方差/%	特征根	方差/%	累计方差/%
1	3.08	38.51	38.51	2.65	33.17	33.17
2	1.33	16.64	55.15	1.26	15.72	48.89
3	0.99	12.41	67.56	1.14	14.28	63.17
4	0.90	11.23	78.79	1.04	13.02	76.19
5	0.82	10.25	89.04	1.03	12.85	89.04

由表 5-5 可以看出,第一公因子在 V_1、V_2 上有较高的载荷,这是从耕地生产投入方

面反映集约利用程度,可称为劳动力投入和化肥投入因子;第二公因子在 V_5 上有较高的载荷,可以称为资金投入因子;第三公因子在 V_4 上有较高的载荷,这是从耕地机械投入方面反映集约利用程度,可称为机械投入因子;第四公因子在 V_6、V_7 上有较高的载荷,这是从耕地利用强度方面反映集约利用程度,可称为利用强度因子;第五公因子在变量耕地变化率 V_8 上有较高的载荷,可称为耕地转换因子。

表 5-5 旋转后的因子载荷矩阵

解释变量	公因子				
	1	2	3	4	5
V_1	0.90	−0.48	0.13	−0.07	0.14
V_2	0.84	0.10	−0.24	−0.09	−0.13
V_3	0.49	−0.08	0.26	0.10	−0.02
V_4	0.14	−0.01	0.95	−0.02	−0.04
V_5	−0.09	0.93	0.01	−0.06	0.18
V_6	0.24	−0.23	0.31	0.78	0.10
V_7	−0.08	−0.04	−0.02	0.99	−0.06
V_8	0.00	0.14	−0.04	−0.06	0.97

对表 5-5 的分析可得,耕地集约利用程度主要反映于区域劳动力、化肥、机械、资金等生产要素投入,以及耕地利用方式与强度,如耕地撂荒与复种、耕地用途转换等。生产要素投入及耕地利用方式与强度是小农生产过程中资源配置的结果,获取高收益的目的直接影响到耕地集约利用程度。这很好地验证了小农生产动机,即通过优化配置资源,获取高收益。

(2)耕地集约利用的空间分异特征。

根据公式(5-3),通过 SPSS 软件进一步计算得出各区域耕地集约利用的综合得分值,然后在 ArcGIS 的支持下,采用自然聚类法将耕地集约利用度划分为粗放利用区、低度集约区、中度集约区和高度集约区 4 种类型,判断全国省域耕地集约利用的空间异质性。

全国省域耕地集约利用度的区域差异明显(图 5-10)。①1996 年粗放利用区域数量多,面积比例大,主要分布在西部地区,以及东部地区的辽宁、北京和海南 3 省;低度集约区区域数量少,仅天津、河北、宁夏、河北、江西 5 省;中度集约区主要分布在华北平原中南部、东北平原北部和广东省;仅新疆、湖南、浙江和福建 4 省处于高度集约类型区。②与 1996 年相比,2008 年省域耕地集约度有较大幅度提高,粗放利用类型区省域数量有所减少,集聚分布特征明显,与 1996 年分布格局大致相同;中度集约区集中分布在华北平原区;高度集约利用类型区数量明显增多,集中分布在东南沿海地区,以及湖南、江西、黑龙江、新疆、山东等省。由此看出,2008 年省域耕地利用基本上形成了"第一阶梯——较高集约度,第二、第三阶梯——较低集约度"的空间分异格局。

2)耕地集约利用的动态变化特征

为揭示省域耕地集约度动态变化特征,进一步将 31 个省(自治区、直辖市)划分为低速、中速和快速提高区 3 类(图 5-11)。图 5-11 显示,1996~2008 年全国省域耕地

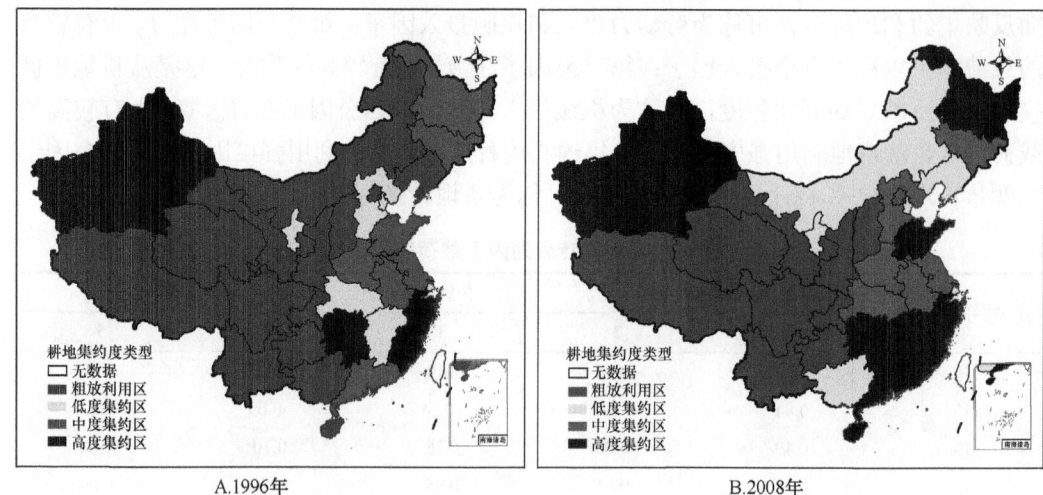

图 5-10 1996~2008 年中国省域耕地集约利用的空间格局示意图

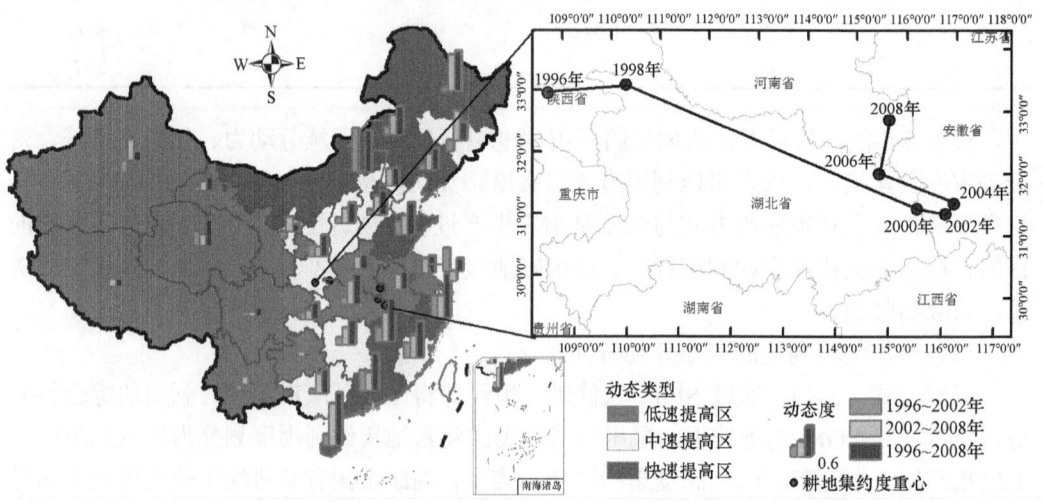

图 5-11 1996~2008 年中国耕地集约利用动态变化与重心迁移

集约度都有所提高,其中低速提高区集中分布在西部地区,以及中部地区的河南、湖南、安徽 3 省,东部地区的江苏省;中速与快速提高区集中分布在东北地区、京津冀地区、晋陕宁蒙资源区,以及华南地区。

根据要素重心模型分别计算了 1996 年、1998 年、2000 年、2002 年、2004 年、2006 年、2008 年耕地集约度重心,通过绘制的重心迁移路径图也可以看出,我国省际耕地集约度重心在经历了 1996~2002 年由中西部地区迅速向中东部地区迁移后,2002~2008 年耕地集约度重心向北部移动。这说明 1996~2008 年西部地区耕地集约度提升较慢,中东部地区相对较高,而 2002~2008 年北方地区耕地集约度提高幅度明显高于南方地区。

3)耕地集约利用的主要影响因子

首先对数据进行正态分布检验,然后采用相关分析方法判别耕地利用集约度与各变量之间的关系（表 5-6）。结果表明，X_1、X_4、X_5、X_6、X_7、X_9 与耕地集约度（Y）呈显著的相关性（$P<0.001$）；X_2、X_3、X_8 与 Y 之间相关性较低，不能确定 Y 与它们之间的相关性。因此可以排除耕地面积比例（X_2）、劳均耕地面积（X_3）、农户农业生产性固定资产（X_8）对耕地集约利用的影响。

表 5-6 相关分析结果

变量	Y	X_1	X_2	X_3	X_4	X_5	X_6	X_7	X_8	X_9
Y	1									
X_1	0.605**	1								
X_2	0.147*	0.317**	1							
X_3	−0.125*	−0.477**	−0.178**	1						
X_4	0.408**	−0.017	0.148**	0.545**	1					
X_5	0.529**	−0.276**	−0.1	0.689**	0.625**	1				
X_6	0.643**	0.160**	0.049	0.275**	0.563**	0.038	1			
X_7	−0.469**	−0.358**	−0.323**	0.347**	−0.058	0.107	−0.052	1		
X_8	0.01	−0.403**	−0.367**	0.516**	0.390**	0.343**	0.233**	0.454**	1	
X_9	0.580**	0.764**	0.262**	−0.182**	0.210**	−0.106	0.458**	−0.151**	0.046	1

*表示显著水平为 0.05，**表示显著水平为 0.01

经 KMO 和 Bartlett 球形检验，5 项驱动因子符合因子分析要求，计算结果显示：提取的前 4 个公因子的方差累计贡献率达到 94.63%，说明这 4 个公因子能够较充分地解释耕地利用集约程度的变化。据此确定公因子，并进行方差极大旋转，求主因子解，结果见表 5-7。

表 5-7 旋转后的驱动力因子载荷矩阵

公因子	X_1	X_4	X_5	X_6	X_7	X_9
1	0.925	0.055	−0.13	0.188	−0.148	0.913
2	−0.134	0.758	0.963	0.072	0.025	0.016
3	−0.015	0.568	−0.046	0.962	−0.018	0.306
4	−0.242	−0.078	0.075	−0.005	0.985	0.011

从表 5-7 可知，第一公因子与耕地质量（X_1）和粮食播种面积单产（X_9）有较高的相关性，反映了耕地生产力条件，代表了耕地自然本底条件对耕地利用集约度的影响；第二公因子与农民人均种植业纯收入（X_4）和耕地生产比较效益（X_5）相关，代表耕地经济收益即农户生产期望对耕地利用集约度的影响；第三公因子与劳动生产率（X_6）有较高的相关性，代表农户获取生活资料的能力对耕地利用的影响；第四公因子与耕地非农化比较利益（X_7）相关性较高，代表耕地用途转换的影响作用。

4）驱动力回归方程

由表 5-6 还可以看出，部分变量间存在较强的相关性，如 X_1 与 X_9、X_5 与 X_3、X_5 与 X_4 之间的相关系数分别达到 0.76、0.69 和 0.63，存在明显的多重共线性。因此，本节采用岭回归法，通过绘制岭迹图求 k 值，建立回归模型，以降低多重共线性对回归结果的影响（图 5-12）。

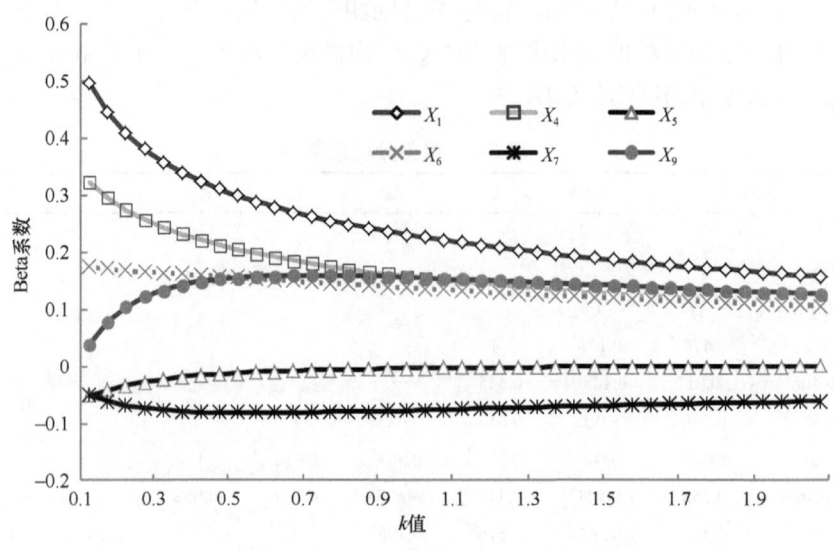

图 5-12 耕地集约利用驱动因素的岭迹图

从图 5-12 可以看出，当 $k<0.8$ 时，岭回归线波动较大，各驱动因子的回归系数不稳定，逐渐地当 $k>0.8$ 时，岭回归线趋于平稳。故本节取 k 值为 0.8，得出如下回归模型：

$$Y = -0.75 + 0.49X_1 + 0.31X_4 + 0.29X_5 + 0.25X_6 - 0.46X_7 + 0.33X_9$$
$$t=12.16 \quad 8.30 \quad 1.14 \quad 6.11 \quad -3.10 \quad 8.66$$
（$\overline{R}^2=0.767$；$R^2=0.781$；DF=56.01；$P=0.0000$）

模型的可决系数达 0.781，表明驱动因素可以解释 78.1% 耕地利用集约度（Y）的变动。回归模型结果显示：仅 X_7 与 Y 则呈现出负相关，表明区域耕地非农化效益越高，耕地用途转换的期望越高，导致耕地保护积极性不强，耕作投入减少、耕地利用集约度降低。耕地质量、农民人均种植业纯收入、劳动生产率、耕地生产比较效益和粮食播面单产对耕地集约利用有着显著的正向影响，这说明耕地自然基础条件越好，耕地生产收益越高，耕地越趋向于集约利用；相反则导致粗放利用。这验证了本节提出的研究假说。

5）耕地集约利用类型分区及建议

省域尺度上，根据 1996~2008 年各省耕地利用集约度指数，及 1996~2002 年、2002~2008 年和 1996~2008 年三个时段的变化特征，采用 SPSS 聚类方法进行分类，结果显示研究区可划分为四大类型区（图 5-13）。①Ⅰ区由华东六省、华中三省以及天津、河北、新疆三省组成，该类型区耕地利用集约度最高。其主要原因是，新疆地区农业生产机械化程度高，劳动生产率和耕地生产比较效益处于较高水平，促进了耕地集约利用；该类型其他省份集中分布在华北平原和长江中下游平原区，耕作基础条件好，降水充沛，农业劳动力较为充足，但省工性劳动投入大，农业生产活动带来严重的环境问题。②Ⅱ区由东北三省与四川省组成，该类型区无论是耕地生产力还是自然条件都十分优越，是我国重要的农产品生产基地,农业劳动生产率相对较高,耕地利用集约程度较高。③III区由山西、陕西、内蒙古三个资源富集区组成,该类型区的主要特征是生态环境脆弱,耕地质量相对较差,农牧交错,耕地退化严重,随着农业技术的进步,耕地利用集约度虽然有所提高,但整体上仍然偏低。④IV区包括西部地区的甘肃、宁夏、青海、西藏、云南、贵州、重庆、广西以及东部沿海北京、上海、广东、上海4省(直辖市),该区域尤其是西部省份的耕地生产力、自然生产条件较差,耕地生产收益低,导致耕地利用集约程度一直处于较低水平。

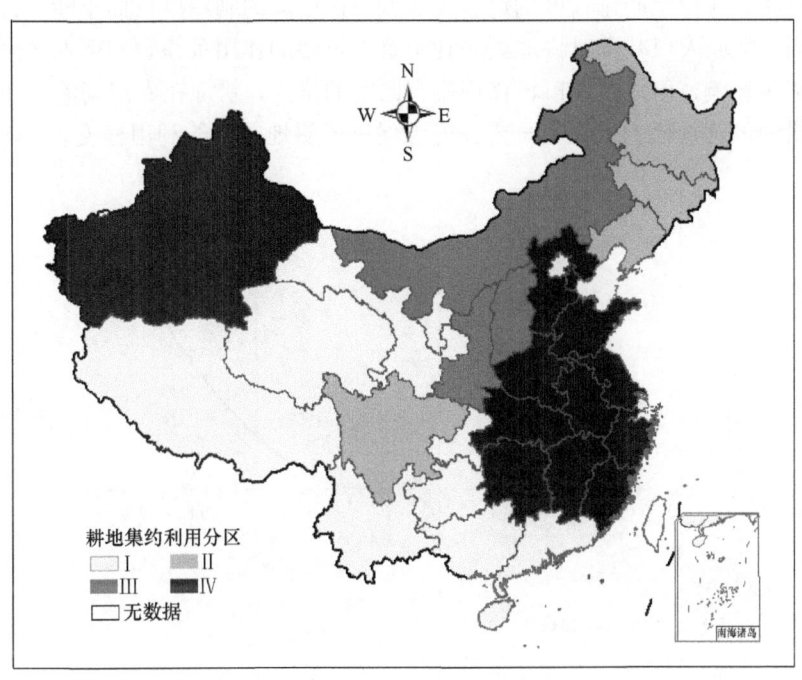

图 5-13 1996~2008 年中国耕地集约利用分区

未来政策设计方面:①可以通过加大资金扶持力度、改善农业生产条件,如开展实施田、水、路、林综合整治,建设高标准农田,改良中低产田等,从而有效提高耕地综合生产能力,促进耕地集约利用。②鉴于劳动生产率对耕地集约利用的正向影响,建议加快制定并完善耕地流转制度,培育新型农业经营主体与新型农民,整合生产要素,提高劳动生产率。这也为耕地基础条件差或耕地非农化效益较高区域,有效解决耕地被撂荒、利用效率低等问题提供了政策导向。③农业生产中化肥、农药等非可再生能源的投入是耕地集约利用提高的重要表征,但基于其对生态环境的影响认知,要辩证地看待,亟待加强政策引导,科学合理使用。④完善农产品价格政策,强化粮食直补及农资综合补贴政策研究与落实,完善补偿机制,优化耕作制度和补贴方式,提高补贴标准,降低农业生产成本,提高农业生产比较效益和农户耕作生产的积极性。此外,要警惕耕地生产比较效益低导致的耕地过度非农化、非粮化现象。

5.2.3.3 农村空心化与耕地利用变化的相关关系

根据第 4 章表 4-2 农村空心化指数评价指标体系计算得出的各省人口、土地和产业空心化程度，与其耕地集约度作相关关系分析。

由图 5-14 可知，人口空心化程度与耕地集约度呈"U"形变化关系，即随着人口空心化程度的加剧，耕地集约度表现为先减少后增长的趋势。人口空心化程度在初期不断加剧的过程中，耕地集约度不断下降，人口空心化达到 0.45～0.55 时，耕地集约度趋向于最低；但随着人口空心化程度的进一步加剧，耕地集约利用度反而不断上升。以上变化趋势表明，区域人口减少对耕地集约利用有着重要的作用关系，初期表现为对耕地集约利用的消极影响，但随着人口转移规模和比例的增大，耕地在农户间流转逐渐成为趋势，农户耕地经营规模的扩大，一定程度上促进了耕地的集约利用程度。

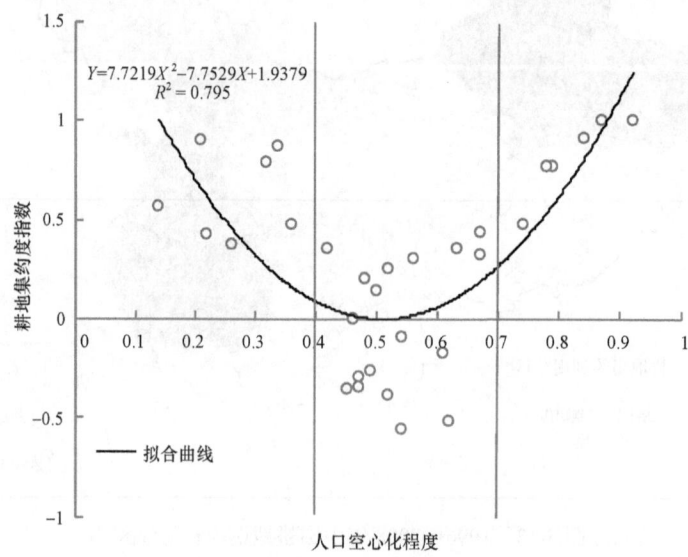

图 5-14 耕地集约利用程度与农村人口空心化的相关关系

由图 5-15 可以看出，土地空心化程度与耕地集约度呈倒"U"形变化关系。随着土地空心化程度不断加剧，耕地集约度不断上升，土地空心化达到 0.49～0.59 时，耕地集约度趋向于最高，然后呈现出下降趋势。耕地集约度与人口、土地空心化呈现出的不同相关关系，其主要原因是在土地空心化程度加剧的初期，农村农业劳动力虽然略有减少，但并未影响到农业生产，反而因为农村居民点占用耕地，使得农户更加集约利用耕地，这一过程可以看作为农业内卷化劳动力析出阶段。第二阶段农村土地空心化程度进一步加剧，表现为农村居民点扩张占用耕地，内部居民生活设施废弃严重，且这一阶段农村劳动力析出已经威胁到农业生产，严重影响到耕地的集约利用。

根据图 5-16 可知，产业空心化程度与耕地集约度没有严格的相关关系。这说明，农村产业发展程度对耕地能否集约利用影响作用不大。这主要是由农业或者耕地的生产性质决定的。随着农村地区非农产业的发展，农业劳动力不同程度地从事非农业活动，但由于距家较近，且非农产业运行较为灵活、宽松，在农忙时节依然可以请假从事农业

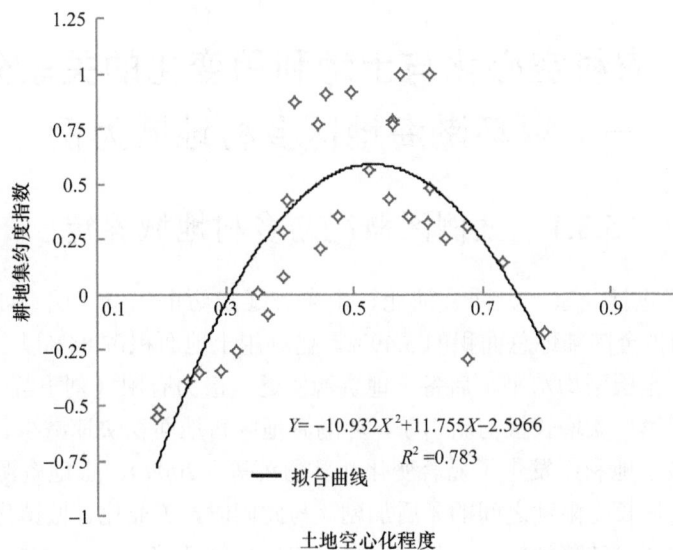

图 5-15　耕地集约利用程度与农村土地空心化的相关关系

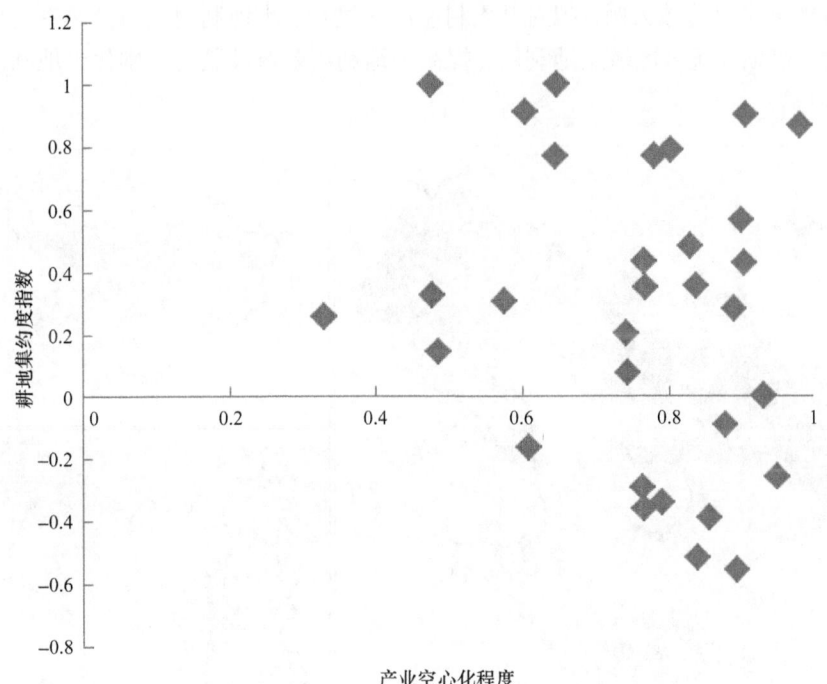

图 5-16　耕地集约利用程度与农村产业空心化的相关关系

生产。此外，随着机械化使用程度的提高，以及化肥等现代工业品的大量使用，使得耕地生产率得以维持或提高，造成农村地区非农产业的发展对农民收入有很大的促进作用，但与耕地集约利用度没有显著的因果关系[①]。

---

① 通过对山东省沂水县圈里乡 7 个村庄的村民调研、访谈，得出了产业空心化对耕地集约利用度的影响原因部分相关解释。

5.3 农村空心化与土地利用变化的关联分析
——以环渤海地区乡村地域为例

5.3.1 案例区概况与乡村地域界定

环渤海地区包括北京、天津、河北、山东、辽宁两市三省（图 5-17），土地面积 52.2 万 km^2，约占全国陆地总面积的 5.49%，已利用土地面积占 84%以上，土地开发利用的广度远高于全国平均水平，后备土地资源匮乏、潜力有限（刘玉等，2011a/b）。作为中国经济发展第三大增长极与新引擎，环渤海地区耕地面积快速减少、建设用地面积不断扩张，区域土地利用发生了显著变化（郭丽英等，2009），土地资源的有限性与社会经济发展需求增长无限性之间的矛盾加剧。与此同时，工业化、城镇化快速推进过程中，农村劳动力非农转移规模大，带动农村人口向城镇迁移，如上文提到的鲁南地区，2008 年农村人口转移比例达 21.06%，农村地区人地关系发生了剧烈变化。为此，本节以环渤海地区乡村地域为例，拟对其农村空心化过程、土地利用效益及两者的耦合机制进行评价，以期为统筹区域土地利用、提高土地利用效益及制定差别化土地利用政策提供决策参考。

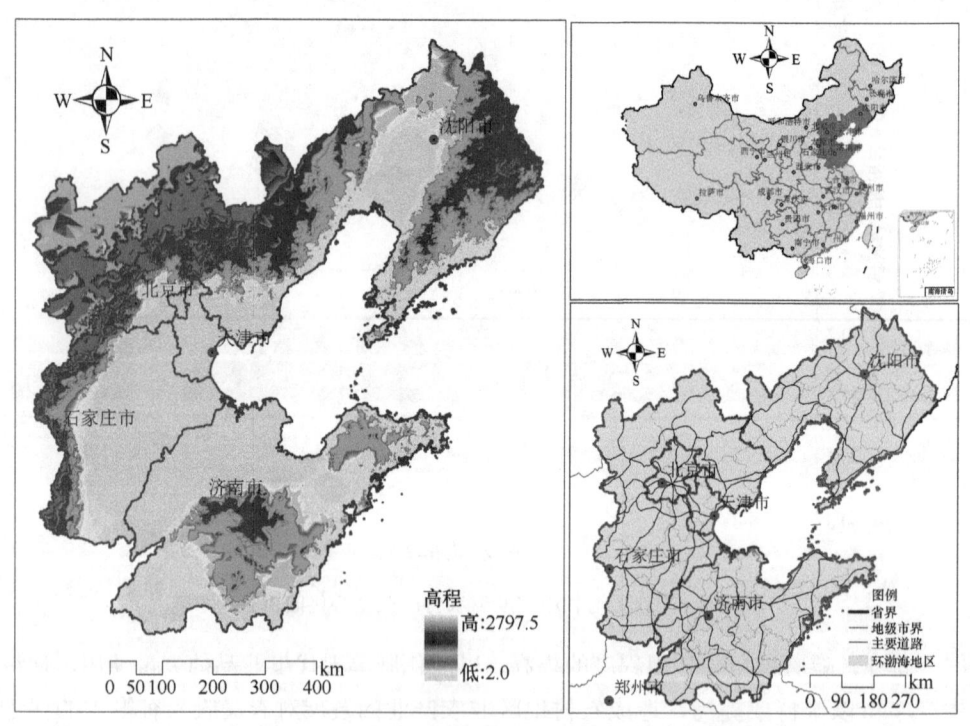

图 5-17　环渤海地区区位图

中国的城市范围由改革开放前市区和郊区构成转变为现在的中心市区和外围县区的结合（刘静和梁莱歆，2009），中心市区设置若干市辖区，原郊区乡镇分别划入市辖区，市辖区含有一定数量乡村居民点，但其乡村空间功能高度附属于市区（张婧和李诚固，2012）。外围县区的中心地（县城、镇区）虽然在中国城乡管理上属于城市空间，但长期以来承担着中国乡村区域经济社会的组织功能，无法与乡村区域的功能与空间割裂开来（杨章贤和李诚固，2011）。因此，本节将环渤海地区中心市区认定为城市地域，将外围县区认定为以县城为中心的乡村地域。

5.3.2 研究方法与数据来源

5.3.2.1 评价指数与数学模型

1. 土地利用动态度评价

单一土地利用动态度 (LC-sing) 是定量描述区域土地利用变化速度的重要指数，可直观地反映土地利用类型变化的幅度与速度，也可以通过类型间的比较反映各类型变化的差异，从而探测其背后的驱动或约束因素。由于各种用地类型或不同区域相同用地类型的面积基数不同，该指数高的类型指的是变化快的类型，而不一定是区域变化的主要类型，对主要类型的判别通常还需要考虑变化面积的大小。计算公式如下：

$$\text{LC-sing} = (U_b - U_a)/U_a \times 1/T \tag{5-5}$$

式中，LC-sing 为研究 T 时段内某一土地利用类型的动态度；U_a 和 U_b 分别为研究初期及研究末期某一土地利用类型的数量；T 为研究时段长，当 T 的时段设定为年时，LC-sing 值就是该研究区某种土地利用类型的变化率。

2. 土地利用程度指数

土地利用程度是区域中多种土地利用综合变化的结果，可以反映人类对土地利用的广度和深度。本节采用樊玉山和刘纪远（1994）提出的土地利用程度分析方法，将土地利用程度按照土地自然综合体在社会因素影响下自然平衡保持状态分为 4 级（表 5-8），然后通过定量化表达式计算得到土地利用程度指数(LCD)。计算公式为

$$\text{LCD} = 100 \times \sum (A_i \cdot C_i) \tag{5-6}$$

式中，LCD 为研究区域土地利用综合指数；A_i 为研究区域内第 i 类型土地利用程度分级指数；C_i 为研究区域内第 i 类型土地利用程度分级面积比例。

表 5-8 土地利用类型分级表

土地利用类型	未利用地	林地、草地、水域	水田、旱地	城镇建设用地、农村居民点、工矿建设用地
得分	1	2	3	4

3. 灰色关联度模型

鉴于农村空心化与土地利用效益耦合作用的错综复杂性，本节采用能较全面分析系统多因素相互作用的灰色关联度模型，以期从关联性、时序性等方面对两个子系统进行定量评价。从农村空心化与土地利用效益的基础指标入手，构建了关联度模型和耦合度模型，以此揭示农村空心化与土地利用效益变化耦合的主要作用关系和时空耦合特征。

关联系数的表达公式为

$$\xi_{ij}(t) = \frac{\min\limits_{i}\min\limits_{j}\left|G_i^X(t)-G_j^Y(t)\right| + \rho\max\limits_{i}\max\limits_{j}\left|G_i^X(t)-G_j^Y(t)\right|}{\left|G_i^X(t)-G_j^Y(t)\right| + \rho\max\limits_{i}\max\limits_{j}\left|G_i^X(t)-G_j^Y(t)\right|} \quad (5\text{-}7)$$

式中，$G_i^X(t)$、$G_j^Y(t)$ 分别为 t 时刻农村空心化与土地利用效益指标的标准化值；ρ 为分辨系数，一般取值 0.5。

将关联系数按样本数 k 求其平均值，可以得到一个关联度矩阵 γ，其中，关联度 γ 的表达式为

$$\gamma_{ij} = \frac{1}{k}\sum_{j=1}^{k}\xi_{ij}(t) \quad (k=1,2,\cdots,n) \quad (5\text{-}8)$$

式中，k 为样本数。

通过比较各个关联度 γ_{ij} 的大小，可以分析出农村空心化过程中要素变化对土地利用效益的相关程度。若 $0<\gamma_{ij}<1$，说明 $G_i^X(t)$ 与 $G_j^Y(t)$ 有关联性，γ_{ij} 值越大，关联性越大，耦合性越强，反之亦然。当 $0<\gamma_{ij}\leqslant 0.35$ 时，关联性为弱，两系统指标间耦合作用弱；当 $0.35<\gamma_{ij}\leqslant 0.65$ 时，关联度为中，两指标耦合作用中等；当 $0.65<\gamma_{ij}\leqslant 0.85$ 时，关联度为较强，两指标耦合性较强；当 $0.85<\gamma_{ij}\leqslant 1$ 时，关联度为极强，两指标相互作用规律几乎一样，单个指标间耦合作用明显，耦合作用极强（刘耀彬等，2005a）。

在关联度矩阵基础上分别按行或列求其平均值，根据大小及其对应的值域范围可以筛选出农村空心化过程中要素变化对土地利用变化的最主要的影响因素。

$$\begin{cases} r_i = \dfrac{1}{l}\sum_{j=1}^{l} r_{ij} \quad (i=1,2,\cdots,l; j=1,2,\cdots,m) \\ r_j = \dfrac{1}{m}\sum_{i=1}^{m} r_{ij} \quad (i=1,2,\cdots,l; j=1,2,\cdots,m) \end{cases} \quad (5\text{-}9)$$

5.3.2.2 土地利用效益测度

1. 测度指标体系构建

依据区域发展的"经济-社会-生态"三维空间结构，本着指标选取的科学性、代表性、可行性等原则，本节通过专家咨询法、文献分析归纳法，借鉴相关研究成果，综合考虑环渤海地区土地利用的实际情况与数据资料的可获取性，从土地利用的社会效益、经济效益、生态环境效益三个方面选取 15 项指标，构建环渤海地区土地利用效益的评价指标体系（表 5-9）。

表 5-9 环渤海地区土地利用效益评价指标体系

目标域	准则域	指标层	指标测算方法	权重	功效
土地利用效益评价	土地利用社会效益（0.34）	人均耕地面积（hm²/人）	耕地面积/区域总人口	0.2018	+
		人口密度（人/km²）	区域总人口/区域土地总面积	0.1912	−
		人均城乡居民储蓄余额（元/人）	城乡居民储蓄总额/区域总人口	0.1967	+

续表

目标域	准则域	指标层	指标测算方法	权重	功效
土地利用效益评价	土地利用经济效益（0.30）	人均社会消费品额（元/人）	社会消费品零售总额/区域总人口	0.1987	+
		农民人均纯收入（元/人）	来自统计年鉴	0.2115	+
		地均国内生产总值（元/km²）	区域GDP/区域土地总面积	0.2083	+
		单位城镇建设用地非农产业增加值（元/km²）	非农产业增加值/城镇建设用地面积	0.2062	+
		地均固定资产投入（元/km²）	固定资产投资额/区域土地总面积	0.2095	+
		交通运输用地比例（%）	交通用地面积/区域土地总面积	0.2112	+
		单位面积农业用地增加值（元/hm²）	第一产业增加值/农业用地面积	0.1648	+
	土地利用生态效益（0.36）	森林覆盖率（%）	林地面积/区域土地总面积	0.1870	+
		耕地覆盖率（%）	耕地面积/区域土地总面积	0.2125	+
		地均生态服务价值（元/km²）(Costanza et al, 1997；谢高地等, 2003)	生态服务价值总量/区域土地总面积	0.1894	+
		景观多元化指数	$GM=1-\Sigma f_i^2/(\Sigma f_i)^2$，式中，$f_i$为第$i$类型土地面积	0.2231	+
		单位耕地面积化肥施用量（kg/hm²）	化肥施用量/耕地面积	0.1880	−

2. 指标权重与综合效益计算

指标权重确定的方法主要有主观赋权法和客观赋权法，熵权法作为确定指标权重的一种客观方法，具有较强的数学理论依据，广泛应用于社会经济研究各领域（刘彦随等，2011a/b）。为避免权重赋值的主观性，本节采用熵权法确定指标的权重值。

（1）数据标准化处理。由于各个指标的原始数据量纲不同，为便于区域间的比较，采用极差标准化的方法对数据进行无量纲化处理：

$$X'_{ij} = \frac{X_{ij} - X_{j\min}}{X_{j\max} - X_{j\min}} \text{（正向指标）} \quad X'_{ij} = \frac{X_{j\max} - X_{ij}}{X_{j\max} - X_{j\min}} \text{（逆向指标）} \quad (5\text{-}10)$$

式中，X_{ij}'表示i县域第j项指标的归一化值；X_{ij}表示i县域第j项指标的实际值；$X_{j\min}$、$X_{j\max}$分别为研究区分县域第j项指标的最小值和最大值。

（2）第j项指标的熵值e_j计算。

$$e_j = -k \sum P_{ij} \ln P_{ij} = -\frac{1}{\ln n} \sum P_{ij} \ln P_{ij} \quad (5\text{-}11)$$

式中，P_{ij}为综合标准化值，$P_{ij} = X'_{ij} / \sum X'_{ij}$；$n$为评价单元数。

（3）第j项指标的权重W_j计算：

$$W_j = (1-e_j) / \sum (1-e_j) \quad (5\text{-}12)$$

（4）第i单元的综合评价分值Z_i计算：

$$Z_i = \sum X'_{ij} \times W_j \quad (5\text{-}13)$$

式中，Z_i值介于0到1，越接近1，说明区域土地利用效益值越高；反之则越低。

根据上述步骤，通过指标层可依次求出各区域土地利用的社会效益得分（Z.soc-core）、经济效益得分（Z.eco-core）和生态效益得分（Z.env-core）。在此基础上，通过准则层的加权评价法可计算出各区域土地利用的综合效益（Z.syn-core）。

$$Z.\text{syn} = 0.34 \times Z.\text{soc} + 0.30 \times Z.\text{eco} + 0.36 \times Z.\text{env} \tag{5-14}$$

5.3.2.3 数据来源

鉴于统计口径差异与数据可获性，考虑到研究的需要，以 2000 年行政区划为基准、将市辖区进行归并等处理，最终确定环渤海地区乡村地域单元。土地利用现状数据来源于各省分县土地利用详查变更数据；各县（市、区）的社会经济数据主要来源于历年《中国统计年鉴》、《中国区域经济统计年鉴》、《中国县（市）社会经济统计年鉴》，以及各省（直辖市）的统计年鉴。

5.3.3 环渤海地区土地利用变化与效益评价

5.3.3.1 乡村地域土地利用变化分析

1. LUCC 时间演变特征

研究区耕地、林地面积比例大，2008 年分别占区域总面积的 36.45%、28.86%，城镇用地和草地面积小、比例低（表 5-10）。1996～2008 年，环渤海地区乡村地域土地类型结构发生了显著变化。从土地利用变化数量上看，农村居民点用地面积增长最大，12 年间增长了 1.88 万 km²，远大于城镇用地的扩张；主要来源于旱地、水域和未利用地的开发，土地面积分别减少了 1.86 万 km²、1.61 万 km² 和 1.63 万 km²；林地面积增长次之，其主要原因是国家退耕还林政策的不断推进，成效彰显。土地利用动态度测算发现，各土地类型变化的差异明显（表 5-10）。研究时段内，农村居民点、水域、城镇用地和未利用地的动态度指数为 53.30%、–40.29%、35.72%和–23.22%，变化较为强烈。这说明，1996～2008 年农村居民点和城镇用地扩张趋势明显，而水域和未利用地呈现出快速的缩减态势，"攻退转换"十分显著。

表 5-10　1996～2008 年环渤海乡村地域土地利用结构及动态

地类	1996 年		2008 年		1996～2008 年	
	面积/km²	比例/%	面积/km²	比例/%	面积增减/km²	LC-sing/%
水田	8 442.08	1.74	8 070.26	1.75	–371.82	–4.40
旱地	178 313.69	36.84	159 700.38	34.70	–18 613.31	–10.44
耕地	186 755.77	38.58	167 770.64	36.45	–18 985.13	–10.17
林地	126 847.23	26.20	132 845.17	28.86	5 997.94	4.73
草地	11 646.48	2.41	11 593.07	2.52	–53.40	–0.46
水域	40 073.86	8.28	23 929.45	5.20	–16 144.41	–40.29
城镇用地	5 485.93	1.13	7 445.43	1.62	1 959.49	35.72
农村居民点	35 212.51	7.27	53 979.68	11.73	18 767.17	53.30
工矿用地	8 030.40	1.66	8 940.04	1.94	909.64	11.33
未利用地	70 027.71	14.47	53 763.87	11.68	–16 263.84	–23.22

2. LUCC 空间演变特征

在国家退耕还林政策的驱使下，1996～2008 年时段冀北山地区、坝上高原区，以及

第5章 我国典型区域农村空心化演进的土地利用效应

辽宁东西部的山地丘陵区耕地快速减少，林地面积大幅增加，但同时也看到，随着土地开发利用强度的增加，其他地区林地面积出现不同程度的缩减（图5-18A、B）。研究区内的平原地域及山东半岛的水域面积呈现出快速减少的态势，水域面积增加区数量少，仅7个县（市）（图5-18C）。与城镇用地和工矿用地相比，农村居民点面积扩张更为显著，占用了大量土地（图5-18D、E、F）。草地面积少、比例小，集中分布在辽宁、天津、河北北部和山东西北地区，1996~2008年草地面积呈现出减少趋势，但幅度较小（图5-18G）。从空间上看，未利用地面积增加区共25个，数量少，低速减少的区域数量多，

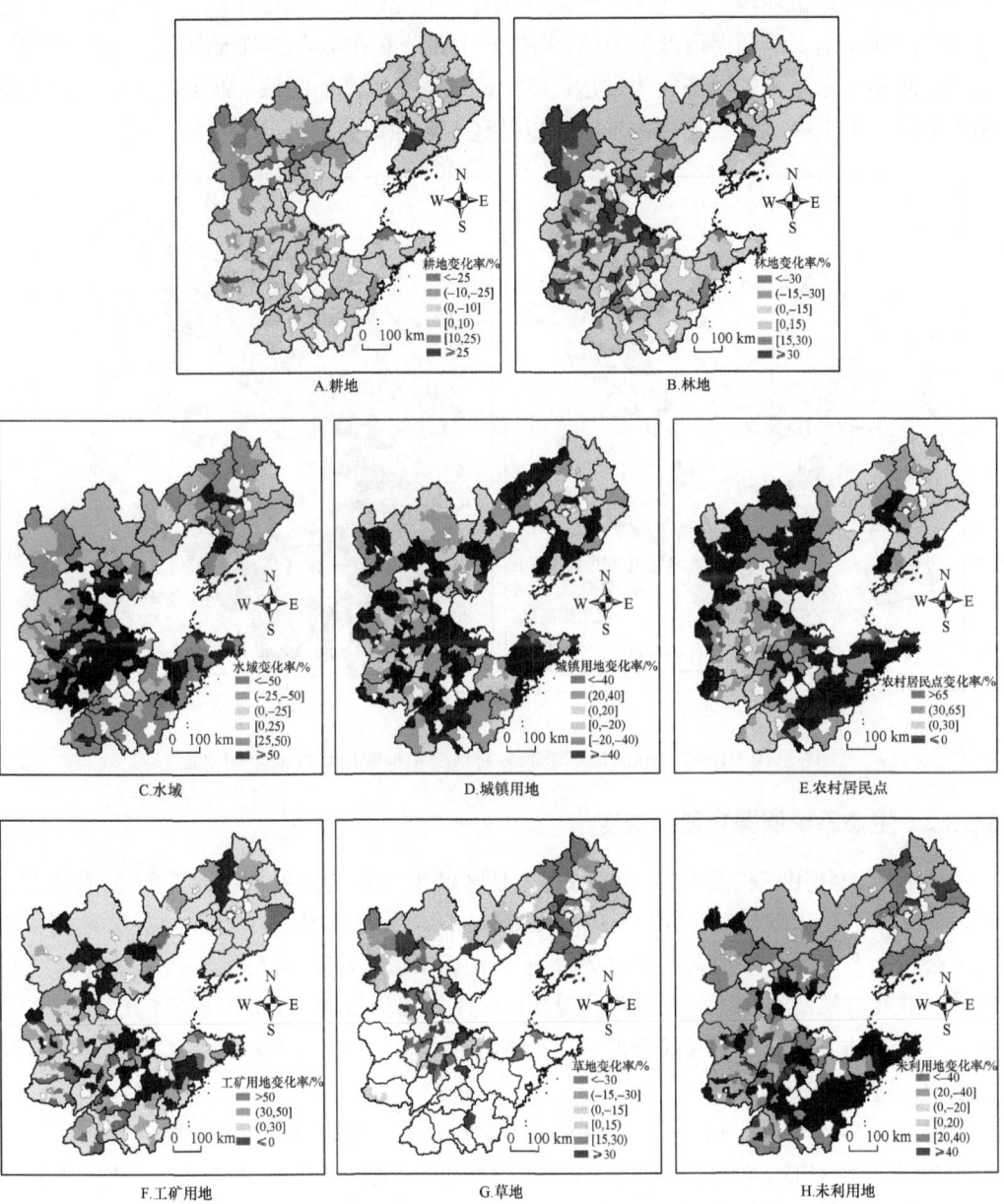

图5-18 1996~2008年环渤海乡村地域主要地类用地转换的空间分布

集中分布在北京、河北、辽宁三省（直辖市），山东半岛及鲁中南丘陵区未利用地快速减少，对后备土地资源开发强度较大（图 5-18H）。

3. 土地利用程度评价

首先根据公式（5-6）计算得出了研究区各区域农村地区土地利用程度 LCD 值，然后采用 ArcGIS 软件的自然断裂法分为低、中、高 3 个等级（图 5-19）。与 1996 年相比，2008 年仅张北等 12 个县（市）的土地利用程度有所减低，中速和快速提高区主要分布在山东省和天津市境内，其他区域土地利用程度变化较低（图 5-19A）。由图 5-19B 可以看出，2008 年土地利用程度的中值、高值区主要分布在境内的黄淮海平原、辽河平原、辽西走廊和辽东半岛等经济较为发达，或土地垦殖率较高的区域；低值区集中分布在冀北山地区、坝上高原区、冀西山地区，以及辽宁东西部的山地丘陵区。

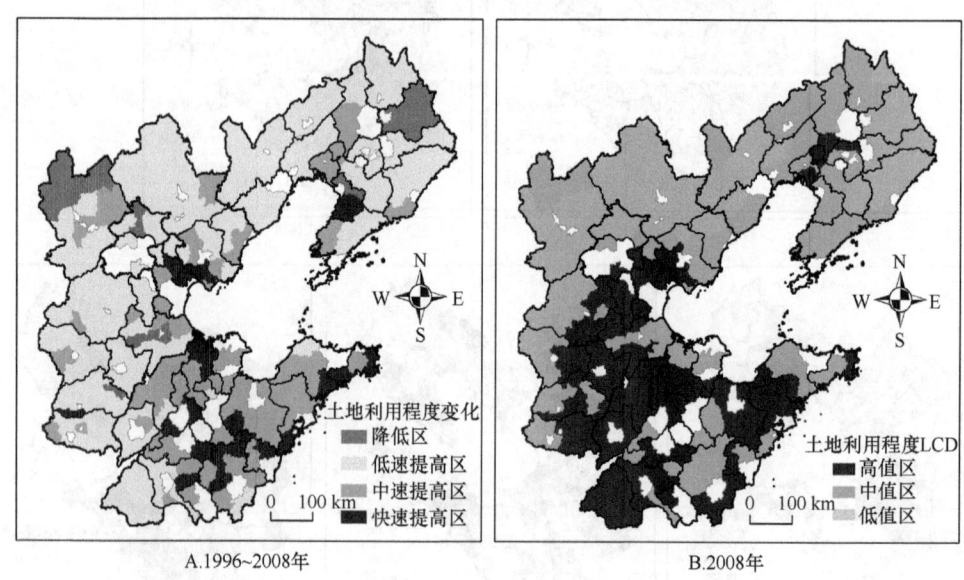

图 5-19　1996~2008 年环渤海乡村地域土地利用程度的空间格局

5.3.3.2　生态系统服务功能的演变

区域土地利用结构及开发程度的变化是区域生态系统服务功能改变的重要驱动因素。为此，进一步地借助 1997 年 Robert Costanza 等 13 位生态学家和经济学家在《自然》杂志上发表的关于生态系统服务价值（ecosystem service value，ESV）估算的经典研究标准及方法，结合环渤海地区的现状，运用间接价值评估方法，综合考虑研究区生态系统服务的气体管理、气候管理等 17 种主要类型，得出每个年份各类用地数据的价值系数，进行 ESV 估算。

根据表 5-11 可知，1996 年、2008 年环渤海地区乡村地域生态系统服务价值分别为 3559.99 亿元、3132.66 亿元，降低了 427.33 亿元，表明区域生态系统趋于恶化。从类型来看，林地 ESV 出现增长，这与区域林地面积大幅度增长相吻合；其他土地类型的 ESV 均在减少，其中水域 ESV 减少最多，占到总量的 92%，这表明水域的大幅缩减对区域生态系统的稳定性具有极大的负向作用。

表 5-11 1996 年、2008 年环渤海地区乡村地域生态系统服务价值 （单位：亿元）

年份	水田	旱地	林地	草地	水域	建设用地	未利用地	总价值
1996 年	164.80	727.55	1636.33	60.32	923.94	—	47.06	3559.99
2008 年	157.50	644.94	1704.34	60.17	530.84	—	34.88	3132.66

将研究单元的 ESV 按照等距离百分位法自然分类为低、中、高生态服务价值区（图 5-20）。2008 年低价值区主要分布在河北平原区；中价值区主要分布在辽西低山丘陵区和山东省境内；高价值区集中分布在冀北山地区、坝上高原区和辽东山地区。但整体来看，1996~2008 年时段内，环渤海地区乡村地域地均 ESV 变化以降低为主，快速减低区域主要集中在辽河平原区、京津及周边地区、鲁西北平原区和山东半岛；低速降低区分布在辽东山地区、辽西走廊、河北平原区和鲁南地区。地均 ESV 增加区区域数量较少，空间分布与土地利用程度低值区有着极大的重合，集中在冀北山地区、坝上高原区、冀西山地区，以及辽宁西山地丘陵区（图 5-20C）。

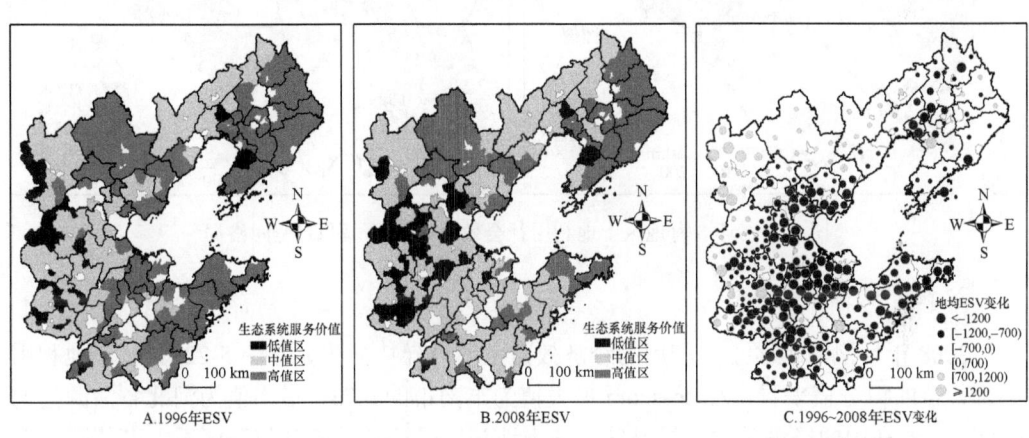

图 5-20 1996 年、2008 年环渤海地区乡村地域生态系统服务价值的空间演变

5.3.3.3 土地利用效益评价

为深入分析环渤海地区土地利用效益态势，在 ArcGIS 的支持下，首先采用自然聚类法将土地利用效益划分为高值区、中高值区、中值区、中低值区和低值区 5 级，然后基于 Getis-Ord G_i^* 指数计算，采用一倍标准差分类法，将区域土地利用效益划分为冷点区域、次冷区域、过渡区域、次热区域和热点区域 5 级，判断区域内部土地利用效益的空间异质性。

1. 社会效益差异

根据评价分值模型计算得出，2008 年环渤海地区土地利用的社会效益得分最大值为丰南市的 0.68，最小值为河北省围场满族蒙古族自治县的 0.28，均值为 0.51，土地利用的社会效益区域差异明显。其中，社会效益处于中低值以下的区域与中高值以上区域分别占区域行政单元总数的 32.4%与 42.2%。为识别环渤海地区土地利用社会效益的集聚性，基于 ArcGIS 的"Hot Spot Analysis"工具计算得到其 G^* 指数。由图 5-21 可知，土地利用的社会效益空间集聚特征显著，热点区集中分布在辽宁省中部平原及沿海平原区、京津唐地区、山东半岛蓝色经济区、济南都市圈等区域；冷点区域主要分布在辽东山地区、辽西北低山丘陵区、坝上高原区、太行山山地丘陵区、冀南太行山山前平原区、鲁中南丘陵区；过渡区域主要分布在辽宁中部平原两侧、鲁西鲁南地区。

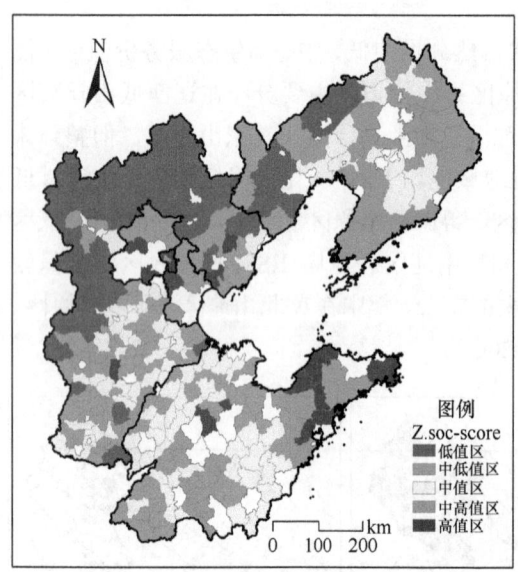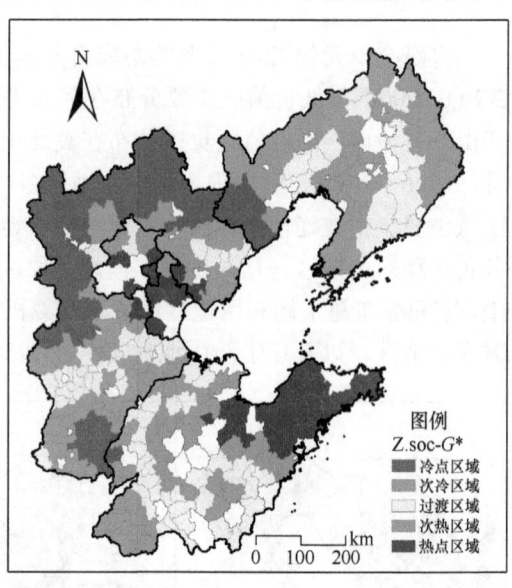

图 5-21　环渤海地区土地利用社会效益的 Z.soc 和 G^* 空间格局

2. 经济效益差异

2008 年环渤海地区土地利用的经济效益空间分异特征明显（图 5-22）。从土地利用经济效益的得分值来看，Z.eco-score 最大值为丰南市的 0.73，最小值为河北省沽源县的 0.04，土地利用的经济效益差异悬殊。从土地利用经济效益的分值分区看，高值区主要分布在地级市及以上市辖区，共 35 个行政单元，呈现点状分布特征；中高值区分布以高值区周边县（市）为主，共 82 个行政单元；低值区、中低值区主要分布在太行山山地丘陵区到冀西北间山盆地区，再到坝上高原区、燕山山地区，呈现出典型的带状分布特征。土地利用经济效益与社会效益指数的空间格局基本一致，表明土地利用的经济效益与社会效益具有较强的正相关性。进一步地通过对环渤海地区土地利用经济效益 G^* 指数的计算发现，与社会效益分布有所不同的是，冀中的石家庄市、冀南邯郸市以及鲁西南的济宁市处于土地利用经济效益的（次）热点区域。

3. 生态效益差异

由图 5-23 可知，2008 年环渤海地区土地利用的生态效益整体态势较好，Z.env-score 均值为 0.56，最大值与最小值分别为河北省康保县的 0.76 和栾城县的 0.29，Z.env-score>0.50 的县级单元占全部单元数的 78.9%，与经济效益相比，土地利用的生态效益区域差异度较小。空间尺度上看，冀北、辽西、鲁中和鲁东地区的几乎全部区域处于土地利用

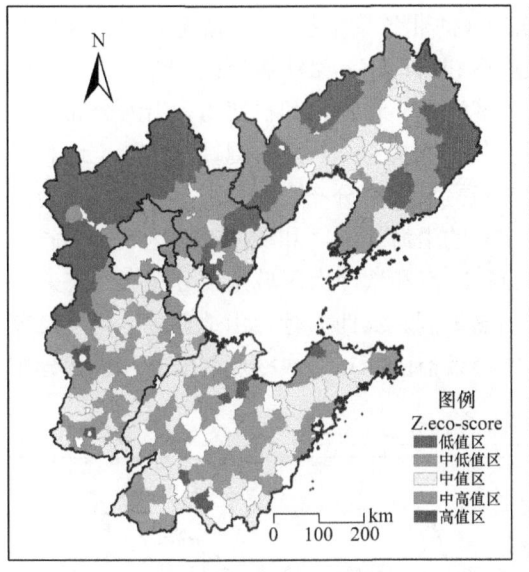 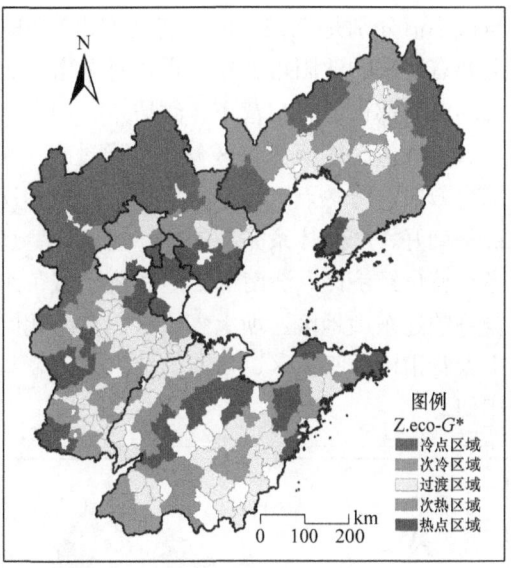

图 5-22　环渤海地区土地利用经济效益的 Z.eco 和 G^* 空间格局

生态效益的热点区域，地貌以山地、丘陵为主，易于水土保持和生态保育；而冀中冀南和鲁西北等平原区，由于垦殖率高，部分黄河故道区沙化加剧、生态破坏严重，导致土地利用生态效益相对处于冷点区域。值得一提的是，辽中南平原区和山东半岛大部分地区既是土地利用的社会、经济效益热点区，也是生态效益热点区。

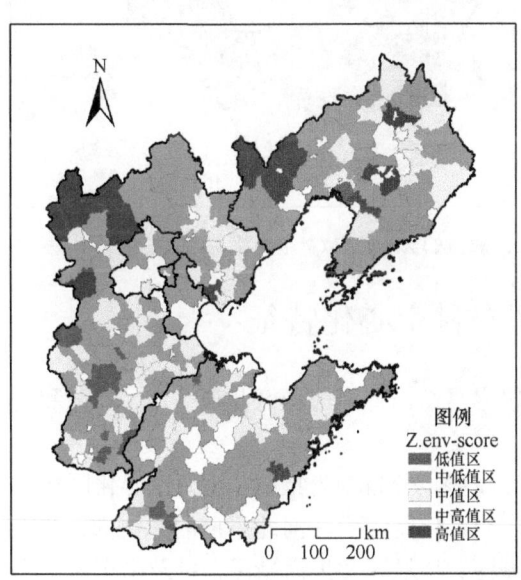 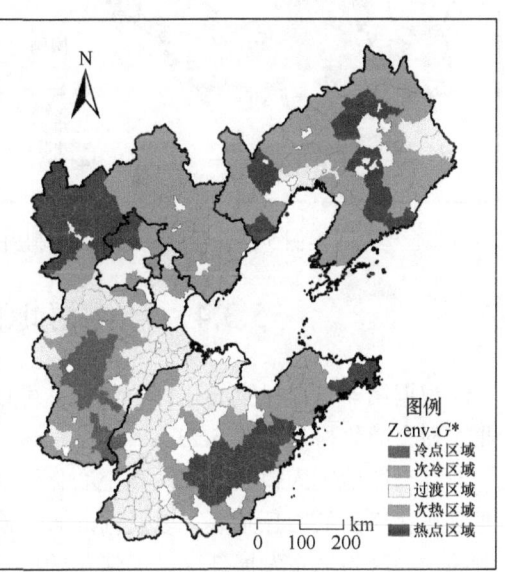

图 5-23　环渤海地区土地利用生态效益的 Z.env 和 G^* 空间格局

4. 综合效益差异

基于土地利用的社会效益、经济效益和生态效益评价，根据公式（5-14），可以得出土地利用的综合效益（图 5-24）。结果显示：环渤海地区土地利用的综合效益最大值与最小值分别是 0.72（河北省迁安市）和 0.30（河北省阜平县），均值为 0.51；高值区主要有辽宁的沈阳市、辽阳市、丹东市、大连市和营口市，京津唐地区，以及山东省沿海的济南都市圈、东营市、潍坊市、烟台市、威海市、青岛市和日照市，沿海分布特征显著；低值区围绕优势区分布。通过对土地利用综合效益 G^* 指数测算发现，土地利用综合效益的冷热点区域十分集中，热点和次热点区域集中分布在区位条件优越、社会经济基础好、产业体系完备的京津唐地区、辽宁省的沿海平原区和沈阳经济区、山东省的半岛蓝色经济区、济南都市圈和济宁城镇组群；冷点和次冷点区域主要分布在生态效益较好的辽东山地区、坝上高原区、冀西北间山盆地区、冀西太行山山地丘陵区，以及冀南太行山山前平原区、鲁西南菏泽地区，与社会效益的冷点、次冷点区域的环带状分布相似。

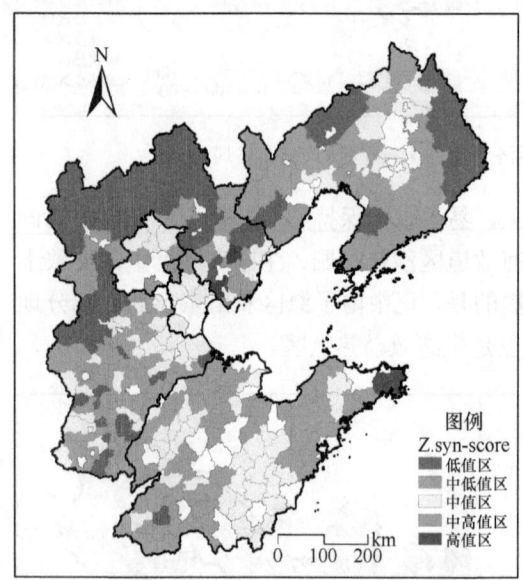 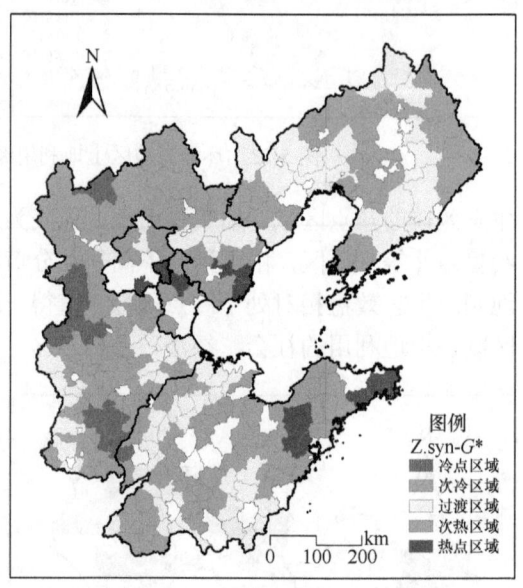

图 5-24　环渤海地区土地利用综合效益的 Z.syn 和 G^* 空间格局

5.3.4　环渤海地区农村空心化特征

根据第 4 章农村空心化评价结果，可以较容易得出环渤海地区县域人口、土地和产业农村空心化格局（图 5-25）。

环渤海地区人口次低、次高空心化区域数量多，分布较为集中。次低空心化区域主要分布在辽西低山丘陵区，以及河北省；次高空心化区集中在河北平原的中南部，北京市的中心区与城市发展新区，天津市的中心城区、环城区和滨海新区，以及山东东部半岛波状丘陵区、鲁中南山地丘陵区；中度空心化分布比较集中的地区有辽东山地区、河北坝上平原区和鲁西平原区；低度与高度空心化区域数量少，分布分散。

与人口空心化程度相比，环渤海地区土地空心化较为严重，这说明研究区农村土地集约利用程度低，宅基地废弃严重、利用效率低。其中，次高及高度空心化区域占主导，县域数量多，面积比例大，且主要分布在华北平原区和辽南平原区等耕地资源较好的区

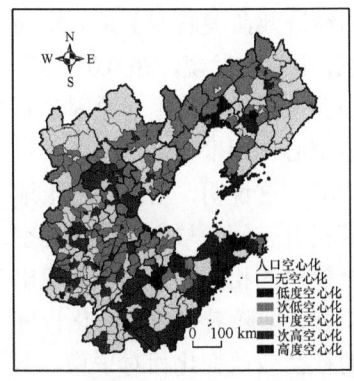 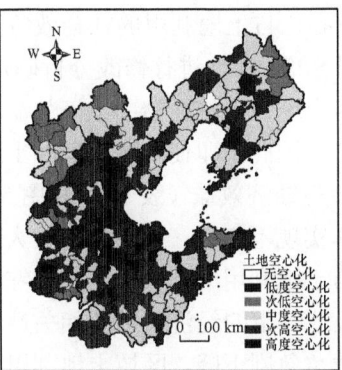 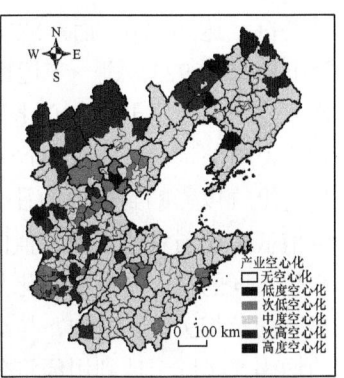

图 5-25 环渤海地区人口、土地和产业空心化格局

域；中度空心化地区主要分布在冀北山地区和辽宁省境内。

环渤海地区产业中度空心化区域数量最多，次高空心化地区数量次之，其他类型空心化区域数量较少。这说明研究区农村地区产业发展普遍较差。其中，产业次高空心化地区主要分布在河北坝上平原、辽西低山丘陵区等自然环境条件较为恶劣的地区；产业低度、次低空心化区主要分布在京津地区，以及冀中南平原区。

5.3.5 农村空心化与土地利用变化的灰色关联分析

基于上述分析，本节选取人口、土地、产业和综合空心化指标，分别与土地利用程度、地均生态服务价值，以及土地利用的社会效益、经济效益、生态效益和综合效益等指标进行关联分析（表 5-12），量化辨识农村空心化演进的土地利用变化效应。经计算得出，两个系统各指标间的关联度差异明显，部分子系统之间关联度高，具有较强的耦合关系。由表 5-12 可以看出，农村空心化与土地利用两个系统的关联度达到 0.744，关联度较强，反映出环渤海地区农村空心化过程对乡村地域土地利用变化有着重要的影响作用。

表 5-12 农村空心化与土地利用因子之间的灰色关联度

指标	土地利用效益			土地利用程度	地均生态服务价值	均值
	社会效益	经济效益	生态效益			
人口空心化	0.790	0.867	0.720	0.636	0.709	0.744
土地空心化	0.699	0.874	0.826	0.544	0.747	0.738
产业空心化	0.815	0.923	0.720	0.538	0.754	0.750
均值	0.768	0.888	0.755	0.573	0.737	0.744

为进一步揭示两个系统交互耦合特征及主要驱动力，将计算的结果予以简单平均并进行排序，分别得到了农村空心化影响土地利用变化的主要因素。

1. 农村空心化与土地利用效益的关联度较强

结果显示，农村空心化与土地利用的社会效益、经济效益和生态效益之间的灰色关联度最高，分别达到了 0.768、0.888 和 0.755。其中，土地空心化与土地利用的生态效益关联度达 0.826,而产业空心化与土地利用的社会效益和经济效益关联度更是分别高达 0.815、0.923。进一步运用 SPSS 软件进行修改分析确定作用方向发现,在 0.01 显著水平上,人口、土地空心化与土地利用的社会、经济效益相关性较差,其主要原因是农业生产收益远远低于非农产业,因此,即使区域人口和土地空心化程度很高,也在一定程度上难以影响到土地的社会与经济效益(表 5-13 和图 5-26)。这说明,当前农村土地价值低,我国农村土地价值的实现不充分,仍然有着较大的提升空间。与人口、土地空心化不同的是,产业空心化与土地利用的社会、经济和综合效益的相关性最强,呈现出显著的负相关性。其中,与土地利用的经济效益负相关性最强,即随着产业空心化程度的增强,区域土地利用经济效益急剧下降,区域土地利用的社会效益变化相对平稳,下降幅度较小。

表 5-13 农村空心化与土地利用效益相关关系

因素		人口空心化	土地空心化	产业空心化
社会效益	相关系数	0.394**	0.412**	−0.571**
	P 值	0.00	0.00	0.00
经济效益	相关系数	0.439**	0.440**	−0.778**
	P 值	0.00	0.00	0.00
生态效益	相关系数	−0.035	−0.549**	−0.055
	P 值	0.522	0.00	0.322

**表示在 0.01 水平上显著

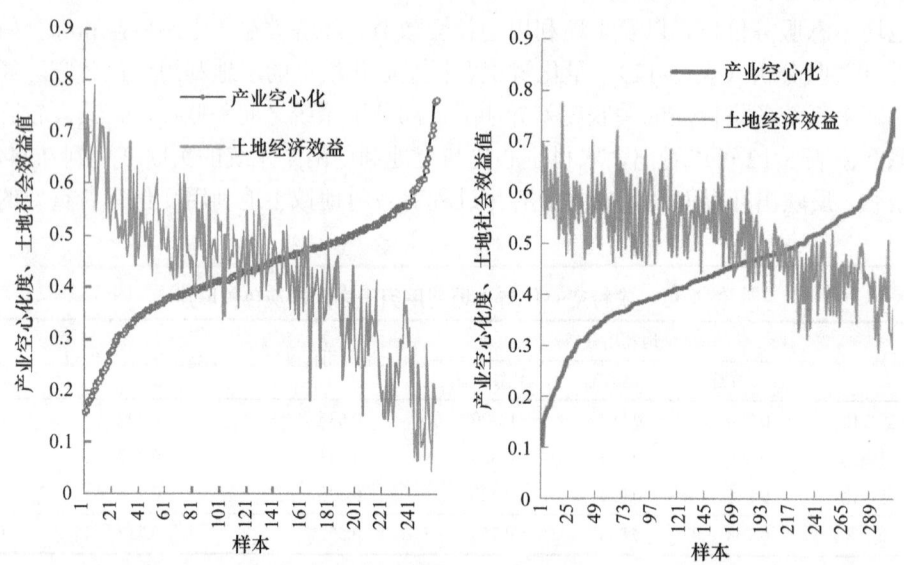

图 5-26 产业空心化与土地利用社会和经济效益的相关关系

2. 农村空心化与土地利用程度相关性弱

农村空心化与土地利用程度的关联度均值为 0.573,相关性较小。这说明农村空心化对土地利用程度的变化影响并不显著。这主要是因为土地利用程度的变化主要取决于大量土地用途的快速转换,而农村空心化过程中,虽然存在一定程度的土地利用结构变化，但更重要地体现为土地利用效率与效益的降低。因此，土地利用程度与农村空心化之间的灰色关联度均相对较小。

3. 农村空心化与区域生态系统服务价值的关系密切

通过分析发现，环渤海地区农村空心化与乡村地域生态系统服务价值之间的关联关系较为密切。这说明，农村空心化演进过程对区域生态系统产生了较大程度的影响。生态系统服务由生态系统结构和过程形成（潘影等，2012）。人为增强某项生态系统服务，以影响生态系统结构和过程，从而影响其他生态系统服务的提供（Rodríguez et al.，2006）。农村空心化过程中，人类活动如利用资源的效率和管理资源的方式，包括农田管理水平、水资源利用、种植结构变化等，势必会影响到生态系统结构和过程，导致生态系统服务价值变化。

5.4 本章小结

基于对农村空心化过程的土地利用效应的解析基础，本章从土地利用的用途转移、利用效益和土地利用/覆被变化（LUCC）演变3个视角分别作出分析，主要得到如下结论：

农村宅基地与耕地是乡村地域农村空心化过程中土地利用效应的重要表现形式，研究时段内土地面积和集约利用程度发生了剧烈变化。整体上看，1996~2008年我国农村居民点年均增加1.64万hm^2，增长趋势显著；耕地年均减少69.36万hm^2，18亿亩耕地红线岌岌可危，2008年我国人均耕地面积仅为1.38亩，为同期世界平均水平的40%。村庄相对扩散度测算显示，未扩散区主要分布在长江沿线流域的省份；低度和中度扩散区主要集中在环渤海地区（不含北京市），以及中部地区的山西省；高速扩散区分布较为分散，但以南部省份为主；而全国县域户均宅基地粗放利用程度普遍较严重。全国省际耕地集约利用度的时空差异特征明显，与1996年相比，2008年省域耕地集约度有较大幅度提高，且省域耕地利用基本上形成了"第一阶梯——较高集约度，第二、第三阶梯——较低集约度"的空间分异格局；通过绘制重心迁移路径图看出，我国省际耕地集约度重心在经历了由中西部地区迅速向中东部地区迁移，再向北部移动的过程，说明西部地区耕地集约度提升较慢，中东部地区相对较高，而北方地区提高幅度明显高于南方地区。进一步分析发现，人口空心化程度与耕地集约度呈"U"形变化关系，即随着人口空心化程度的加剧，耕地集约度表现为先减少后增长的趋势；土地空心化程度与耕地集约度呈倒"U"形变化关系，即随着土地空心化程度不断加剧，耕地集约度不断上升，土地空心化达到0.49~0.59时，耕地集约度趋向于最高，然后呈现出下降趋势；农村产业发展程度对耕地能否集约利用影响作用不大，产业空心化程度与耕地集约度没有严格的相关关系。

为考察农村空心化与土地利用变化的关联性，本章选取环渤海地区作为典型案例区。研究发现，①1996~2008年环渤海地区乡村地域土地类型结构发生了显著变化，农村居民点、城镇用地、工矿用地和林地面积呈增长态势，耕地、水域和未利用地面积快速缩减,土地类型结构变化十分显著。这也导致环渤海地区乡村地域地均 ESV 变化以降低为主,快速减低区域主要集中在辽河平原区、京津及周边地区、鲁西北平原区和山东半岛;低速降低区分布在辽东山地区、辽西走廊、河北平原区和鲁南地区。②环渤海地区土地利用效益呈现出显著的空间分异性与集聚性特征。其中,社会效益与经济效益空间分布一致性强,高值区呈点状分布在地级市级以上市辖区及其周边县(市),低值区围绕高值区呈现出带状分布特征;生态效益整体态势良好,热点区域覆盖冀北、辽西、鲁中和鲁东地区的几乎全部区域,冷点区域分布在冀中冀南和鲁西北等垦殖率高的平原区。③基于灰色关联模型分析得出,农村空心化与土地利用变化两个系统的关联度达到 0.744,关联度较强,两个系统各指标间的关联度差异明显,部分子系统之间关联度高,具有较强的耦合关系。其中,农村空心化与土地利用效益的关联度较强,与土地利用程度相关性弱,而与区域生态系统服务价值的关系密切。

第6章 我国典型区域农村空心化演进的生态环境效应

农村空心化演进的生态环境效应是一个复杂的过程，深入开展相关研究，对科学防控农村空心化带来的生态环境问题具有重要意义。本章首先通过构建评价指标体系，对案例区的农村空心化程度（HI）及生态环境质量（REEQ）予以定量分析；然后采用平稳性检验、协整检验和 Granger 因果检验方法，对农村空心化与生态环境的分项评价指标进行关系判别，保留（舍弃）存在（不存在）Granger 因果关系的指标；最后，进一步探讨以保留指标测算的生态环境质量 $REEQ_2$ 对农村空心化的响应规律，以及生态环境的响应强度，在此基础上，辨析农村空心化与生态环境的作用机制（图 6-1）。

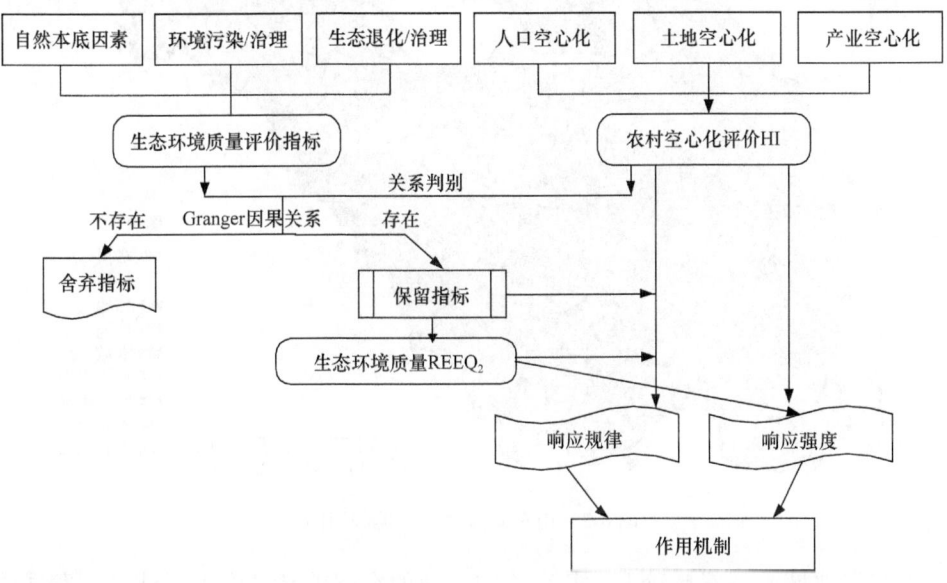

图 6-1 农村空心化与生态环境的关系判别流程

6.1 典型区域农村空心化过程及其生态环境特征

6.1.1 典型区的选取及意义

山东省地处我国对外开放前沿地带，是环渤海经济圈的重要组成部分和连接我国北方海陆的重要通道。陆地总面积 15.71 万 km^2，近海域面积 17 万 km^2，辖 17 个市 140 个县（市、区）。地形中部突起，为鲁中南山地丘陵区；东部半岛大都是起伏和缓的波状丘陵区；西部、北部是黄河冲积而成的鲁西北平原区，是华北平原的重要组成部分（图 6-2）。气候属暖温带季风气候，降水集中，雨热同期，光照资源充足。2015 年全省总人口达 9847.16 万人，人均 GDP 64 168 元，常住人口城镇化率达到 57.01%。

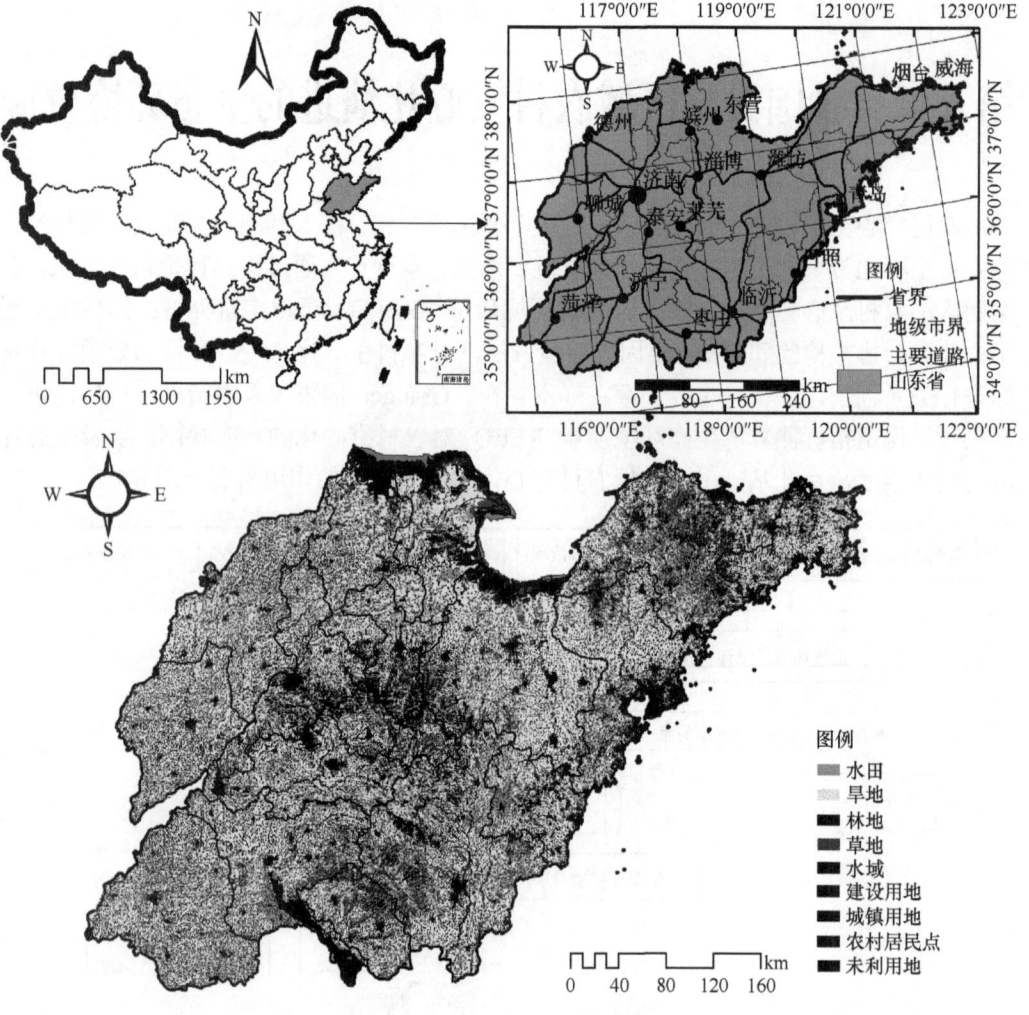

图 6-2　山东省区位及土地利用图

山东省地域经济差异较大，其东、中、西的空间差异是中国区域经济发展的缩影。通过对山东烟台、淄博、临沂、菏泽、东营、禹城等县（市、区）的调研，证实了山东城乡地域空间差异的存在：城市化方面，胶东半岛和省会地区出现了高度的城市化，然而在鲁南和鲁西地区，城市化进程非常缓慢；乡村方面，一些地区的农村还处在城镇化的初级阶段，其农民生产活动还具有非常明显的传统农业及农村性质，如禹城市等；而另一些地区，其农村已经处于城镇化的中期阶段，城乡地域空间一体化趋势已经非常明显，如桓台县等。此外，由于城镇发展阶段的不同，其周围的乡村也出现了非常明显的区域差异，如在禹城的伦镇，典型村庄赵庄与万庄距离城区较远，其村民生产活动具有传统农村性质；而在桓台县的马桥镇，其典型村庄北岔村同样远离县城，但是其村民的活动非农化特征很明显（孙虎，2011）。通过对山东省农村空心化演进的生态环境效应分析，可推广至全国其他区域，具有重要的借鉴意义。

6.1.2 数据来源

1. 土地利用数据

1985年、1995年、2000年、2005年和2008年5期山东省土地利用/覆被数据来源于中国科学院资源环境数据库（Landsat TM 影像解译数据）。根据研究需要，在ArcGIS空间分析模块下将各期数据原有的25个二级土地利用类型重新合并为水田、旱地、林地、草地、河流与湖泊、城镇用地、农村宅基地、工矿交通用地和未利用地9个大类。

2. 社会经济数据

本节所需的农村人口、农业劳动力、GDP等数据主要来自于《山东统计年鉴》、《山东农村统计年鉴》及《辉煌山东60年》。环境污染与治理以及生态退化与治理评价相关数据主要来自于《奋进的历程 辉煌的成就——山东改革开放30年》、《山东经济普查年鉴》、《山东工业统计年鉴》等。

6.1.3 农村空心化演进过程与空间格局

6.1.3.1 演进过程分析

根据农村空心化程度测算指标，结合农村空心化的生命周期特征，本节通过Matlab9.0软件，对山东省农村空心化过程进行了非线性拟合分析和预测。分析表明，基于Logistic方法的估算模型拟合程度达到0.905，拟合度较高，即山东省农村空心化演进过程遵循Logistic过程，根据当前发展趋势，山东省农村空心化程度最高可达到0.9798。根据Logistic曲线特征可知，理论上农村空心化在起始阶段会有一个缓慢积累过程，速度很低；随着时间推移，空心化程度的加速度逐渐增大、速度提高、进程加快，一直达到速度最大点，而后空心化速度越来越小，直至达到区域空心化的饱和值（图6-3）。

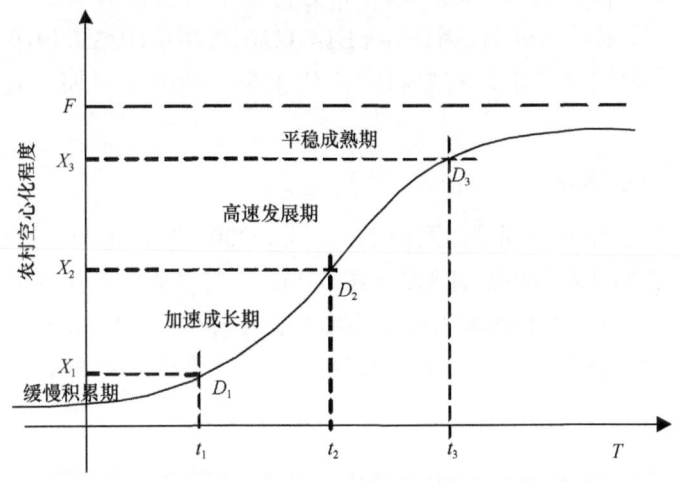

图6-3 Logistic 曲线特征及空心化成长过程阶段划分

由此看出，求解出 Logistic 曲线的 3 个特征点，即可以将农村空心化成长过程划分为缓慢积累阶段、加速成长、高度发展和平稳成熟 4 个阶段，分别对应农村空心化生命周期的出现期、成长期、兴盛期和稳定期 4 个时期（刘彦随等，2009）。为此，根据拟合的 Logistic 方程，本节进一步对农村空心化演进过程的拐点进行推导。

经典的 Logistic 方程为

$$\frac{\mathrm{d}X(t)}{\mathrm{d}t} = kX(t)\left[\frac{F-X(t)}{F}\right] \tag{6-1}$$

对方程（6-1）求积分可得：

$$X_t = \frac{F}{1+\left(\frac{F}{X_0}-1\right)\mathrm{e}^{-kt}} \tag{6-2}$$

式中，X_t 为 t 时农村空心化程度；F 为空心化的饱和值；k 为增长参数，$k>0$；t 为时间（年份）；X_0 为 t_0 时刻区域空心化程度。

将山东省 1988~2008 年的农村空心化程度经过非线性回归可得如下模型：

$$\mathrm{HI}(t) = \frac{F}{1+\lambda \mathrm{e}^{-kt}} = \frac{0.9798}{1+7.45\mathrm{e}^{-0.1556t}} \tag{6-3}$$

测定系数为 $R^2=0.905$，$\lambda=7.45$。进一步根据指数率性质，特征时间长度为 $t_c=1/k$，将这个值代入方程（6-1），得到：

$$\mathrm{HI}(k) = \frac{1}{1+\lambda/\mathrm{e}} \tag{6-4}$$

将 $\lambda=7.45$ 代入方程（6-4），得到 HI(k)=0.262；按照 HI(0)= 0.116（1988 年山东省农村空心化率）计算 λ，再代入式（6-4）得到 HI(k)=0.258。最终得出山东省农村空心化过程初期阶段与加速阶段的临界点在 0.262~0.258，取中间值 $\mathrm{HI}_1=0.26$，根据 Logistic 曲线的对称特征，另一个临界值 $U_3=0.9798-U_1=0.72$。此外，将农村空心化率 $U_2=0.9798/2=0.49$ 作为另一个转折点。该类参数值前后，系统的状态通常要发生重大变化。因此，当 HI≤0.26、0.26＜HI≤0.49、0.49＜HI≤0.72 和 0.72＜HI 时，分别对应山东省农村空心化生命周期的出现期、成长期、兴盛期和稳定期。

6.1.3.2 演进的时空格局

按照农村空心化生命周期规律及拐点值划分，2008 年山东省绝大部分县域空心化程度已经跨过成长期进入到兴盛期阶段（图 6-4）。从时序变化上看，与 1996 年相比，2000 年、2008 年山东省乡村地域农村空心化都呈现出不同程度的加重趋势。其中，低速增长区主要集中在鲁中南山地丘陵区和东部半岛，中速和快速增长区主要分布在鲁西北平原区。

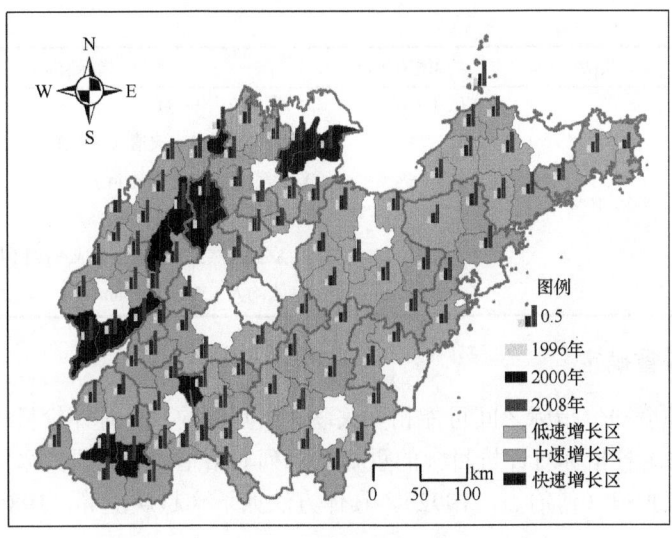

图 6-4 山东省农村空心化演进的时空格局

6.1.4 农村地区生态环境评价

6.1.4.1 评价指标体系构建

与城市地区相比,农村地区生态环境有着特有的特征,如农业污染导致的生态环境破坏等。为此,在充分借鉴已有研究成果的基础上(傅伯杰,1992;杨伟光和付怡,1999;薛钊,2006;孙东琪等,2012),根据科学性、综合性、代表性和数据可获得性原则,构建农村生态环境综合评价指标体系。该体系分为 4 层:目标层(A),即最终评价结果,反映被评价区域农村生态环境综合质量;准则层(B),包括自然本底因素(B_1)、环境状况因素(B_2)和生态状况因素(B_3);约束层(C),对准则层因素指标的细化,包括 10 个因素指标;指标层(X),即评价区域农村生态环境综合质量的具体指标,包括 24 个指标(表 6-1)。

表 6-1 农村地区生态环境评价指标体系

目标层(A)	准则层(B)	约束层(C)	指标层(X)
农村生态环境 A	自然本底因素(B_1)	土地资源(C_1)	X_1 耕地面积比例(%)
			X_2 人均耕地面积(hm^2)
			X_3 人均农村居民点面积(m^2)
			X_4 未利用地面积比例(%)
		水资源(C_2)	X_5 人均水资源量(m^3)
			X_6 水域面积比例(%)
			X_7 农田灌溉率(%)
		森林草地资源(C_3)	X_8 森林覆盖率(%)
			X_9 草地覆盖率(%)
	环境污染/治理(B_2)	大气污染(C_4)	X_{10} 人均废气排放量(m^3)
			X_{11} 废气处理率(%)
		水污染(C_5)	X_{12} 人均废水排放量(kg)
			X_{13} 废水处理率(%)
		固体废物污染(C_6)	X_{14} 人均固体废物堆存量(kg)
			X_{15} 固体废物处理和综合利用率(%)
		农业污染(C_7)	X_{16} 单位耕地面积化肥施用量(kg/hm^2)

续表

目标层(A)	准则层(B)	约束层(C)	指标层(X)
农村生态环境 A	生态退化/治理(B_3)	生态破坏(C_8)	X_{17} 水土流失率(%)
			X_{18} 农业自然灾害灾情（受灾面积/播种面积）(%)
			X_{19} 每百人木材采伐量(m^3)
			X_{20} 水土流失治理率增速(%)
		生态治理(C_9)	X_{21} 农业自然灾害成灾率（成灾面积/播种面积）(%)
			X_{22} 人均人工造林面积(hm^2)

6.1.4.2 指标权重确定

区域生态环境评价指标之间可能相互关联、相互制约，且对评价目标有着不同的重要性。因此，决定各指标对评价目标的重要性序列非常重要。本研究采用层次分析法决定各项指标的权重值（傅伯杰，1992）。具体方法如下（赵焕臣等，1986）：

1. 构造判断矩阵

根据农村地区生态环境评价指标体系层次结构关系进行判断比较，通过专家咨询法进行评分，分别构造出 A-B；B_1-C，B_2-C，B_3-C；C_1-X，C_2-X，…，C_9-X 的判断矩阵。

2. 计算层次单排序权重

（1）判断矩阵每列进行标准化：

$$\overline{b}_{ij} = b_{ij} \bigg/ \sum_{i=1}^{n} b \quad j=1,2,\cdots,n \tag{6-5}$$

（2）把标准化后的矩阵按行相加：

$$\overline{W} = \sum_{j=1}^{n} \overline{b}_{ij} \quad i=1,2,\cdots,n \tag{6-6}$$

（3）求特征向量 W，W 即权重：

$$W = W_i \bigg/ \sum_{j=1}^{n} \overline{W}_j \quad i=1,2,\cdots,n \tag{6-7}$$

（4）计算判断矩阵的最大特征根 $\lambda_{\max}$

$$\lambda_{\max} = \frac{1}{n} \sum_{i=1}^{n} \frac{(AW)_i}{W_i} \tag{6-8}$$

（5）进行一致性检验：

$$CI = (\lambda_{\max} - n)/(n-1) \tag{6-9}$$

式中，n 为指标数量；A 是成对此矩阵。

为了检验判断矩阵是否具有满意的一致性，需要将 CI 与同阶平均随机性指标 RI 进行比较。

$$CR = CI/RI \tag{6-10}$$

式中，CR 为随机一致性比率。当 CR<0.1 时，可以认为判断矩阵具有满意的一致性，反之，就必须重新调整判断矩阵的元素，直到判断矩阵具有满意的一致性为止（孙东琪等，2012）。

3. 层次综合排序

根据公式（6-5）~公式（6-10）进行层层计算，最终得出 4 级指标层（X）对一级指标层（A）的总排序权重（表 6-2）。

表 6-2 指标层（X）对目标层（A）的总排序权重

指标	权重	指标	权重	指标	权重	指标	权重
X_1	0.031	X_7	0.042	X_{13}	0.051	X_{19}	0.049
X_2	0.035	X_8	0.082	X_{14}	0.025	X_{20}	0.076
X_3	0.021	X_9	0.047	X_{15}	0.033	X_{21}	0.047
X_4	0.040	X_{10}	0.017	X_{16}	0.081	X_{22}	0.063
X_5	0.027	X_{11}	0.028	X_{17}	0.053		
X_6	0.039	X_{12}	0.064	X_{18}	0.049		

6.1.4.3 生态环境质量综合指数

首先将每个单指标与区域该指标的最大值做比并乘以 100，求取各指标在生态环境评价中的评分值，表示有益于区域生态环境改善的指标取正值，表示造成生态退化、环境污染的指标取负值。然后将各指标的评分值与权重值相乘求和，即可得到各研究单元的生态环境质量综合指数（REEQ），该值越高，表示生态环境质量越优，反之则越差。

$$REEQ = \sum_{i=1}^{n} W_i \cdot X_i \tag{6-11}$$

式中，REEQ 表示各研究单元的生态环境质量综合指数；W_i 为 i 指标的权重；X_i 表示 i 指标的评分值；n 为指标的总个数。

6.1.4.4 农村地区生态环境质量变化特征

1. 农村地区生态环境质量时序变化分析

1988~2008 年山东省农村地区生态环境质量呈现出不断降低的趋势（图 6-5）。生

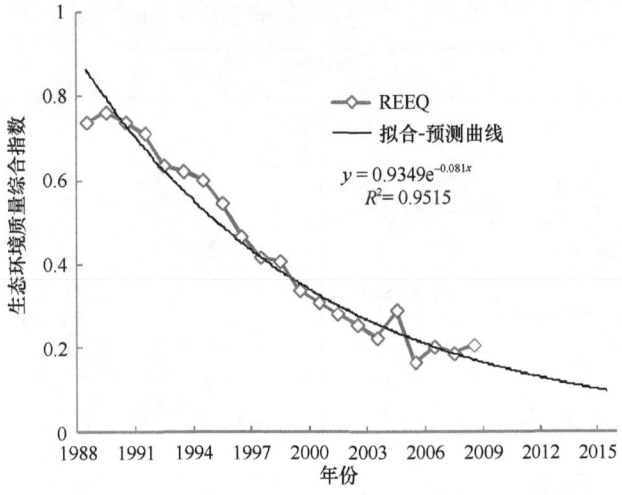

图 6-5 山东省农村地区生态环境质量变化及预测分析

态环境质量综合指数由 1988 年的 0.738 减少到 2008 年的 0.207。进一步研究发现,1988~2008 年山东省农村地区生态环境质量综合指数曲线波动性较小,呈现出单调递减的指数函数规律,经计算到 2015 年达到最低值 0.105。这说明山东省农村地区生态环境质量日益恶化。

其主要原因是:①山东省农村人口基数大,生产生活对生态环境产生了巨大压力,导致生态环境质量不断下降;②虽然 20 世纪 90 年代开始,农村人口不断向外转移,但是农业生产活动强度并未减弱,且大量使用化肥、农药等造成农村环境污染不断恶化;③地区乡镇企业蓬勃发展,但是其粗放型经营方式,造成"三废"污染问题蔓延,付出了沉重的环境代价,并对村镇居民生活环境健康构成威胁;④部分地区农村土地产权变动频繁,农地维护投入较少,造成严重的水土流失;⑤农村地区生态环境监测与监管体系不完善,缺乏必要的农村环境质量检测标准和方法,且生态恶化未引起相关部门的重视,资金与人力投入少。

2. 农村地区生态环境质量变化的时空特征

按照山东省县域 REEQ 值的大小,采用自然断裂点分级方法,划分出生态环境质量差值区、一般区、良值区和优值区。山东省县域农村地区生态环境质量的空间分异特征明显(图 6-6)。

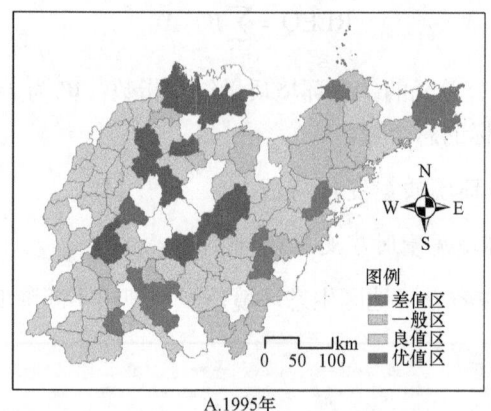

A.1995 年

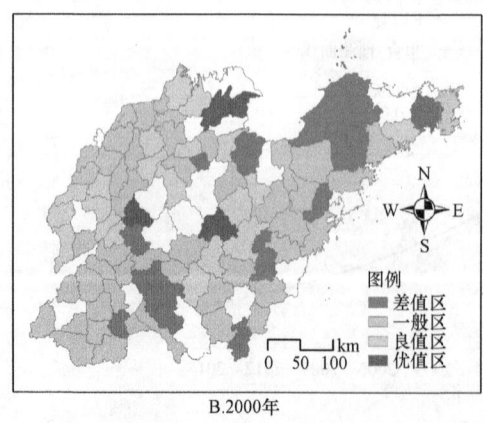

B.2000 年

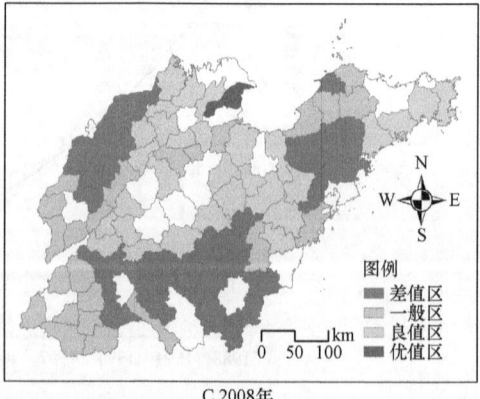

C.2008 年

图 6-6 山东省农村地区生态环境质量的空间格局

1995年，山东省大部分县域农村地区生态环境质量较好。其中，良值区和优值区主要分布在鲁西北平原区和鲁中鲁南丘陵区；生态环境质量差值区与一般区则主要集中分布在山东半岛区域，尤其是沿海地区。2000年，山东省大部分县域出现生态环境恶化，进入到一般区，差值区域面积不断增大；2008年良值区集中分布在中部山地地区，差值区主要分布在鲁西北平原区和鲁南经济带地区。

2000年，山东省大部分县域进入到一般区甚至差值区，而2008年生态环境质量有所改善，其中黄河三角洲西区、山东半岛及鲁西南平原区正向变化明显；临沂、德州及聊城地区呈现出负向变化。与1995年相比，2008年生态环境质量负向强变化区域集中分布在鲁南丘陵区和鲁西北平原区；正向弱变化区域分布在黄河三角洲西区、山东半岛地区；正向强变化区域数量少（图6-7）。

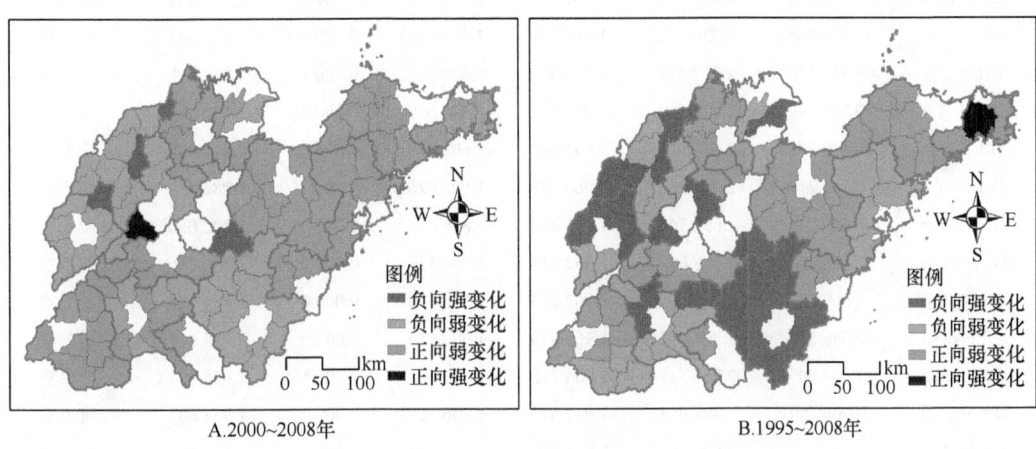

图6-7 山东省农村地区生态环境质量时空变化格局

6.2 农村空心化演进与生态环境变化的因果关系

6.2.1 判别分析步骤

为获得时间序列数据的有效检验统计量，避免回归分析时，由于数据的非平稳性所致的"伪回归"现象，首先对各指标数据进行平稳性检验，考察变量是否平稳，如果平稳，可以构造回归模型；若不平稳，进行差分，直至服从i阶单整；然后，若是检验序列均服从同阶单整，可以作协整检验，判断内部变量间是否存在协整关系；最后，如果存在长期均衡关系，则进行Granger因果检验（章锦河等，2012）。

6.2.2 平稳性检验

时间序列平稳性检验的方法是单位根检验，主要包括ADF(Augmented Dickey-Fuller)、DF-GIS(Dickey-Fuller GIS)、ERS(Elliot-Rothenberg-Stock Point-Optimal)、KPSS (Kwiatkowski-Phillips-Schmidt-Shin)、PP (Phillips-perron)和NP (Ng-Perron) 6种检验方法（高铁梅，2009）。ADF、DF-GIS和PP方法需对被检验序列作可能包含常数项和趋势

变量项的假设，其他三种方法是在剔除原序列趋势的基础上构造统计量检验序列是否存在单位根（章锦河等，2012）。综合考虑样本量的大小以及变量指标的实际指示意义，本节采用应用较为广泛的 ADF 检验方法，对 23 个变量的对数值序列作单位根检验（表 6-3）。

表 6-3 变量的单位根检验结果（ADF 检验）

变量	ADF 检验 t 统计量	不同检验水平临界值			P 值	D.W	平稳性
		1%	5%	10%			
$D^2LN(Y_1)$	−3.673 669	−2.699 769	−1.961 409	−1.606 610	0.000 3	1.877 392	二阶单整
$D^2LN(X_1)$	−3.555 025	−2.699 769	−1.961 409	−1.606 610	0.000 2	1.885 136	二阶单整
$D^2LN(X_2)$	−4.462 731	−2.708 094	−1.962 813	−1.606 129	0.000 2	1.927 236	二阶单整
$D^2LN(X_3)$	−5.375 601	−2.699 769	−1.961 409	−1.606 610	0.000 0	1.916 689	二阶单整
$D^2LN(X_4)$	−7.032 892	−2.699 769	−1.961 409	−1.606 610	0.000 0	2.295 341	二阶单整
$D^2LN(X_5)$	−6.190 268	−2.728 252	−1.966 270	−1.605 026	0.000 0	2.127 341	二阶单整
$D^2LN(X_6)$	−8.544 376	−2.717 511	−1.964 418	−1.605 603	0.000 1	1.932 498	二阶单整
$D^2LN(X_7)$	−7.209 349	−2.699 769	−1.961 409	−1.606 610	0.000 0	2.037 385	二阶单整
$D^2LN(X_8)$	−6.130 777	−2.676 900	−1.931 090	−1.602 380	0.000 0	1.949 068	二阶单整
$D^2LN(X_9)$	−7.563 217	−2.728 252	−1.966 270	−1.605 026	0.000 1	1.986 857	二阶单整
$D^2LN(X_{10})$	−5.569 844	−2.699 769	−1.961 409	−1.606 610	0.000 0	2.102 050	二阶单整
$D^2LN(X_{11})$	−11.518 890	−2.708 094	−1.962 813	−1.606 129	0.000 0	1.839 730	二阶单整
$D^2LN(X_{12})$	−5.069 283	−2.708 094	−1.962 813	−1.606 129	0.000 0	1.847 688	二阶单整
$D^2LN(X_{13})$	−8.586 517	−2.708 094	−1.962 813	−1.606 129	0.000 0	2.074 674	二阶单整
$D^2LN(X_{14})$	−4.742 909	−2.717 511	−1.964 418	−1.605 603	0.000 1	2.024 978	二阶单整
$D^2LN(X_{15})$	−10.898 210	−2.708 094	−1.962 813	−1.606 129	0.000 0	1.953 607	二阶单整
$D^2LN(X_{16})$	−11.765 020	−2.699 769	−1.961 409	−1.606 610	0.000 1	2.161 583	二阶单整
$D^2LN(X_{17})$	−6.296 954	−2.708 094	−1.962 813	−1.606 129	0.000 0	2.191 188	二阶单整
$D^2LN(X_{18})$	−6.963 116	−2.699 769	−1.961 409	−1.606 610	0.000 0	2.195 791	二阶单整
$D^2LN(X_{19})$	−7.462 426	−2.708 094	−1.962 813	−1.606 129	0.000 0	1.865 582	二阶单整
$D^2LN(X_{20})$	−5.016 009	−2.728 252	−1.966 270	−1.605 026	0.000 1	1.868 574	二阶单整
$D^2LN(X_{21})$	−4.541 165	−2.740 613	−1.968 430	−1.604 392	0.000 2	2.198 035	二阶单整
$D^2LN(X_{22})$	−4.783 892	−2.708 094	−1.962 813	−1.606 129	0.000 1	2.176 138	二阶单整

单位根检验结果表明变量的对数值原序列不平稳，在二阶差分后，ADF 检验 t 统计量值小于 1% 限制性水平值，且 D.W 值均在 1.8~2.2，都能满足平稳性要求，适合进行协整检验。

6.2.3 协整检验

协整检验主要有 EG (Engle-Grange) 两步法和 JJ (Johansen-Juselius) 检验。EG 两步法是基于回归残差的检验，可以通过建立 OLS 模型检验其残差平稳性。JJ 检验是基于回归系数的检验，前提是建立 VAR 模型（章锦河等，2012）。本节采用无约束的 VAR 模型的残差分析，依据 AIC 信息准则和 SC 准则确定变量组的 Johansen 协整检验最优滞后阶数为 3；然后通过 Max-eigenvalue Test 和 Trace Test 方法检验农村空心化与生态环境指标变量的协整关系的稳定性，判别各生态环境指标与农村空心化之间是否具有长期稳定关系（表6-4）。

表6-4 农村空心化与生态环境评价指标的Johansen检验

生态环境变量	零假设(H_0)	后备假设(H_1)	特征根λ	Trace Test		Max-eigenvalue Test		协整关系
				统计量	5%临界值	统计量	5%临界值	
$LN(X_1)$	$r=0$	$r=1$	0.555 32	15.735 78	15.494 71	14.776 79	13.264 60	$r=1$
	$r\leq1$	$r=2$	0.108 84	1.958 99	3.841 47	1.958 99	3.841 47	
$LN(X_2)$	$r=0$	$r=1$	0.654 10	25.981 03	15.494 71	19.108 90	14.264 60	$r=2$
	$r\leq1$	$r=2$	0.317 36	6.872 13	3.841 47	6.872 13	3.841 47	
$LN(X_3)$	$r=0$	$r=1$	0.389 14	19.937 11	10.670 61	18.520 01	8.871 89	$r=1$
	$r\leq1$	$r=2$	0.095 10	1.798 72	6.634 90	1.798 72	6.634 90	
$LN(X_4)$	$r=0$	$r=1$	0.398 58	10.016 45	15.494 71	9.152 38	14.264 60	$r=0$
	$r\leq1$	$r=2$	0.046 87	0.864 07	3.841 47	0.864 07	3.841 47	
$LN(X_5)$	$r=0$	$r=1$	0.648 05	15.494 71	19.395 57	14.264 60	18.796 89	$r=0$
	$r\leq1$	$r=2$	0.032 71	0.598 69	3.841 47	0.598 69	3.841 47	
$LN(X_6)$	$r=0$	$r=1$	0.487 45	5.436 73	8.744 67	4.987 54	8.024 88	$r=0$
	$r\leq1$	$r=2$	0.246 88	0.784 86	0.845 25	0.965 63	2.548 65	
$LN(X_7)$	$r=0$	$r=1$	0.348 59	17.740 21	15.494 71	15.715 15	14.264 60	$r=1$
	$r\leq1$	$r=2$	0.154 70	3.025 06	3.841 47	3.025 06	3.841 47	
$LN(X_8)$	$r=0$	$r=1$	0.344 12	10.444 04	15.494 71	7.591 92	14.264 60	$r=0$
	$r\leq1$	$r=2$	0.146 54	2.852 12	3.841 47	2.852 12	3.841 47	
$LN(X_9)$	$r=0$	$r=1$	0.885 28	12.527 38	18.689 67	11.587 62	13.578 23	$r=0$
	$r\leq1$	$r=2$	0.195 65	4.657 84	7.457 32	4.067 58	6.427 87	
$LN(X_{10})$	$r=0$	$r=1$	0.357 89	9.260 14	15.494 71	7.973 89	14.264 60	$r=0$
	$r\leq1$	$r=2$	0.068 97	1.286 25	3.841 47	1.286 25	3.841 47	
$LN(X_{11})$	$r=0$	$r=1$	0.393 33	14.949 62	15.494 71	8.995 92	14.264 60	$r=0$
	$r\leq1$	$r=2$	0.281 62	5.953 70	3.841 47	5.953 70	3.841 47	
$LN(X_{12})$	$r=0$	$r=1$	0.344 64	8.495 55	15.494 71	7.606 28	14.264 60	$r=0$
	$r\leq1$	$r=2$	0.048 20	0.889 27	3.841 47	0.889 27	3.841 47	
$LN(X_{13})$	$r=0$	$r=1$	0.344 29	10.280 41	15.494 71	7.596 55	14.264 60	$r=0$
	$r\leq1$	$r=2$	0.138 52	2.683 86	3.841 47	2.683 86	3.841 47	
$LN(X_{14})$	$r=0$	$r=1$	0.497 81	17.833 82	15.494 71	12.397 83	14.264 60	$r=2$
	$r\leq1$	$r=2$	0.260 66	5.435 99	3.841 47	5.435 99	3.841 47	
$LN(X_{15})$	$r=0$	$r=1$	0.880 08	41.647 35	15.494 71	38.177 27	14.264 60	$r=1$
	$r\leq1$	$r=2$	0.175 34	3.470 08	3.841 47	3.470 08	3.841 47	
$LN(X_{16})$	$r=0$	$r=1$	0.681 24	19.632 06	15.494 71	19.436 38	14.264 60	$r=1$
	$r\leq1$	$r=2$	0.011 44	0.195 68	3.841 47	0.195 68	3.841 47	
$LN(X_{17})$	$r=0$	$r=1$	0.644 73	19.905 67	15.494 71	18.627 94	14.264 60	$r=1$
	$r\leq1$	$r=2$	0.068 52	1.277 73	3.841 47	1.277 73	3.841 47	
$LN(X_{18})$	$r=0$	$r=1$	0.489 29	12.729 10	15.494 71	12.094 99	14.264 60	$r=0$
	$r\leq1$	$r=2$	0.034 62	0.634 11	3.841 47	0.634 11	3.841 47	

续表

生态环境变量	零假设(H_0)	后备假设(H_1)	特征根λ	Trace Test		Max-eigenvalue Test		协整关系
				统计量	5%临界值	统计量	5%临界值	
LN(X_{19})	$r=0$	$r=1$	0.730 90	23.302 15	15.494 71	21.002 47	14.264 60	$r=1$
	$r\leq 1$	$r=2$	0.133 88	2.299 68	3.841 47	2.299 68	3.841 47	
LN(X_{20})	$r=0$	$r=1$	0.770 99	30.279 69	15.494 71	23.583 98	14.264 60	$r=2$
	$r\leq 1$	$r=2$	0.341 96	6.695 72	3.841 47	6.695 72	3.841 47	
LN(X_{21})	$r=0$	$r=1$	0.602 88	17.525 67	15.494 71	16.623 17	14.264 60	$r=1$
	$r\leq 1$	$r=2$	0.048 90	0.902 50	3.841 47	0.902 50	3.841 47	
LN(X_{22})	$r=0$	$r=1$	0.451 97	13.722 38	15.494 71	10.825 68	14.264 60	$r=0$
	$r\leq 1$	$r=2$	0.148 65	2.896 70	3.841 47	2.896 70	3.841 47	

协整检验的结果表明，农村空心化与耕地面积比例、人均耕地面积、人均农村居民点面积、农田灌溉率、单位耕地面积化肥施用量、水土流失率、成灾面积比例、水土流失治理率增速 8 项指标之间存在协整关系，而与其他 14 项指标之间不存在协整关系。

6.2.4 Granger 因果检验

通过协整关系检验只能说明变量之间存在长期稳定的均衡关系，但不能确定变量之间必然存在因果关系，而传统回归方法可以分析一个变量是否依赖于另外一个变量，却还不足以证明是否存在因果关系。

Granger 因果关系检验是用来确定变量间是否存在因果关系以及影响方向的一种方法，应用较为广泛。假设要检验变量 X 与变量 Y 之间的因果关系以及这种关系影响的方向，需要构建如下检验回归方程（樊欢欢和张凌云，2009）：

$$Y_t = \sum_{i=1}^{m} \alpha_i X_t + \sum_{j=1}^{m} \beta_j Y_{t-j} + \mu_t \tag{6-12}$$

$$X_t = \sum_{i=1}^{m} \lambda_i X_t + \sum_{j=1}^{m} \delta_j Y_{t-j} + \nu_t \tag{6-13}$$

式中，X，Y 为检验变量；α_i，β_j，λ_i，δ_j 为系数；Y_{t-j}，X_t 为滞后项；μ_t，ν_t 为自噪声音；m 为样本容量。

其中，假定随机误差项 μ_t 和 ν_t 之间是不相关的。Granger 因果关系检验的原假设是："X 不是引起 Y 变化的 Granger 原因"或"Y 不是引起 X 变化的 Granger 原因"。上述检验回归方程的估计结果可以分为以下 4 种情况：X 到 Y 的单向因果关系；Y 到 X 的单向因果关系；X 到 Y 的双向因果关系；X 和 Y 之间各自独立，不存在因果关系。Granger 因果关系检验方法解决了 X 是否引起 Y 的原因，即现在的 Y 在多大程度上能被过去的 X 解释，加入 X 的滞后值后，是否使解释度提高（张子龙等，2011）。另外，Granger 因果性表示了时间序列之间的领先与滞后关系（Granger，1969）。

协整检验结果反映农村空心化与耕地面积比例、人均耕地面积、人均农村居民点面积、农田灌溉率、单位耕地面积化肥施用量、水土流失率、成灾面积比例、水土流失治理率增速 8 项指标之间存在长期动态均衡关系，但不意味着变量之间必然存在因果关系。

因此需要通过进一步对农村空心化与存在协整关系的变量进行 Granger 因果检验。

检验结果显示（表 6-5），农村空心化与耕地面积比例、人均耕地面积、人均农村居民点面积 3 项指标互为 Granger 原因。这表明在研究期间，山东省农村空心化与耕地面积比例、人均耕地面积、人均农村居民点面积存在长期因果关系，即农村空心化在长期内可引起耕地面积比例、人均耕地面积和人均农村居民点面积的变化，且耕地面积比例、人均耕地面积和人均农村居民点面积也会对农村空心化程度产生影响。

表 6-5　农村空心化与生态环境评价指标的 Granger 因果关系检验

原假设	F 统计量	概率 P	结论
耕地面积比例不是农村空心化的 Granger 原因	6.646 76	0.009 3	拒绝
农村空心化不是耕地面积比例的 Granger 原因	5.050 22	0.022 3	拒绝
人均耕地面积不是农村空心化的 Granger 原因	6.146 39	0.012 1	拒绝
农村空心化不是人均耕地面积的 Granger 原因	9.549 24	0.002 4	拒绝
人均农村居民点面积不是农村空心化的 Granger 原因	6.987 82	0.007 9	拒绝
农村空心化不是人均农村居民点面积的 Granger 原因	0.748 83	0.490 9	接受
农田灌溉率不是农村空心化的 Granger 原因	1.404 06	0.278 1	接受
农村空心化不是农田灌溉率的 Granger 原因	3.992 5	0.042 5	拒绝
人均固体废物堆存量不是农村空心化的 Granger 原因	3.287 06	0.067 6	接受
农村空心化不是人均固体废物堆存量的 Granger 原因	2.666 12	0.104 5	接受
固体废物处理和综合利用率不是农村空心化的 Granger 原因	0.813 75	0.463 1	接受
农村空心化不是固体废物处理和综合利用率的 Granger 原因	2.646 39	0.106 0	接受
单位耕地面积化肥施用量不是农村空心化的 Granger 原因	0.576 98	0.574 4	接受
农村空心化不是单位耕地面积化肥施用量的 Granger 原因	4.450 48	0.031 9	拒绝
水土流失率不是农村空心化的 Granger 原因	1.558 81	0.244 8	接受
农村空心化不是水土流失率的 Granger 原因	10.811 4	0.001 4	拒绝
每百人木材采伐量不是农村空心化的 Granger 原因	5.386 62	0.618 4	接受
农村空心化不是每百人木材采伐量的 Granger 原因	0.624 77	0.549 7	接受
水土流失治理率增速不是农村空心化的 Granger 原因	1.371 64	0.285 8	接受
农村空心化不是水土流失治理率增速的 Granger 原因	4.517 32	0.030 6	拒绝
成灾面积比例不是农村空心化的 Granger 原因	0.385 8	0.686 9	接受
农村空心化不是成灾面积比例的 Granger 原因	0.598 74	0.005 6	拒绝

农村空心化是农田灌溉率、单位耕地面积化肥施用量、水土流失率和水土流失治理率增速 4 项指标的 Granger 原因，而农田灌溉率、单位耕地面积化肥施用量、水土流失率、水土流失治理率增速和成灾面积比例均不是农村空心化的 Granger 原因，即农村空心化程度会影响农田灌溉率、单位耕地面积化肥施用量、水土流失率、水土流失治理率增速和成灾面积比例 5 项指标的变化，但 5 项指标的变化对农村空心化程度影响较小。

但农村空心化与人均固体废物堆存量、每百人木材采伐量、成灾面积比重及固体废物处理和综合利用率 4 项指标不存在 Granger 因果关系，即农村空心化与人均固体废物堆存量、每百人木材采伐量、成灾面积比例及固体废物处理和综合利用率的变化之间的影响作用较小。

6.3 生态环境响应强度

6.3.1 响应强度模型

根据上述检验结果，基于农村空心化对生态环境指标因果影响方向的判断，从农村地区生态环境评价指标体系中选取耕地面积比例（X_1）、人均耕地面积（X_2）、人均农村居民点面积（X_3）、农田灌溉率（X_7）、单位耕地面积化肥施用量（X_{16}）、水土流失率（X_{17}）和水土流失治理率增速（X_{20}）共 7 项指标，作为农村空心化过程中引起的生态环境效应的因素。进一步地通过构建模型，评价农村空心化演进过程中生态环境响应强度。模型如下：

$$RI = \left[(\Delta REEQ/REEQ_i)/(\Delta HI/HI_i)\right] \quad (6-14)$$

式中，$REEQ_i$ 表示 i 时期的农村生态环境综合指数，$\Delta REEQ = REEQ_{T+i} - REEQ_i$，表示 T 时间段内农村生态环境综合指数的增量；HI_i 表示 i 时期的农村空心化程度，$\Delta HI = HI_{T+i} - HI_i$，表示 T 时间段内农村空心化程度的增量。根据生态环境的变化方向与响应强度，可以将响应强度划分为以下 4 种模式（表 6-6）。

表 6-6 农村空心化过程中生态环境变化的响应模式

生态环境变化方向	响应系数	响应类型	响应模式
$\Delta REEQ>0$	$RI \geqslant 1$	强正向响应	农村生态环境随着农村空心化的加剧不断好转
	$0<RI<1$	弱正向响应	
$\Delta REEQ<0$	$0<RI<-1$	弱负向响应	农村生态环境随着农村空心化的加剧不断恶化
	$RI \leqslant -1$	强负向响应	

6.3.2 生态环境响应强度的时空特征

6.3.2.1 生态环境响应强度的时序变化

从总体变化特征上看，1989～2008 年山东省乡村地域空心化过程中，生态环境变化响应强度系数呈现出由正向响应到负向响应的变化过程，由 1989 年的 1.12 减小到 2008 年的 0.83（图 6-8）。这说明农村空心化对生态环境负向影响不断扩大，生态环境日益恶化。

从响应强度系数的时序变化看，存在显著的波动性。1989～1992 年，农村地区生态环境质量响应强度系数下降的趋势十分明显；1993 年以后，呈现出波动特性。其中，1995～2001 年，农村地区生态环境质量的强负向响应，之后略有好转，但依然处在负向响应区间。

6.3.2.2 生态环境响应强度的空间分异

按照生态环境响应强度划分标准，将山东省县域农村地区划分为强负向响应、弱负向响应、强正向响应和弱正向响应 4 种类型（图 6-9）。1995～2000 年，负向响应区域集

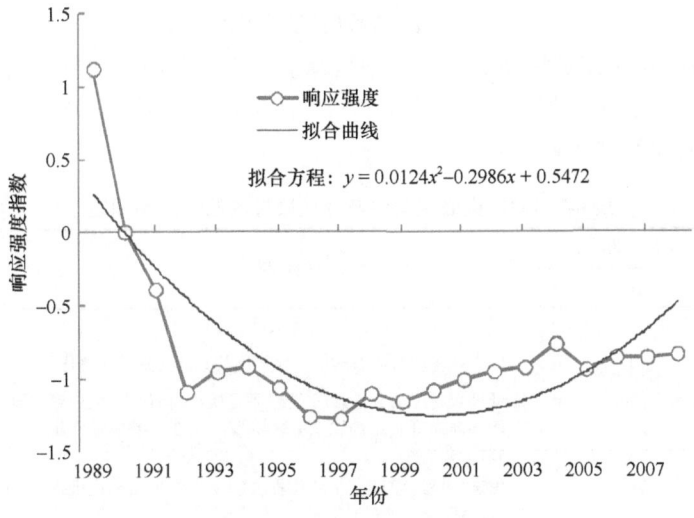

图 6-8 农村生态环境质量对农村空心化的响应强度变化

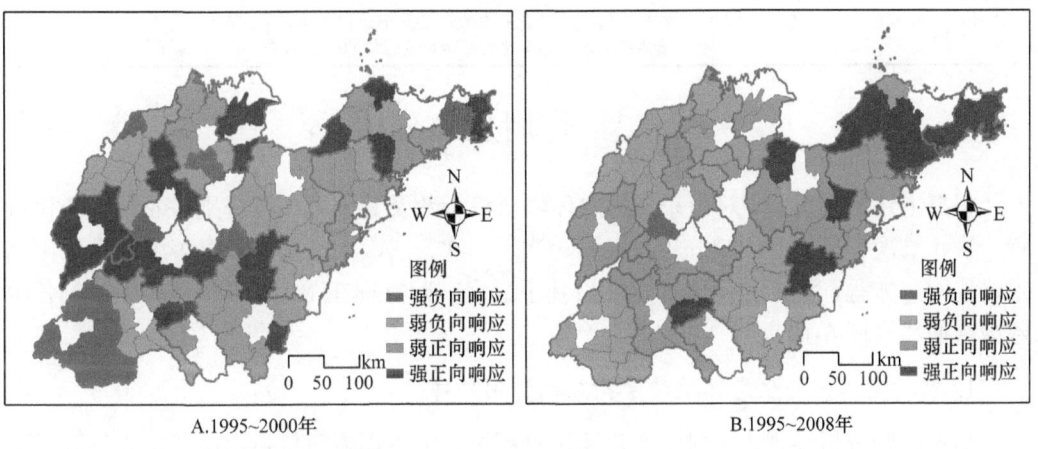

图 6-9 生态环境响应强度的空间差异

中分布在德州、潍坊等地级市，正向响应区域主要分布在临沂、聊城、济宁、青岛、烟台和威海地区。与 1995~2000 年时段相比，1995~2008 年山东省县域生态环境质量正向响应区域明显增多，集中分布在山东半岛及鲁西南平原区，鲁南及鲁西北地区生态环境质量呈现负向响应，即随着农村空心化程度的加剧，生态环境质量也在不断下降、恶化。

6.4 生态环境响应规律

6.4.1 研究假设与模型构建

基于已有研究对生态环境变化特征的刻画，本节选择三次多项式简化模型，采用时间序列数据，对农村空心化与生态环境响应指标及质量指数进行回归分析，判断响应规律。模型表达式为

$$Y_i = \alpha + \beta_1 X_i + \beta_2 X_i^2 + \beta_3 X_i^3 + \mu_i \tag{6-15}$$

式中，Y_i 表示第 i 年生态环境质量或各分项指标值；X 为第 i 年农村空心化程度；α、β_1、β_2、β_3 为待估参数；μ_i 为随机扰动项。根据 β_1、β_2、β_3 的取值，可以判断生态环境与农村空心化的关系和曲线类型（表 6-7）。

表 6-7 农村空心化与生态环境质量的曲线关系判定

序列	参数取值			关系判定	曲线类型
	β_1	β_2	β_3		
情景 1	0	0	0	无关系	—
情景 2	>(<)0	0	0	生态环境质量随农村空心化程度的提高而好转（恶化）	单调上升(下降)直线
情景 3	>0	<0	0	低度农村空心化阶段，生态环境质量随着空心化程度的提高而好转，高度空心化阶段，生态环境质量逐步恶化	倒 "U" 形
情景 4	<0	>0	0	生态环境质量随着空心化程度的提高逐步由恶化进入到好转	"U" 形
情景 5	≤(>)0	≤0	>0	农村由低度空心化向高度空心化演进过程中，生态环境质量呈现出先好转到恶化再到好转的变化趋势	"N" 形（峰谷形）
情景 6	<0	>0	<0	农村由低度空心化向高度空心化演进过程中，生态环境质量呈现出先恶化到好转再到恶化的变化趋势	反 "N" 形（谷峰形）

6.4.2 作用规律分析

根据上述回归模型，对山东省生态环境质量指数及其分项指标分别与农村空心化进行一次、二次、三次型回归分析，根据一次、二次、三次型回归系数显著度最高原则确定最优回归方程，判断作用规律，然后基于最优回归方程在 Matlab9.0 环境中绘制各函数拟合曲线（图 6-10）。

1. 农村空心化与生态环境质量指数的作用规律

通过回归分析发现，农村空心化演进过程中，生态环境质量指数呈现出先下降后上升的趋势，求解得出拐点在 HI=0.79 处。按照生命周期理论判断，在农村空心化从出现期向成长期和兴盛期发展过程中，乡村地域生态环境质量不断恶化；进入到稳定-衰退期，生态环境质量逐步进入到好转轨道。农村空心化与生态环境质量指数的作用规律符合情景 4 或 5。

2. 农村空心化与生态环境分项指标的作用规律

表 6-8 回归结果显示，农村空心化与耕地面积比例之间的关系基本符合情景 5。即农村由低度空心化向高度空心化演进过程中耕地面积比例呈现出先上升到下降再到上升的变化趋势。山东省农村空心化初期阶段耕地面积比例上升态势不明显。

人均耕地面积与农村空心化的回归结果显示，即随着农村空心化程度的提高，人均耕地面积呈现出先快速减少到平稳再进入到减少的过程，两者之间关系基本符合情景 4 或 6。

农村空心化与人均农村居民点面积、农田灌溉率之间的关系曲线类似，基本符合情景 5。即农村空心化初期阶段，人均农村居民点面积快速增长，农田灌溉率得到提高；

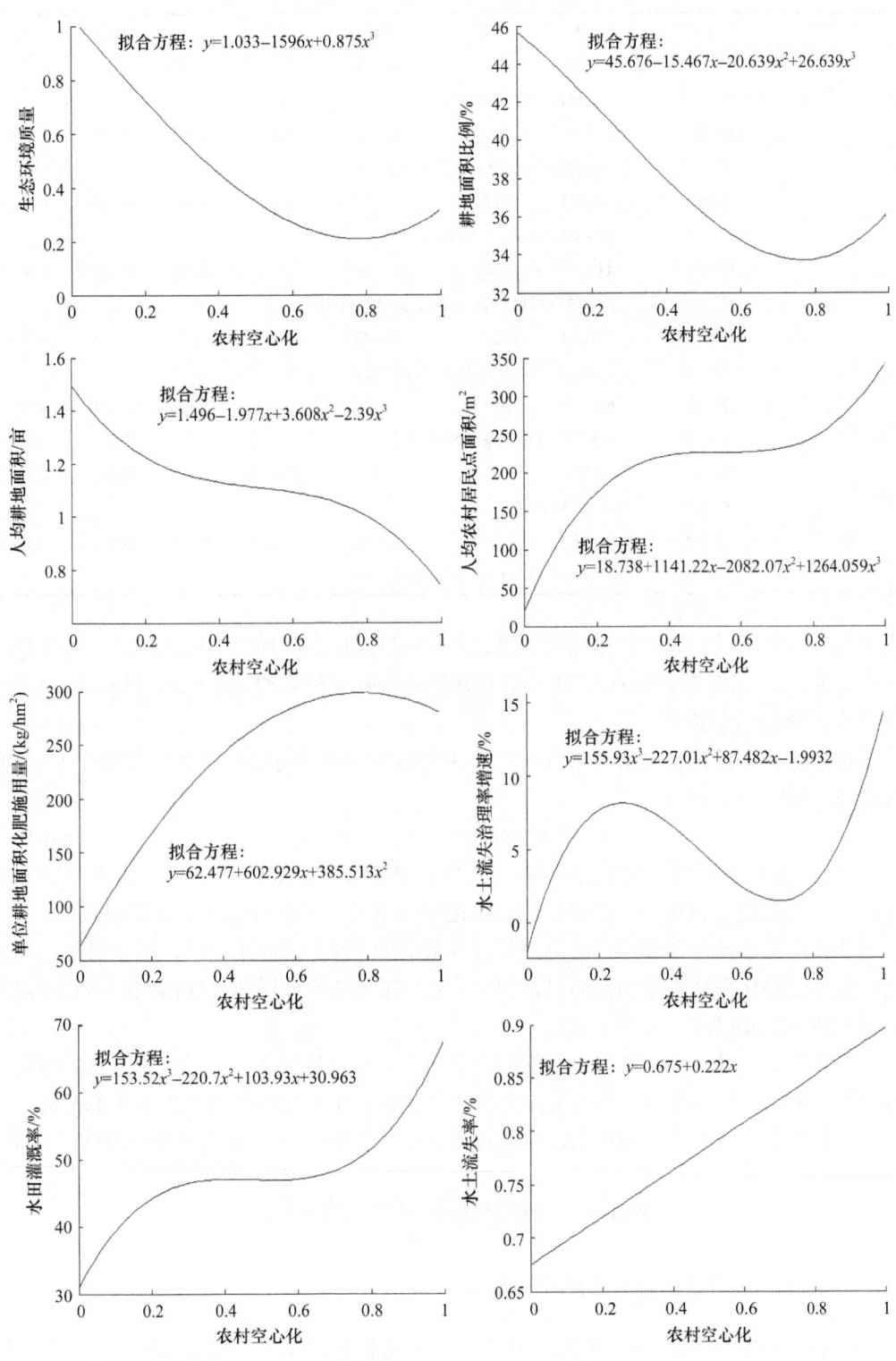

图 6-10　山东省农村空心化与生态环境的拟合曲线

表 6-8 农村空心化与生态环境质量指标的回归方程

变量	常数项	HI	HI^2	HI^3	t 值	R^2	D.W	P 值
REEQ$_2$	1.038	−1.596	0	0.875	29.001	0.973	0.958	0.000
	回归方程	$y=1.033-1.596x+0.875x^3$						
X_1	45.676	−15.467	−20.356	26.639	107.891	0.989	0.684	0.000
	回归方程	$y=45.676-15.467x-20.356x^2+26.639x^3$						
X_2	1.496	−1.977	3.608	−2.39	68.929	0.993	0.729	0.000
	回归方程	$y=1.496-1.977x+3.608x^2-2.39x^3$						
X_3	18.738	1141.22	−2082.07	1264.095	1.706	0.983	0.823	0.000
	回归方程	$y=18.738+1141.22x-2082.07x^2+1264.095x^3$						
X_7	30.963	103.93	−220.7	153.52	79.394	0.826	0.645	0.000
	回归方程	$y=30.963+103.93x-220.7x^2+153.52x^3$						
X_{16}	62.477	602.929	−385.513	0	3.945	0.979	2.121	0.000
	回归方程	$y=62.477+602.929x-385.513x^2$						
X_{17}	0.675	0.222	0	0	193.998	0.983	0.975	0.000
	回归方程	$y=0.675+0.222x$						
X_{20}	−1.9932	87.482	−227.01	155.93	13.664	0.825	0.956	0.000
	回归方程	$y=-1.9932+87.482x-227.01x^2+155.93x^3$						

在农村空心化的成长期和兴盛前期阶段，人均农村居民点面积和农田灌溉率维持平稳或有所下降；直到兴盛后期以后，人均农村居民点面积又进入快速扩张的阶段，农田灌溉水平也得到大幅度提高。

单位耕地面积化肥施用量与农村空心化之间存在显著的环境库兹涅茨倒"U"形曲线关系，其回归方程为

$$Y=62.477+602.929X-385.513X^2 \tag{6-16}$$

对式（6-16）进行一阶求导求解，可计算出倒"U"形曲线的转折点为 $X=0.78$，即农村空心化程度达到 0.78，单位耕地面积化肥施用量为 298.21kg/hm^2 出现拐点。

水土流失率治理与农村空心化之间存在显著的"N"形曲线关系，符合情景 5。农村由低度空心化向高度空心化演进过程中，水土流失率治理增速呈现出先好转到恶化再到好转的变化趋势。

回归分析发现，水土流失率与农村空心化之间存在线性关系，符合情景 2，即虽然水土流失率治理得到加强，但水土流失仍然随着农村空心化程度的提高而不断恶化。因此，农村空心化过程中，应该实施卓有成效的水土保持工作，避免不实用的形象工程。

6.4.3 响应规律的形成机制

1. 自然本底因素变化响应规律的解释

Granger 因果检验显示，耕地面积比例、人均耕地面积与农村空心化程度互为因果关系，即耕地资源禀赋特征对农村空心化的演进有着重要的推动作用，而农村空心化程

度的加剧也会对区域耕地资源变化产生影响。其主要原因是,一般情况下,耕地资源丰富的地区,农户集约利用耕地资源的意识不强,存在建设用地较为粗放;耕地资源相对匮乏的区域,农村集约利用资源的意识反而较强,村庄建设用地相对更为集约。已有不同角度的研究为上述判断提供了佐证(王介勇等,2013)。另外一方面,随着农村空心化程度的提高,大量耕地转化为农村宅基地,势必会造成耕地面积比例的降低和人均耕地面积的下降;后期通过政策制度等干预手段对宅基地扩张的遏制、整治,使得耕地面积比例略为上升,但人口的增长依然使得人均耕地面积呈下降趋势,而且随着农村人口向城镇迁移、常住人口减少,人均宅基地面积"被增大"。

2. 环境污染变化的解释

农业劳动生产率(Y/L)可以分解为土地/劳动比率(M/L)和土地产出率(Y/M)的综合(李谷成,2008)。农业劳动生产率与土地生产率的提高依赖于现代工业品如化肥、地膜等对农业劳动和土地投入的替代,而且这一趋势也将会在随着农业部门对农业现代工业品、机械化的依赖程度提高和对劳动力的依赖下降而稳定、延续。因此,以农村人口迁移和青壮年劳动力流失为特征的农村空心化演进过程,进一步导致了农业生产中劳动力、现代工业品等投入方式的变化,对于现代工业品如农业化学肥料的大规模使用,使得单位耕地面积化肥使用量随着农村空心化程度的提高不断增大,直至达到顶峰的 $298.21 kg/hm^2$,远高出国际公认的化肥施用安全上限 $225 kg/hm^2$。值得关注的是,农村空心化过程中,农田水利工程建设、中低产田改造、土地整治等工程的实施,以及机械化程度的提高,农田灌溉保证率得到显著提高。

3. 生态退化的解释

环渤海地区人口密度大,开发强度高。农村空心化出现期与成长期,农村劳动力较为充足,对农地的维护较好,水土流失较弱;到农村空心化兴盛期与稳定期,由于农村劳动力大量减少,以及农地的短期流转和比较收益低,农地疏于维护,以索取为主,加之前期不合理垦伐与建设,水土流失呈现出随着农村空心化程度的提高不断加剧的趋势。

6.5 本章小结

通过构建评价指标体系、数学模型等方法,采用土地利用数据和统计调查数据,首先对山东省农村空心化演进与生态环境变化的因果关系作出判别,然后进一步考察了生态环境响应强度和规律。

从时序变化上看,1988~2008 年山东省的农村空心化指数由 0.116 增长到 0.788,村庄空心化程度显著提高;农村空心化演进遵循 Logistic 过程,3 个特征点分别是 HI=0.26、HI=0.49、HI=0.72。时空尺度上,与 1996 年相比,2008 年山东省绝大部分县域空心化程度都呈现出不同程度的加重趋势,且进入到兴盛期阶段;低速增长区主要集中在鲁中南山地丘陵区和东部半岛,中速和快速增长区主要分布在鲁西北平原区。

在充分借鉴已有研究成果的基础上,构建农村生态环境综合评价指标体系和生态环境质量综合指数，分析发现研究时段内山东省农村地区生态环境质量不断降低，呈现出单调递减的指数函数规律。与 1995 年相比，2008 年负向强变化区域集中分布在鲁南丘陵区和鲁西北平原区；正向弱变化区域分布在黄河三角洲西区、山东半岛地区；正向强变化区域数量少。

采用平稳性检验、协整检验和 Granger 因果检验等方法分析得出，仅耕地面积比例、人均耕地面积、人均农村居民点面积、农田灌溉率、单位耕地面积化肥施用量、水土流失率和水土流失治理率增速 7 项指标是农村空心化过程中生态环境变化的效应因素。

1989~2008 年农村空心化对生态环境负向影响不断扩大，生态环境日益恶化。通过回归分析发现，农村空心化演进过程中，生态环境质量指数呈现出先下降后上升的趋势，耕地面积比例呈现出先上升到下降再到上升的变化趋势，人均耕地面积呈现出先快速减少到平稳再进入到减少的过程，人均农村居民点面积快速增长到维持平稳或有所下降又进入快速扩张的阶段，水土流失仍然随着农村空心化程度的提高而不断恶化，农田灌溉率得到提高然后维持平稳或有所下降又进入快速扩张的阶段，水土流失率治理增速呈现出先好转到恶化再到好转的变化趋势，单位耕地面积化肥施用量与农村空心化之间存在显著的环境库兹涅茨倒"U"形曲线关系。

第7章 我国典型地区村域空心化过程的资源环境效应

鉴于村镇资源环境质量等基础数据的缺乏，村域微观尺度上农村空心化演进的部分资源环境问题较难利用统计数据进行有效分析。为此，本章通过对典型区域进行实地调研，弥补村域微观尺度上研究的不足。首先对典型县与案例村的选取及基本概况作出说明，然后基于访谈及调查问卷结果，分析了农村空心化进程中居民对资源环境变化感知的变化，以及案例村农村空心化过程中的资源环境问题，最后总结归纳出村域空心村演进规律及各阶段主导的资源环境问题。

7.1 典型区域选取及其基本特征

7.1.1 典型县及案例村的甄选

综合上述章节的分析可以看出，山东省境内农村空心化程度差异明显。一方面随着社会经济的发展，人口快速非农化导致区域农村空心化问题严重，另一方面，由于新农村建设的持续推进，社区化建设初显成效，农村空心化进入衰退阶段。新时期，乡村地域系统在发展过程中不断发生转变，桓台县是其中的典型代表。

改革开放前，桓台县是山东省有名的农业大县，农业经济发达。20 世纪 80 年代开始，乡镇企业开始发展，2005 年桓台县非农产业逐步成为县域经济的主体，这也极大地促进了乡村地域发展转型，农村地区城镇化水平不断提高是其重要表现。目前，桓台县已经发展成为山东省的工业大县、经济大县，多次被评为全国百强县。

中国科学院地理资源研究所区域农业与农村发展研究中心在 2009 年对桓台县进行了大规模普查性的调研，随后几年，课题组一直对该县进行跟踪调研，积累了丰富、详实的一手数据与资料。此外，课题组还购买了县重点区域的高分辨影像数据，这为初步分析桓台县农村空心化演变等问题提供了数据支撑。2012 年 11 月王国刚与课题组成员再次前往桓台县，通过座谈、深度访谈和问卷调查等形式，对李贾村、北三村、黄佳村、祁家村、宫家村、后金村 6 个典型村进行了实地调研与考察，本次调研访谈约 180 人次，获取 67 份农户问卷，有效问卷 62 份，问卷有效率 92.5%，进一步为组织本章节内容奠定了坚实的写作基础。最终甄选李贾村、北三村、黄佳村三个村庄为代表，重点剖析农村空心化演进过程，及各阶段主导的资源环境问题。

7.1.2 典型县的社会经济发展概况

桓台县地处鲁中山区和鲁北平原的结合地带，位于淄博市北部，辖 1 个街道办事处和 11 个镇，共 343 个行政村。全县土地总面积 509.1km^2，南北相距 26.5km，东西延伸 31.5km。气候属北温带大陆性季风气候，年平均降水 586.4mm；地势由西南向东北倾斜，起伏不大，属堆积地貌，土壤以褐土为主；境内河流多属雨源型河流，水资源相对较丰富。

桓台县是黄淮海平原农业综合开发项目区，我国江北地区第一个"吨粮县"，山东省商品粮基地，1993 年，被国务院列为"国家级高产优质高效生态农业综合试验示范区"，1996 年建成小麦千斤县，2002 年以来，粮食生产实现"十二连丰"，小麦平均单产 514kg，连续 4 年全省第一；玉米平均单产 583kg，高产攻关田单产首次突破 1000kg，达到 1020.6kg。近年来，全县上下紧紧围绕城乡统筹、建设经济文化可持续发展示范县，规划建设"一个中心四个片区"，集中发展六大特色产业集群，加快推进转方式、调结构，统筹城乡一体化发展，经济社会实现又好又快发展，连续七届跻身全国百强县。2014 全县总人口达 50.1 万，农民人均纯收入达到 16 846 元。

从桓台县土地利用结构看，耕地面积 29 628hm^2，林地面积 3272hm^2；建设用地总面积 13 453hm^2，其中居民点工矿面积 11 907hm^2，占土地总面积的 22.9%。居民点工矿中，建制镇面积 2812hm^2，占全县土地总面积 5.4%；农村居民点面积 5552hm^2，占全县土地总面积的 10.6%；独立工矿用地面积 3454hm^2，占总面积的 6.6%。桓台县土地利用空间分布如图 7-1 所示。

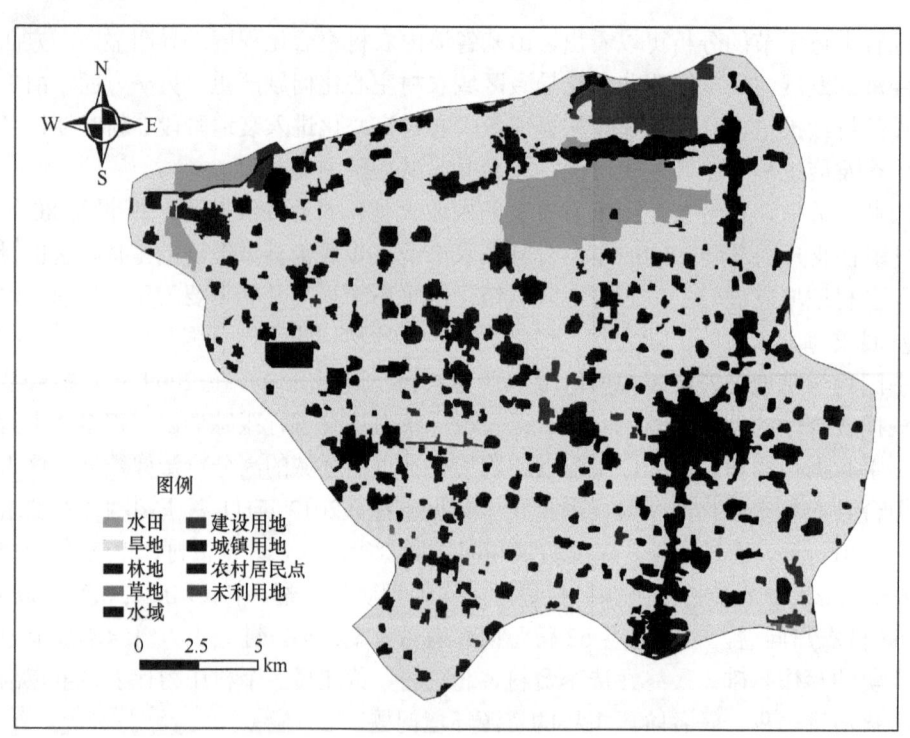

图 7-1　桓台县土地利用类型的空间分布

根据桓台县国土资源局数据显示，2005 年全县闲置土地和空闲宅基地面积 721.59hm^2，占农村居民点面积的 13.6%。人均农村居民点用地面积超标，建筑布局混乱、层次单一，土地利用效率低，且人居环境较差。为此，全县制定了农村居民点整理项目规划,积极推进新农村建设,改善居民生活环境。拟到 2020 年,全县农村居民点整理项目区 192 个,农村居民点拆旧总面积 387.71hm², 拆迁 67 521 户,整理为农用地面积 2878.78hm², 其中耕地 2696.94hm²[①]。

7.1.3 案例村的基本概况

7.1.3.1 李贾村

李贾村地处桓台县与临淄区的交界处,是桓台县索镇镇比较偏远的村庄,距县城 15km,交通较为闭塞,经济发展落后。2011 年全村户籍人口 1440 人,426 户,其中常住人口 873 人,人口空心化问题严重。全村耕地面积 1600 亩,人均 1.1 亩,户均 1 块,耕种人员年龄在 60 岁以上。近年来,随着周边地区化工企业的建设,村内外环境日益恶化(图 7-2)。但由于村民存在较大分歧,启动资金较难筹集,新村建设一直未开展。

A.空置房屋　　　　　　　　B.废弃老宅

C.废水污染　　　　　　　　D.垃圾堆积

图 7-2　李贾村废弃与空置房屋

7.1.3.2 北三村

北三村隶属桓台县马桥镇,距县城、镇中心分别为 35km、5km。2011 年全村 1130 人,353 户。全村共有 2600 亩耕地,人均耕地 2.3 亩,户均 1 块耕地。通过土地流转后现已种植 1900 亩速成杨,剩余 700 亩农户自种小麦与玉米。全村 2005 年开始自发性搬迁,到 2007~2008 年开始大规模搬迁,历时 4 年,复垦原宅基地 300 亩,新建小区占地 86.7 亩,增加耕地 213.3 亩。新建社区配套设施齐全,70 岁以上可免费入住敬老院,

---

① 资料来源:《桓台县城乡建设用地增减挂钩规划(2006-2020 年)》。

居民生活环境有了极大改善（图 7-3）。

A.旧房拆迁

B.旧村复垦

C.农村新社区

D.北三村养老院

图 7-3 北三村旧村改造与新社区建设

7.1.3.3 黄佳村

黄佳村隶属桓台县唐山镇，距县城 7 km。2011 年全村共 1178 人，380 户，耕地面积 1935 亩，人均 1.7 亩，户均 2 块。近年来，随着周边造纸厂、电厂、电机厂、塑料厂等乡镇企业的发展，极大带动了农村劳动力的就业。目前，黄佳村民进企业工作人员较多，人均月收入 2000～3000 元；而从事农业生产的主要是 50 岁以上人员，农业劳动力老弱化问题突出。村内土地流转给种粮大户的，租金以每亩 600 斤[①]小麦为约。到 2011 年，农民人均纯收入 14 000 元，远高于全省人均 8342 元的平均水平（图 7-4）。

A.黄家佳园

B.社区楼房

图 7-4 黄佳村社区新民居

---

① 1 斤=500g。

7.2 农村居民感知视角下空心化对资源环境变化的影响识别

感知是居民对居住空间的物质和社会文化环境改变的认知。农村居民是农村社会经济发展的主体,对所生活的村庄有着较强的地方依赖,地方感较强。因此,农村居民对空心化过程中资源环境变化有着较清楚的认识和把握。

7.2.1 调研方法

研究采用问卷调查与座谈访谈相结合的方法。首先在参考大量文献、借鉴相关领域已有研究成果的基础上完成问卷设计初稿,然后进行为期 4 天的预调研,根据实际中遇到的问题对问卷进行修改与完善,确定最终调研问卷。问卷内容主要包括:①受访居民的基本特征,如性别、年龄、文化程度、职业及收入水平等;②受访居民对农村空心化过程中资源环境变化的感知维度指标,主要涉及土地利用、大气质量、水资源利用、基础设施建设、农业生产投入、水土流失、农田灌溉率等几个方面。调查时按村庄随机抽取调查对象,以入户调查为主。虽然入户调查的困难比较大,但是与集中发放、填写问卷相比,问卷有效可信性程度更高,且能得到较多的其他辅助性信息。

初步分析发现,受访样本以男性为主,占样本总数的 59.86%;年龄以 40 岁以上的中老年为主,占样本的 72.17%;文化水平以初中、高中或中专为主,占到样本总数的 80.09%;职业以农民为主体;户均人口数超过 3 人,有兼职人员的户数占样本数的 65.32%;户均 1 人从事农业生产的比例高达 68.49%(表 7-1)。

表 7-1 样本基本情况统计表

属性特征	类别	比例/%	属性特征	类别	比例/%
性别	男	59.86	年龄	≤30 岁	12.76
	女	40.14		31~40 岁	15.07
文化程度	小学及以下	8.95		41~50 岁	19.18
	初中	59.54		51~60 岁	28.77
	高中或中专	20.55		≥61 岁	24.22
	大专及以上	10.96	户均兼职人员	无	34.68
职业	农民	70.55		1 人	33.29
	教师	6.85		2 人	23.81
	村镇干部	15.07		3 人及以上	8.22
	其他职业	7.53	户均农业生产人数	无	1.37
户均人口数	2 人及以下	21.92		1 人	68.49
	3~5 人	69.86		2 人	30.14
	6 人及以上	8.22		3 人及以上	0.00

座谈访谈法采用三种方式:①与县主管部门领导座谈,全面了解县农村空心化过程,并选取典型乡镇和村庄;②与典型乡镇及村干部座谈,深入了解农村发展历程及各阶段的主要资源环境问题;③与村庄居民访谈,深入调研居民对农村空心化过程中资源环境

变化的感知。

7.2.2 居民感知过程及总体情况

通过调研与访谈发现，村镇空心化过程中居民对资源环境变化的过程、强度以及变化原因的感知比较一致。

7.2.2.1 资源环境变化过程分析

居民对资源环境变化过程的感知具有动态性。通过我们调研人员对农村空心化发展的四阶段讲解，居民通俗地将其按照自己的语言划分为"早些时候、九几年、前几年、现在"4个阶段，各阶段的资源与环境问题差异明显。

1. 出现期

居民反映宅基地一户一宅为主，房屋坯房居多、砖混结构房屋很少，几代人居住在一起的现象较为普遍；村庄交通条件较差，文化娱乐设施全无，但外部环境条件还不错，大气、水质量好；劳动力较多，砍伐林地转为耕地，耕地利用充分，"庄稼荒了都有人背后说，更不用说撂荒了"；农地资源维护得较好，水土流失较轻；农业生产机械化程度低，人力、农家肥投入多，但农田灌溉率较低。

2. 成长期

这一阶段"分家分得厉害，新建房屋逐渐增多，很多老房子开始没人居住了"；村庄交通条件有所改善，但是改变不大，文化娱乐设施少；村内垃圾开始多起来，但大气、水质量好；大量劳动力开始外出务工，耕地利用强度比上一时期减弱，部分耕地开始被撂荒；农地维护较差，水土流失严重；农业生产机械化程度、农田灌溉率提高，人力、农家肥投入大幅度减少，化肥、农药、农膜普遍使用。

3. 兴盛-稳定期

老房子基本上没有人居住，或者翻新为新房子，但是由于年轻人常年在外务工，空置、闲置严重；村庄交通等基础设施建设有所改观，但村内垃圾越来越多，大气质量较好，但是水质变坏；随着整家外出务工，耕地短期转租现象频频出现，基本上没有被撂荒的耕地；农地维护较差，水土流失严重；农业生产机械化程度、农田灌溉率进一步提高，人力、农家肥投入大幅度减少，化肥、农药、农膜大量使用。

4. 衰退期

通过农村社区规划与建设，居民实现了集中居住，农村居民点用地减少，耕地面积增加；村庄交通等基础设施较为完备，村内有垃圾统一投放点，居民生活环境得到极大改善；周边乡镇企业的发展，吸引了一批劳动力，但也造成了村庄大气质量变差，水资源污染；耕地转租已成为常态，没有被撂荒的耕地，但农地维护依然较差，水土流失较严重；农业生产机械化程度、农田灌溉率大幅度提高，人力、农家肥投入进一步减少，化肥、农药、农膜大量使用。

7.2.2.2 资源环境变化的感知强度

根据居民对资源环境变化过程的感知因素，可以将其划分为自然资源利用、居民生活环境、生产生态环境三个感知维度。基于居民对各感知因素变化的强烈程度，采用 Likert 5 级量表方法进行赋值，最终量化求解各阶段的三个感知维度得分（图 7-5）。

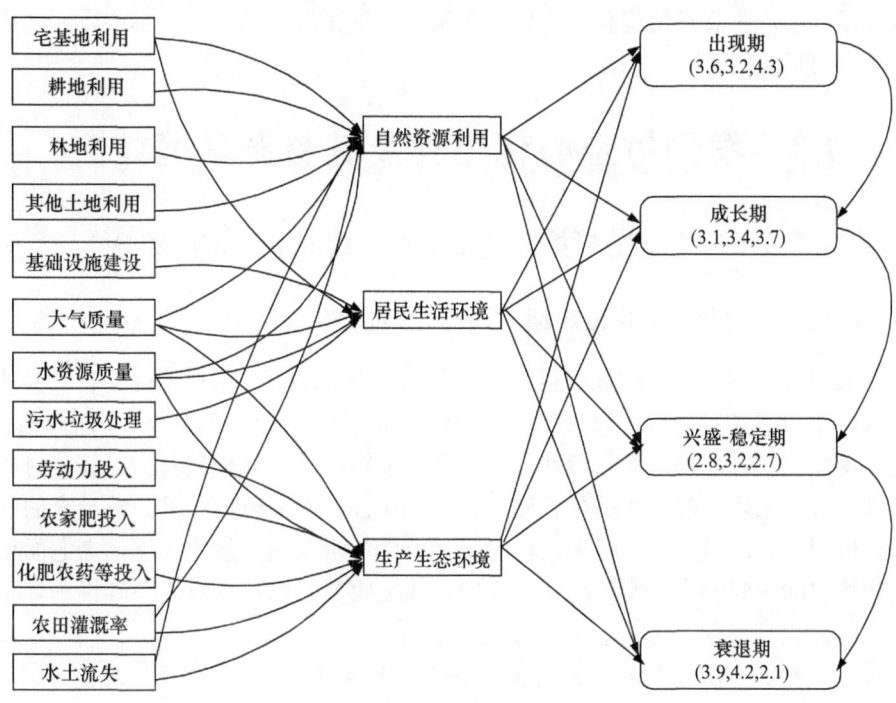

图 7-5 居民对资源环境变化过程的感知及得分

从三个感知维度在不同农村空心化阶段的得分看（图 7-6），生产生态环境得分不断

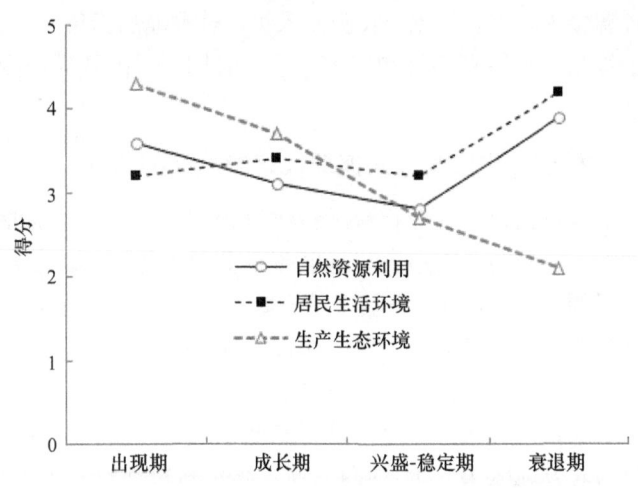

图 7-6 不同农村空心化阶段感知维度得分变化

减少,下降趋势明显,说明农村地区生产生态环境不断恶化;自然资源利用在农村空心化的三个阶段不断下降,但进入衰退期有着明显的回升态势;居民生活环境变化较为反复,与自然资源利用维度类似,通过新农村建设,得到较大幅度的提高。

值得注意的是,通过量化分析可以较为明确地得出生产生态环境的剧烈变化,但实地调研过程中,农村居民更多地对生活环境变化感知强烈,而对生产生态环境感知最弱,自然资源利用次之。由此看来,加强相关知识的宣传与讲解,让农村居民意识到自然资源低效利用、生产生态环境退化的危害,积极主动地采取行动,切实实现资源的优化配置和生态环境的良性循环。

7.3 案例村空心化过程及其资源环境效应

7.3.1 李贾村空心化过程及其资源环境效应

7.3.1.1 阶段一:农村空心化出现期(1978~1993年)

随着农村经济体制改革的逐步推进,农业生产发展迅速。据村干部和村民介绍,实行家庭联产承包责任制以后,村民生产积极性高涨,李贾村的粮食生产不断创出新高,温饱已经不成问题。此外,部分劳动力跟随其他乡镇的建筑队外出打工。部分村民根据需求,对原有的土坯房翻新或另外新建砖混结构房屋。老宅破败严重导致废弃的现象开始出现。值得注意的是,这一时期农村宅基地审批标准未定,规定不严,老宅面积普遍较大,户均 300~500m² 不等,废弃一宅周边环境明显恶化;且村内基础设施基本上没有投资,村民出行不便,公共服务设施发展落后。

本阶段,村民经济收入单一、生活水平低,物质消费落后,生活垃圾简单易处理;另外一方面,虽然部分区域出现废弃房屋,景观破败,但土地空心化问题不严重,加上邻里关系淳朴和睦,人文环境和生活环境质量较好;村民日常能源消费以作物秸秆为主,"家家生火,户户冒烟",对大气环境造成一定的污染。在农业生产方面,劳动力、畜力、有机肥等可更新资源投入较多,化肥、农药投入少,对农地的污染小;农地多为望天田,农业用水对地下水等基本上没有污染和影响。这一时期,村内及周边没有乡镇企业,不存在工业污染问题。

7.3.1.2 阶段二:农村空心化成长—兴盛期(1993~2004年)

我国东部沿海地区城镇化、工业化快速推进过程中,工业、建筑业等行业提供了大量的就业岗位,这极大地带动了腹地农村地区剩余劳动力的转移。改革开放初期在外出务工村民的带动和引领下,李贾村越来越多的青壮年劳动力走出村庄,从事非农业生产。到 20 世纪 90 年代初期,约有 20%的农村劳动力选择外出务工,进入 21 世纪后,比例增加到 40%左右。

农业技术的进步及推广应用,一方面使得农业生产能力大大增强,粮食产量不断攀高。桓台县成为我国北方地区第一个"吨粮县",李贾村耕地也实现了"双千斤",即玉米打粮 1000 斤、小麦打粮 1000 斤,农民农业收入不断增加。另一方面,新技术的应用提高了农业劳动生产率，农村劳力进一步从农业生产中获得解放，越来越多的人加入到外出务工行列从事非农活动。此外，随着乡镇企业在周边的发展，为农村劳动力非农就业提供了便利，"年轻人白天到工厂上班，晚上回农村家中休息，老年人从事农业生产，看管第三代"的家庭分工形式逐步确立。

随着家庭总收入的大幅度提高，老宅的进一步破败，村民建新房等改善生活条件的要求日趋强烈；而且20世纪70年代生育高峰期人口到了"谈婚论嫁"年龄，另择宅基地建新房成为助推农村居民点扩张的重要原因。本阶段，农村建新房热情高涨，农村居民点不断向村外扩张占用耕地，村内老房屋由于区位差，逐渐闲置、倒塌，散乱在村内，周边居民生活环境恶化程度加剧；煤炭、燃气、电力逐步成为村民的日常能源消费，由燃烧作物秸秆造成的大气污染得到减轻；农村道路及公共服务设施投入的加大，很大程度上改善了村民的出行与健身娱乐条件；但村内缺少垃圾收集及处理设施，村内垃圾遍地分散，部分废弃老宅、坑塘成为村民公用垃圾箱。农业生产方面，青壮年劳动力的流失，使得劳动主体老弱化，曾出现过部分耕地被撂荒的现象；劳动力、畜力、有机肥等可更新资源投入迅速减少，化肥、农药等农用化学品投入急剧增多，农地污染不断加重；农用井等农田水利设施得到改善，农业用水对地下水等基本上没有污染和影响。村周边出现几家乡镇企业，工厂废气排放影响到村民生活。按照村民说法，每到夏天，村里味道大的没法住，甚至有5户因此搬到城里居住。

7.3.1.3 阶段三：农村空心化稳定期（2005年至今）

自2005年以来，随着国家新农村建设战略的提出，桓台县有关部门配套出台了一系列文件进行宣传，这一阶段村民未出现房屋翻新和新建，农村居民点没有向外扩张。但这一时期县内乡镇企业蓬勃发展，李贾村青壮年劳动力几乎全部进入到工厂上班，非农收入成为家庭收入的主要来源，而农业生产劳动主体老弱化进一步凸显；作物种植仍以小麦、玉米为主，小麦自用，玉米出售。

本阶段，乡镇企业在带动非农就业的同时，给周边区域的大气和水环境造成了严重污染，李贾村因为污染问题，已经搬迁入城40余家（图7-7）。由于该村新农村建设推进缓慢，至今公共设施与上一阶段没有太大变化，尤其是垃圾、废水处理设施缺乏，村庄生产生活垃圾遍地，废水横流；近年来，部分村民进行了畜牧散养，牛羊等多栓在大门外养殖，且杂物随意堆放，造成农村道路整洁度大大降低，居民生活环境不断恶化。农业生产投入延续了上一阶段的省工性劳动大量投入的特点，农地污染仍在延续。

7.3.2 北三村空心化过程及其资源环境效应

7.3.2.1 阶段一：农村空心化出现—成长期（1978~1992年）

北三村耕地资源较为丰富，在包产到户和农业技术进步的综合推动下，农业产出明显增加。此外，桓台县作为有名的建筑之乡，北三村在这一时期已经有25%左右的农村劳动力开始外出打工，这在全县已算是较高的比例。村民初期在外主要从事"建筑小工"的行业，收入远超在家务农收入。根据村民回忆，"率先外出从事建筑行业的村民都已经富裕起来,从打小工到包工头,到项目经理,部分农户已经搬进县城居住或到其他城市生活"。与李贾村不同,本村居民都有建房的"手艺",按照村民的说法,"几家联合起来,建房的工种都有了,相互帮衬,用不了多少时间房子就建好了,还花不多少钱",因此,这一时期北三村农村居民点已经开始建设大量的新房和快速地扩张,有70多亩耕地被占用。本阶段北三村农村土地、人口空心化程度低,但产业与基础设施空心化程度高;北三村主要资源环境问题与李贾村阶段一时期较为相似,有所不同的是,居民生活环境、农业生产环境恶化得更为严重,农村居民点扩张速度快,大量耕地被占用。

7.3.2.2 阶段二:农村空心化兴盛期(1993~2002年)

外出务工既开眼界又有高收入,与农业生产比较效益低形成鲜明对比。外出务工逐渐冠以"时髦"和"有能耐"的称谓,北三村越来越多的青壮年加入到这一"时髦"行列,带来的主要效应有:①村民收入水平不断提高,带动了村经济的发展;②村民开始追求更高层次的物质与精神生活品质,翻新与新建房屋进入兴盛期,新占耕地有110多亩。此外,这一阶段曾出现劳动力过度转移,部分耕地一度被撂荒无人耕种,耕地利用效率低。由于缺少资金投入,村内基础设施建设依旧严重滞后。产业发展方面,本村内虽然没有企业入驻,但周边企业开始进入良性发展。

本阶段,居民生活环境可以用村民的形象描述作为概括:"屋内现代化、屋外脏乱差,垃圾靠风刮、污水靠蒸发,门外栓牛羊、门内是装潢;"且据村民介绍,"每到下雨天道路泥泞不堪,公共娱乐与服务设施一点没有"。土地利用方面新建宅基地向村外扩张,占用耕地,大量老宅被废弃、闲置,出现部分耕地被撂荒的现象,土地利用效率低。农业生产过程中,与前一阶段相比,可更新资源投入迅速减少,化肥、农药等农用化学品投入增多,农田设施资金投入少,耕地生产力出现损伤。

7.3.2.3 阶段三:农村空心化衰退期与新农村建设(2003年至今)

随着农户收入水平的提高,旧村改造具备了经济基础条件,时机逐步成熟。进入到2003年,村委会开始谋划新村建设,提出了初步规划设想。村民自家居住条件普遍较好,且有了一笔不小的投入,搬迁新宅虽然生活环境等条件极大改善,但是仍然投入大量资金,国家与地方政府缺少政策支持,村民意愿难以达成一致,计划一度搁浅。2005年新农村建设上升为国家战略,村委会抓住这一历史机遇,首先配合乡镇政府,对村庄进行了统一规划与部署,多次召开村民大会,讲解宣传新农村建设的政策,并就村庄选址、户型等问题征求意见。经过多方努力,2006年部分村民逐步开始自发性搬迁,2007~2008年全村进入大规模搬迁,到2010年全村基本上完成搬迁,目前仅剩下7户没有搬迁,村委会正在积极协商,寻求解决方法与方案。

本阶段,通过旧村改造和新农村建设,北三村农村空心化问题进入衰退期,主要的资源环境效应表现为,①土地利用效率提高。针对村庄大量宅基地废弃、土地浪费严重的问题,马桥镇在统一规划的基础上,将北一村、北二村与北三村三个村庄合并为一个北村社区。通过村庄整治、土地复垦等工程措施,北三村部分宅基地转变为耕地,耕地面积增加了213.3亩,存量土地得以盘活;在村民自愿转包等土地流转形式下,目前村庄已形成1900亩规模化种植的速成杨，其他近700亩耕地由农户自己经营，多种植小麦、玉米，土地利用效率显著提高。②人居环境改善，生活质量得到大幅度提升。旧房作价后，户均再投资几万元住进统一规划建设的小区，小区内娱乐设施、供水设施等一应俱全，实现了"七通"；村庄绿化美化、道路硬化，集中居住后，人口规模大，为集中供暖、卫生设施配套、大型商场超市建设等提供了条件，村民生活与城市市民生活无异；垃圾统一收集，污水排放集中处理，垃圾遍地、污水横流成为过去式，村民人居环境极大改善。③农业生产方面，据村民介绍，由于土地流转后，农户自身种植的耕地较少，且生产多为自食自用，农药、化肥和农膜等农业化学品基本上不用，不在乎耕地产量多少，这对农地修复和地力保持起到了积极的作用。

7.3.3　黄佳村空心化过程及其资源环境效应

7.3.3.1　阶段一：农村空心化出现期（1978～1989年）

黄佳村宅基地审批标准是每户15m×15m，一户一宅贯彻较好，一户多宅主要是由世代传承所致，多被空置废弃；此外旧村庄发展较为混乱，村边、路边、房前、屋后、废弃坑塘等边角地较多，土地空心化问题开始出现。本阶段虽然部分劳动力也组建建筑队外出打工，但随着包产到户土地改革的实施，农户农业生产热情高涨，农用地利用效率得到大幅度提升。与李贾村不同的是，黄佳村相对区位较好，村内基础设施虽然缺失必要的投资和维护，但基本上能够满足村民出行的需要，公共服务设施发展相对较好；与李贾村相同的是，村内及周边缺少必要的产业支撑，农村产业空心化问题严重。

本阶段黄佳村农村空心化引起的资源环境效应与李贾村同期问题相似。

7.3.3.2　阶段二：农村空心化成长—兴盛期（1990～2004年）

1990年以后，黄佳村宅基地扩展较快，其主要原因是大量农村劳动力外出务工，平均每户有1个劳动力，这一方面使得农业劳动力投入较少，替代性农资投入加大；另一方面农户经济收入大幅度增长，建房经济能力不断增强。与此相对，由于相比之下房屋等建材较为便宜，且随着中国现代化家庭由四世同堂的大家庭分家成一对夫妻主导的小家庭的趋势演变的刺激，申请宅基地、另建新房意愿强烈，这共同导致了村庄宅基地的快速扩张。到2005年，村庄居民点用地新增150余亩。

本阶段，黄佳村内空置房屋和翻新房屋交织在一起，造成村庄景观破坏和土地资源的浪费。但与其他两个村庄不同的是，由于黄佳村是乡镇驻地，交通道路实现了硬化，其他基础设施也配有相关投资，村民生活的外部环境与上一阶段相比有所改善。其他资源环境效应与北三村同时期相类似。

7.3.3.3　阶段三：新农村建设带动村庄发展转型期（2005年至今）

国家提出建设新农村以后，黄佳村率先对村庄的环境进行治理，生活环境得以好转；2008年开始，在村民自愿、村民参与的条件下，通过房屋补偿标准作价农户住宅、新村建设规划与工程实施、旧村复垦还田等工作步骤，黄佳村全面实施了旧村改造和新村社区建设。其中房屋补偿标准，旧房按照房屋优劣等级划分为 4 级补偿标准：一级如钢筋混凝土结构的房屋按 360 元/m² 的标准补偿；二级如砖混结构房屋按照 320 元/m² 的标准补偿；三级是指除一、二、四级其他类型的房屋按 300 元/m² 的标准补偿；四级如土坯房房屋按 180 元/m² 的标准补偿；院落统一按照 10 元/m² 的标准补偿。旧村复垦还田 340 亩，原有宅基地占地面积由 450 亩缩减为 100 亩。

本阶段，无论是自 2006 年开始实行垃圾集中处理还是农村社区化建成后，村庄整治度明显提升，垃圾飞舞的场面不再出现，村庄面貌焕然一新。村庄通过土地功能分区，住宅用地实现了较高程度的集中居住，节约了大量土地，用以农业生产；农业生产用地利用方面，种田大户通过承包部分农户的土地，实现了农业生产的规模化经营，土地利用效益明显提高；村委会有意将节余出的土地实行村民入股等形式，交由专业合作组织经营，以保障村民收益。

7.4 村域农村空心化过程及其资源环境效应比较

7.4.1 案例区农村空心化演进过程

由于区域内村庄较多，且影响村庄发展的因素具有明显的差异，导致村庄空心化演化路径和状态各异，时间点难以精确刻画，但借助农村空心化演进的生命周期理论，可将案例村的发展历程划分为 4 个阶段。图 7-7 是桓台县李贾村居民点变化过程。

（1）1978 年至 20 世纪 80 年代中期为农村空心化出现阶段。该阶段案例村凭借丰富的耕地资源，农业生产连获丰收，且桓台县是有名的建筑之乡，小部分农民外出从事建筑工作，家庭开始出现非农收入，总收入水平有所提高，逐步具备更新住宅的能力。这一时期，农村住宅以老宅翻新为主、村外新建为辅。乡村产业发展以面粉加工、砖瓦建材生产为主，发展滞后；村庄农田水利、交通道路等基础设施建设落后，图书室、文化站、健身场所等文体设施几乎没有，垃圾房缺失，垃圾随意丢弃。

（2）20 世纪 80 年代中期至 90 年代中期，农村空心化进入快速成长阶段。在以农村家庭联产承包责任制为标志的农村土地制度改革、农村市场改革推动下，生产力获得极大解放，调动了农民生产积极性，农村农业生产能力进一步提升，农民收入稳步提高。此外，农村劳动力外出务工收入成为重要增收方式。该阶段农村居民点以向村外扩张为主，大量占用耕地；村内基础设施依旧缺失，内部环境进一步恶化；乡村产业仍以低端产业为主，规模小，效益低，就业吸纳能力弱；化肥、农药等省工性资本投入加大。

（3）20 世纪 90 年代中期至 2004 年，县内造纸厂、电厂、电机厂、塑料厂等乡镇企业的发展，极大带动了农村劳动力的就业，农户非农产业收入进一步增加，且随着农民意识的不断提高，农户对生活环境要求不断提高，加之 70 年代中后期和 80 年代初期新生代进入婚嫁年龄，掀起了新一轮新房建设高潮。该阶段农村宅基地审批虽已基本进入正规，但"刚性需求"促使农村居民点急剧扩张，不断占用耕地；农村基础设施建设略有改观，但依旧较为落后；反而乡镇企业的发展与监管缺失使得区域水质和空气污染加剧。

(4) 2004 年以来，随着"三农"问题的提出、全国范围免除农业税、建设社会主义新农村、连续 12 年"中央一号"文件聚焦农村建设等政策制度的驱动下，桓台县农村地区也获得了较快的发展；其中乡镇企业的蓬勃发展，吸纳了较多农村剩余劳动力，农民非农业收入成为农户收入主导，这一时期农村地区空心化进入衰退转型阶段。该阶段由于农村地区严格审批宅基地，居民点扩张不明显；农业生产中劳动替代性资本投入较大，土地流转速度加快；乡镇企业发展虽极大提高了农户收入水平，但对农村地区的污染也不断加剧。

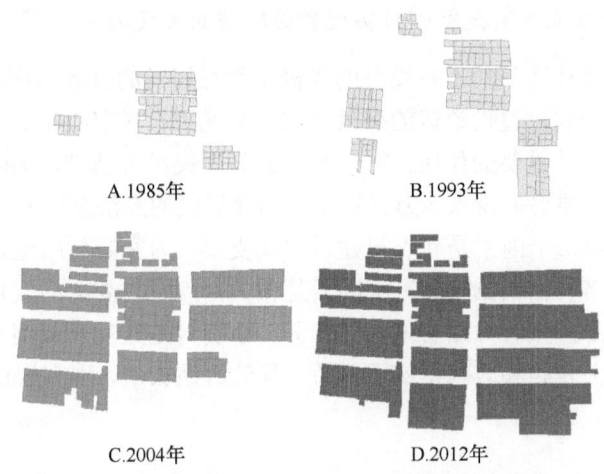

图 7-7 桓台县李贾村居民点变化过程示意图

7.4.2 村域空心化演进规律及启示

通过对桓台县典型村庄的农村空心化演进过程的剖析，可以得出以下启示与结论。

1. 村域空心化演进规律存在跳跃性

影响农村空心化演进的因素复杂多样，村域小尺度上其演进过程极易受外力影响，呈现出跳跃式演化及反复回旋性。具体来说表现为有时跨越某个阶段直接进入另一阶段，或表现为阶段之间界限较为模糊，如李贾村，由出现阶段直接进入到成长—兴盛阶段；黄佳村由兴盛—稳定阶段跳过衰退阶段直接进入到转型发展阶段。

2. 人口空心化与农村经济社会发展程度密切相关

改革开放以来，首先是家庭联产承包责任制促进了农民生产积极性，传统农区生产力得到极大的释放，农村地区获得了一次较大的推动力；我国城镇化的快速推进，对农村劳动力转移的带动作用逐渐增强，劳动力转移规模与比例不断增大，农民收入水平大幅度提高。

3. 土地空心化问题时序变化特征明显

整体上看，1982 年以前山东省普遍存在村镇建房乱占滥用耕地、布局混乱、无序发展的局面，因此可以将这一时期的村庄格局看作为现代村庄的雏形。随后，山东省人民政府出台的《关于贯彻执行国务院<村镇建房用地管理条例>的通知》，一定程度上稳定与遏制了村庄建设用地的混乱发展局势。但随着改革开放发展成效的显现，1985年开始农业劳动力不断外出务工，收入增加，到1990~1998年，60年代、70年代生育高峰人口进入婚嫁阶段，且大户变小户盛行，农村居民点迎来了新一轮的扩展。进入到21世纪，老一辈人员去世留下旧宅，新一代农村劳动力大量外出务工，且伴随着大量人员入住城市，造成农村地区宅基地废弃、闲置问题严重。

4. 经济基础和政策落实是空心村实现衰退转型的突变力

空心村建设为新社区归功于村委会的积极工作与居民的有效响应，但实质是在一定的经济基础条件下新农村建设政策的有效落实，实现了农村空心化的衰退转型。这一过程有三个因素起到至关重要的作用：第一个因素是居民经济基础，调研发现，空心村居民到社区居民，每户要追加投入5万元以上，因此居民的经济基础及支付能力和意愿是转型过程的基础；第二个因素是新农村建设政策支撑，为空心村改造、农村社区建设提供了政策支撑和经济补偿依据；第三个因素是相关部门及村委会的宣传和政策落实，这是推动第一和第二个因素有效结合的关键步骤，李贾村是其反面案例典型，正是由于空心村整治过程中相关宣传和政策落实不到位，导致改造失败，现有居民依然生活在空心村中。

7.4.3 农村空心化演进的主导资源环境问题

基于对典型县域与案例村庄的分析，农村空心化演进的主要资源效应表现在土地资源、水资源、大气三方面，主要环境效应涉及生活、生产和生态环境三个方面。农村空心化演进的不同阶段主导的资源与环境效应差异明显。

主导的资源效应具体表现为：①土地利用变化：主要包括用途转移与集约度变化两方面（李秀彬，2002）。由于桓台县土地资源肥沃，垦殖率较高，1995年未利用地几乎开发殆尽，1995~2010年耕地净减少5198.04hm^2，其中农村居民点占用976.7hm^2。②农村空心化演进过程中，区域水资源环境呈现出逐步降低的趋势，表现为质量下降，地下水位下降，其主要原因是一方面20世纪90年代后期以来，乡镇企业的快速发展，不断抽取地下水作为工业用水，另一方面随着农业生产改为井灌、自流灌溉，用水增多，导致地下水消耗过度，水位不断下降。③大气环境在农村空心化演进过程中呈现出前期基本上没有变化到后期快速恶化的态势，这主要是乡镇企业发展工业废气不达标排放所致。因此，必须加强监管与科学指导，使得水资源与大气环境演变过程向下突变。

主导的环境效应具体表现为：①生活环境变化。农村空心化由出现期到兴盛稳定期演进过程中，农户自家居住条件不断改善，土坯房到砖混结构房屋，但就村庄整体居民点而言，村内部分房屋破败严重，道路曲折，下雨天更是泥泞不堪；由于缺少必要的垃圾与污水处理设施，近年来垃圾量增多，村内外垃圾遍地、臭气熏天、污水横流，苍蝇蚊子大量滋生。"屋内现代化、屋外脏乱差"是村民生活环境的真实写照。农村空心化进入衰退转型期后,通过旧村改造、新村建设等措施,有效解决了农村生活环境脏乱差的局面。②生产与生态环境变化。农村空心化由出现期到稳定期演进过程中,从事农业生产的劳动力持续减少,现代工业品如化肥、农药、农膜等劳动替代投入逐渐增多。区域农民大量使用化肥造成土壤板结、有机质含量减少、土地质量下降,不得不依赖更大量的化肥。此外,农药、化肥也会杀死无辜的动物、鸟类、昆虫,破坏生态平衡。大量废弃的农膜遗留在土壤中较难分解,破坏土壤结构、影响土壤中有益微生物的繁殖。农村地区传统畜禽养殖多呈现出无序分散状况,规模小、数量多,污物往往不经处理就直接排放,极易造成环境及地下水污染。

7.5 本章小结

通过选取典型案例区及实地调研,考察了村域微观尺度上农村空心化演进的资源环境效应。

(1) 农村居民对村镇空心化过程中资源环境变化的过程及强度变化的感知较为一致:生产生态环境不断恶化、下降趋势明显,自然资源利用先不断下降后期进入回升态势,居民生活环境变化较为反复,与自然资源利用维度变化趋势类似。居民感知强度而言,生活环境＞自然资源利用＞生产生态环境。

(2) 村域空心化演进符合生命周期理论,可将案例村的发展历程划分为1978年至20世纪80年代中期的出现阶段、80年代中期至90年代中期的快速成长阶段、90年代中期至2004年的兴盛稳定期和2004年以来的衰退转型期4个阶段。

(3) 通过归纳总结可以得出村域空心化演进过程存在跳跃性规律、人口空心化与农村经济社会发展程度密切相关、土地空心化问题时序变化特征明显、经济基础和政策落实是空心村实现衰退转型的突变力4个方面村域空心化演进的规律与启示。

(4) 农村空心化演进的主要资源效应表现在土地资源、水资源、大气资源三方面,主要环境效应涉及生活、生产和生态环境三个方面,各阶段主导的资源与环境效应差异明显。

第8章 我国农村空心化管控及其资源环境优化途径

农村空心化及其资源环境效应作用过程复杂,其本质是乡村地域系统复杂的人地关系问题,核心是新时期人口快速向城镇转移或者非农就业,收入不断提高,农村社会经济发展转型导致的资源低效配置和环境退化。在我国农村空心化及其资源环境效应解析的基础上,本章进一步提炼出农村空心化演进对资源环境变化的影响机制,然后构建农村空心化整治与资源环境优化概念框架,系统阐述了优化调控机制,最后,在梳理国际农村空心化管控和整治经验的基础上,提出我国农村空心化的管控机制与资源环境优化调控策略。

8.1 农村空心化演进对资源环境变化的影响机制

农村空心化演进过程中引起的资源环境效应是农户、其他农业经营主体及非农产业单位等主体行为的结果,涉及农村居民生活环境、农业生产环境、区域生态环境、土地利用效益、土地利用变化、土地利用保护等方面。

农村地区资源可以作为生产力的劳动对象或劳动资料(张小蒂等,2009),如土地资源与社会生产力结合即可形成综合生产力。完全竞争市场条件下,通过供求关系可以实现资源的最优配置,体现农村资源环境的稀缺性与价值属性。然而,农村空心化过程中农村地区资源被不合理利用、环境污染超出自身净化能力,造成资源低效配置和环境退化的现象普遍存在,其主要原因是:

(1)市场失灵。具体表现在:①资源产权不明确。在我国,农村地区形成准公共契约体形态的产权制度,使得资源产权界定不清,多重产权问题突出,引发农民的短期行为,如早期房屋建设随意占用耕地等,制约了农业资源主体和客体的市场运行,限制了资源充分有效的利用。②农村空心化地区资源环境的外部性与公共物品属性更显著。农村资源环境具有公共物品属性,它的使用或消费不具有竞争性和排他性,理性的行为主体不会为消费公共物品承担责任,造成农村资源环境消费的负外部性。例如,化肥、农药、农膜的使用造成的土地污染,农村居民点生产生活垃圾随意倒放,乡镇企业不达标污物排放等。公共物品消费的零机会成本,使得"搭便车"问题日益严重。③市场机制不健全与竞争不足。涉及农村地区资源与环境的多数情况下,很多资源市场没有发育起来,市场机制不健全、扭曲,或根本不存在市场,导致资源被过度使用,资源日益耗竭,如村庄的地下水、林地等资源,以及由于种粮比较收益低,导致耕地被撂荒,土地利用效益降低,资源配置不合理。④农村空心化地区资源环境使用主体的有限理性和短视计划。自然资源作为资本,行为主体在进行开发时,对区域资源环境的利用表现出有限理性和短视计划,此外,加之农村资源环境产权的模糊,也进一步加剧了农户对眼前利益的追逐,如农业生产中大量使用农业化学品以提高农业产出,较少为维护耕地生产力进行投资；自家建房占用耕地，模糊产权。

(2) 政府失灵。具体表现在：①体制不健全。城乡二元结构体制下，农村空心化地区社会经济发展落后，基础设施投入不足，乡镇企业布局无序，依靠资源环境方面的低投入降低成本进行生产，经营粗放化，环境污染隐蔽、难以治理。②制度存在缺陷。土地制度产权不清，资源外部经济问题严重。③执法不严。地方各级政府迎合政绩考核，以经济发展与增长为首要任务，对有利的因素鼓励、支持，忽视环境管理与治理，执法不严。乡镇层面上，表现为对乡镇企业发展的鼓励，缺乏对其污染的监督与检查，造成对环境的污染。④政府机构的低效率。政府机构内部及机构间缺乏竞争，"避免错误和失误"成为政府各级官员的行为准则，致使"难点"问题在不必要的时候处于无机构管的状态。

(3) 社区自组织失灵。具体表现在：①农村空心化过程中人口流动性加强。我国传统农村社区自组织对监督资源利用、维护环境起着重要作用，然而农村空心化过程中，农村人口快速减少或加速非农就业，严重冲击着农村社区自组织形式，削弱了社会网络作用的发挥。②市场经济思潮冲击。空心化过程中，农村地区与外界的沟通越来越频繁，资源获取的多渠道，使得社区内人际网络的重要性大大下降；而市场经济注重经济利益，导致村民利益分化，价值观多元化，这也削弱了农村社区自组织的作用。③村民集体意识淡化。改革开放以后，我国实行的家庭联产承包责任制极大地促进了农业生产的发展，但一方面也使得社会网络走向松散，村民集体意识逐渐淡化，社会网络有效调控村民行为的能力逐步丧失。而农村空心化地区社会邻里关系、集体意识更是受到前所未有的冲击。

由此看来，农村地区资源环境产权不明确，造成其外部性没有能够在市场中反映出来，加上缺失必要的政策制度、群体意识约束，私人成本与社会成本之间的差距无法弥补，这共同导致了农村空心化演进过程中乡村地域资源低效配置和环境恶化（图 8-1）。

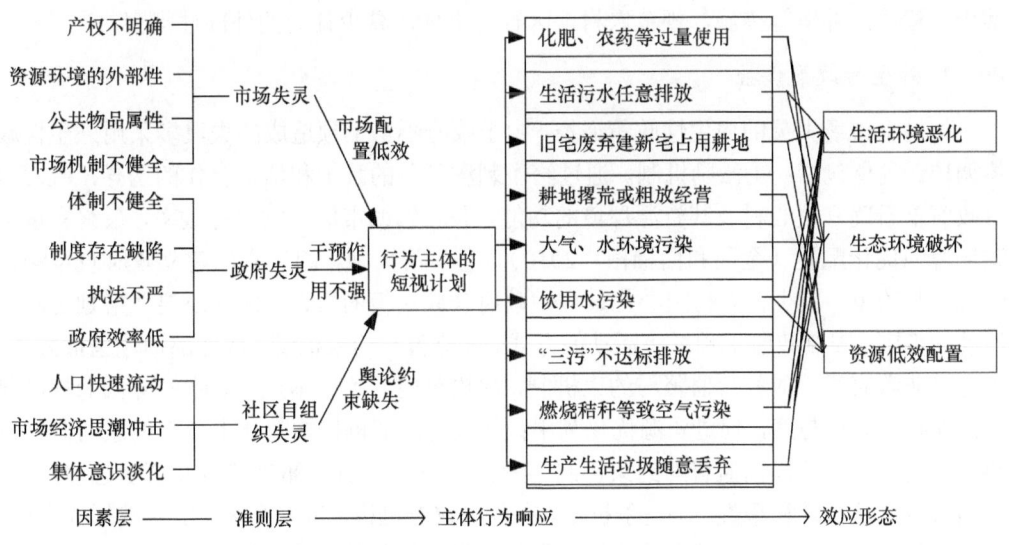

图 8-1 乡村地域空心化过程对资源环境影响的内在机制

8.2 农村空心化管控与资源环境优化框架

8.2.1 优化调控的目标与导向

通过分析得出,农村空心化演进过程中,由于市场失灵、政府失灵和社区自组织失灵,导致行为主体在利用资源环境时,注重当前利益,未来利益被大打折扣,造成资源低效配置、生活环境恶化和生态环境破坏。因此,应该把矫正市场失灵、政府失灵和社区自组织失灵及产生的问题作为优化导向,进行调控框架设计与构建。其总体目标是,提出空心村综合整治措施、农村空心化管控机制,协调解决并遏制区域资源低效配置、生活环境恶化和生态环境破坏,实现农村健康持续发展。

8.2.2 优化调控框架构建

根据优化调控的目标与导向,从"政策制度-工程整治"的视角构建了农村空心化整治与资源环境优化调控框架。

1. 内生性政策调控

针对主体行为"负外部性"引发的农村地区资源低效利用、环境恶化这一作用过程,需采用内生性政策调控矫正市场失灵,具体包括三类(金晶和曲福田,2010):①行政性规制。针对农村地区资源与环境信息的不对称性,通过行政性规制,培养市场,创新行政管理,提高市场经济的运行效率,控制行为主体利用资源环境过程中的负外部性和道德风险。②经济性规制。综合运用奖励与惩罚手段,规制行为主体的经济性活动,如惩罚增加非社会期望的资源环境利用行为,反之进行奖励。③社会性规制。通过限制、禁止、认证、补偿等措施,规范农村地区行为主体,减少社会的外部性损害。

2. 外生性政策调控

相对于市场失灵的内生性政策调控,由于政府不当干预造成的失灵多采用外生性政策调控。具体包括:①激励机制。通过给予刺激竞争的政策和增进合作的诱导,激发地方政府重新确立空心村及其资源环境的功能定位,辅助市场机制发挥效率,最终实现资源环境的优化配置(金晶和曲福田,2010)。②决策机制。通过立法建立政府政策制定的规则和约束,减少在农村空心化过程中政府公共决策的失误。此外还要严格划定政府活动的范围,限制政府干预经济活动的方式。③监督与约束机制。从外部构建包括公众、媒介等非政府组织的社会监督与约束机制,放松可能导致成本提高、收效降低的规制限制,提高公众参与度,促进资源优化利用;从政府内部机构构建从上至下的纵向监督与约束及同级机构的横向监督与约束机制,细化考核机制,强化事前监督和事后惩治机制,提高政府执法执政积极性。④竞争机制。在各级政府机构建立竞争机制,实现择优上岗;全面深化考核机制,把决策者的决策权限与决策后果与其政治、经济责任联系起来,以此提高政府效率。

3. 工程性整治调控

具体包括：①工程技术性整治与修复。通过空心村快速识别与时空演进模拟技术，制定空心村的整治标准和整治工程技术，然后运用空心村整治还田建设工程技术、废弃地整治快速熟化技术，实现空心村综合整治还田；采用污染损毁土地再造技术、生物修复技术、工程性农业面源污染控制技术，恢复农业及非农产业发展所污染的土地地力。②农村社区建设。从区域的角度编制村镇体系规划，设计中心城及镇的规模与布局方案，做到规划先行；遵循生产、生活、生态相协调的原则，公众积极参与，建设农村社区及配套设施，实行集中居住，扭转空心村脏乱差、生活娱乐设施不健全的环境，以及资源粗放利用的状态。

8.2.3 优化调控机制分析

无论是外生性与内生性政策调控，还是工程性整治调控，其目标都是实现农村空心化过程中资源的有效利用和环境的良性循环（图 8-2）。但三者之间优化调控机制是有很大差别的，工程性技术调控是通过整治与恢复技术，消除部分农村空心化过程中已经造成的资源环境问题，如农村空心化整治可以消除宅基地的低效配置，农村社区建设改变了原来旧村脏、乱、差的生活环境，农田修复技术改善了土壤污染状况等。外生性与内生性政策调控的根本目的是实现资源环境问题的外部效应内部化，迫使行为主体可以通过成本-收益的比较选择最佳方案；但两者实现途径和条件是有差别的。内生性政策调控是直接通过行政、经济及社会性规制，控制或约束主体行为，外生性政策调控更多的是运用政策制度及法规，通过政府的干预迫使主体行为合理配置资源、利用环境。

8.3 我国农村空心化管控与资源环境优化调控策略

8.3.1 创新农村发展的宏观政策机制

我国长期城乡二元体制及"城市倾向"下农村发展建设的管理缺失与政策缺位，造成当前农村空心化问题比国外更为严重。长期以来我国过度的农业支持工业、农村支持城市、城市与工业优先发展的政策，严重损害了农村自身发展，城乡关系成为中国现代化进程中面临的一个根本问题，也是当前和今后国家宏观调控政策需要重视与着力解决的重大问题。随着社会经济的快速发展，我国到了"工业反哺农业、城市支持农村"的发展新阶段。基于我国农业农户规模小，农民自组织能力差，农业基础脆弱、发展能力差等现实问题，创新"工业反哺农业、城市支持农村"的政策机制势在必行。一是建立产业补偿政策机制，实行非农产业对农业的利益补偿，突出农业发展的重要性与基础性；二是促进农村地区的产业升级，延伸产业链，根治农村产业空心化问题；三是建立健全城市支持农村的制度，如横向财政转移支付制度，解决小规模农户发展的资金"瓶颈"，加强农业基础设施建设，增加农业科技创新、农村教育与职业技术培训的投入，提高农

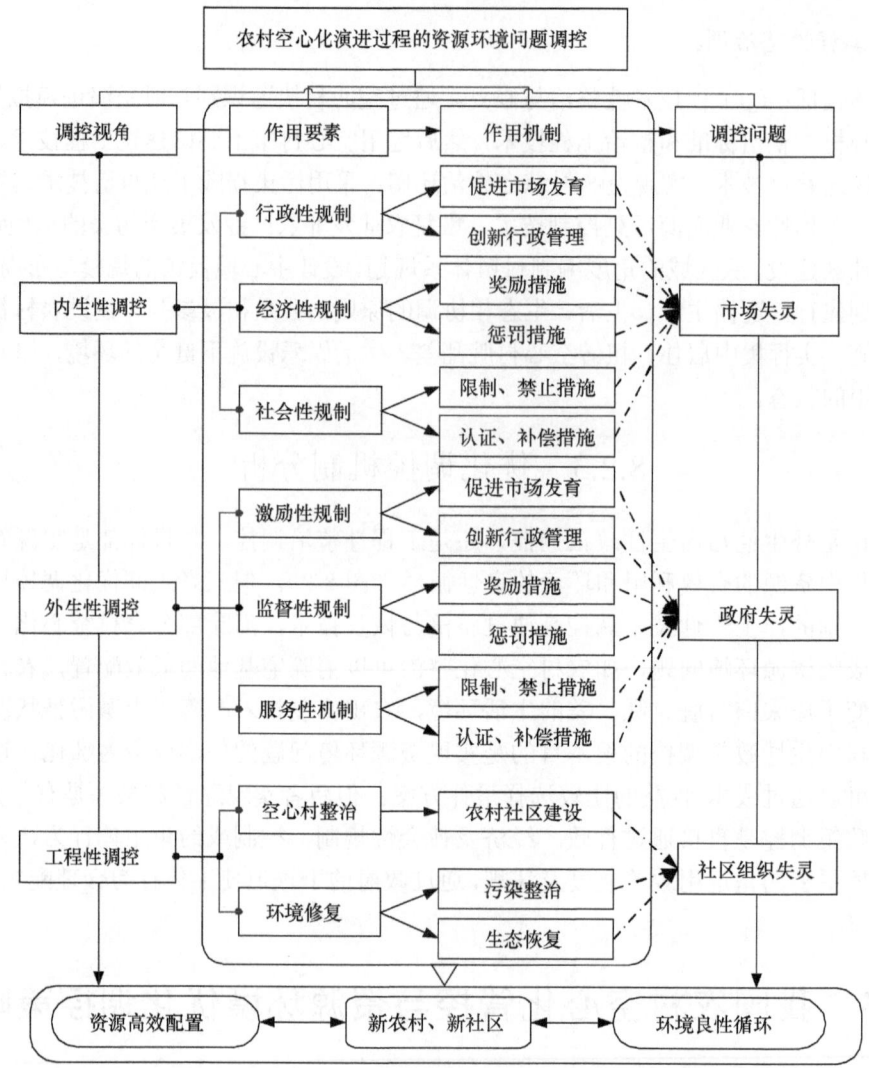

图 8-2 优化调控框架及调控机理

业综合生产能力和农民收入。四是通过立法等手段把国家的重大支农政策制度化、规范化，保障国家政策实施的有效性。

8.3.2 深化农村制度改革

农村空心化的产生、发展不仅与宏观政策导向有关，与制度不完善也有着密切关系。随着统筹城乡发展，构建城乡发展一体化新格局上升为国家战略，原有的一些制度已不适应甚至成为国家战略实施的障碍。因此，亟待对现有制度作出改革。

户籍制度。计划经济体制下颁布的户籍制度，带有明显的"城乡二元分割"特征，造成城乡之间、流动人口与本地人口之间在教育、医疗、社保、卫生等诸多方面的不平等。市场经济环境下，加快旧有户籍制度改革，推进改革试点，不仅能促进城乡互动发展，推动城乡人员流动、转移，有效解决农村人口空心化及其链锁问题，而且对我国城镇化的健康发展大有裨益。1997 年开始的小城镇户籍制度改革试点，到 2012 年国务院办公厅发布《关于积极稳妥推进户籍管理制度改革的通知》，实行分类户口迁移政策，我国户籍制度虽然取得重大突破，但农民工"进城难"的问题并未根除，"两栖"人群庞大，春运返乡农民工大军可见一斑。因此，加大加快户籍制度改革，切实做到农村劳动力的有效转移，实现农民工安居与乐业的地域一致性，也是防控我国农村空心化进一步恶化的重要制度手段。**社会保障制度**。近年来，我国农村社会保障取得长足发展，覆盖范围扩大、保障项目增多、保障标准提高、投入力度加大。但长期存在的农村和城市二元社保体系，严重阻碍了农村人口的有效转移，因此，建立健全农村社会保障体系，同时发行全国通用的社保卡，建立全国统一的保险网络等，维护进城农民社会保障利益，是实现农村人口转移的有效途径。**农地制度**。以农村集体土地确权为基础，明确农民土地承包经营权、农村宅基地使用权以及集体收益分配权，改革产权制度，为发挥市场的调节作用建立基础；以"依法、自愿、有偿、规范"为原则，维护农民权益，推动农地有效有序流转与退出，提高农村土地规模化经营和农村建设用地利用效率，确保农地充分利用，防控土地空心化问题。

8.3.3 综合运用区域发展战略

农村空心化是区域发展失衡的结果，其根本实质是农村人口减少及其引发的效应，包括资源利用方式与效率、农村景观格局变化及其他资源环境效应。因此，防控农村空心化需要综合运用区域发展战略，是一项系统工程。

具体来说需要：紧抓城乡统筹发展、一体化发展和社会主义新农村建设等战略机遇，跳出就农业论农业、就农村论农村的发展思路，把区域农村经济社会发展放到区域发展大环境中统筹考虑；扎实推进城镇建设用地增加与农村建设用地减少相挂钩的政策，探索城乡等值化道路，确立城乡平等观念，拓宽新农村建设渠道。

8.3.4 创新农村环保制度与机制

通过"自上而下"的政策制度与机制主动推动农村环境保护：转变乡村地域经济粗放发展方式，不以牺牲农村环境为代价，切实做到发展与保护并重；转变城乡二元管理理念，建立健全农村环境监测体系，设立监管机构，依法加强乡村地域环境保护；加大公共环境设施的投入，做到美化环境、方便农村居民生产生活的同时，减少不必要的污染；针对危害严重、群众反映强烈的突出污染问题，以村庄为基本规划单元，编制环境综合整治规划，实施环境污染治理项目，践行乡村地域生态文明建设；积极宣传环境保护法规法制，奖励与处罚并重，提高居民环境保护意识。

8.3.5 积极推进理论研究与整治实践相结合

农村空心化与城镇化是社会经济发展到一定阶段的"双向"过程。因此，不应试图去阻止农村空心化，而是需要从宏观战略上进行调控，减少负向效应，对已经产生的空心化问题在适当时机予以整治。农村空心化整治实践必须要有坚实的科学规划理论作指导，以防止新的资源浪费和环境破坏。充分把握区域发展的规律性及其内部事物间的本质联系，从城乡互动融合、一体化发展角度，构建区域层面的城镇等级体系规划；从农业生产、乡村经济、乡村人口结构、乡村社区组织和乡村环境管理等方面，优化村镇体系规划；从农村实际出发，在尊重村民意愿、体现地方和农村特色基础上，科学制定村庄规划。在此基础上，科学认知农村空心化整治时机，踩准节拍，研发空心村整治的系列标准、核心技术，开展工程规范、整治示点，总结提炼农村空心化演进过程中不同类型空心村整治模式，在尊重农民意愿的情况下，为全面推进农村空心化整治打好基础。目前，山东、河北、陕西、江苏、重庆等省（直辖市）已率先开展农村空心村整治、宅基地置换和中心村建设示范工作，涌现出诸如天津市"宅基地换房"、山东"城镇改社区"、陕西"废弃宅基地整治"、江苏"农村城镇化整理"等典型样板模式，在实践中不同程度地实现了农业向规模经营和农业园区集中、农民居住区向城镇和农村新型社区集中、工业向开发区和工业园区集中，农村空心化问题得到实质性的解决。

第9章 结论与展望

9.1 主要研究结论

（1）我国农村空心化问题日益严重，但空心村现象研究较多，区域尺度上农村空心化的过程、机制及其资源环境效应的方法体系和理论基础研究缺乏。

农村空心化是乡村地域系统复杂的人地关系问题，是新时期人口快速向城镇转移或实现非农就业，农村社会经济发展快速转型导致的资源低效配置和环境恶化的过程。其本质是城乡转型发展进程中农村人口非农化引起的乡村地域系统不良演化过程。目前关于空心村现象的研究较多，缺乏对农村空心化所引发问题的深层次探讨，农村空心化引发了哪些资源环境效应，如何量化辨识并辨明其作用机制？现有理论能否支撑？如何防控或整治农村空心化及其负面的资源环境效应？这些问题现有研究并未作出有效明确的解答。为此，本书就上述问题进行了分析与阐述。

（2）农村空心化演进过程可以划分为出现期、成长期、兴盛期、稳定期和衰退期5个阶段，以及人口空心化、土地空心化和产业空心化3种主要形态，其演进受内核推动力、外援拉动力和系统突变力"三力"驱动。

基于生命周期理论的判断，农村空心化演进过程可以划分为出现期、成长期、兴盛期、稳定期和衰退期5个阶段；从要素变化特征的研究视角，农村空心化可以划分为人口空心化、土地空心化和产业空心化3种主要形态，土地空心化是现象表征，产业空心化是根本实质，人口空心化是本质推手，且不同形态格局与特征有着较强的分布规律性。农村空心化的演进受到区域资源环境禀赋、农业生产发展、城镇化与工业化推进、社会文化变迁、基础设施建设、居民生计多元化转型、户籍制度束缚、土地利用制度及管理政策等因素的影响，根据各要素作用方式的不同，可归结为内核推动力、外援拉动力和系统突变力3类。其中，内核推动力的驱动作用主要表现为农民主体行为对乡村地域系统要素的改变，外援拉动力的驱动作用主要是促进了农村行为主体作出改变，而系统突变力的驱动作用带来农村空心化演进的突变。

（3）农村劳动力转移是农村空心化与城镇化的重要结点，城镇化进程中东部沿海地区农村劳动力转移强度不断提升。

城镇化可以看作是劳动力完成从传统产业向现代产业转换、从农村到城市迁移的过程。新时期，我国农村劳动力地域转移和产业转换导致了农村人口空心化，因此，农村劳动力转移是农村空心化与城镇化的重要结点。以东部沿海地区为例分析发现，城镇化水平大幅度提高过程中，非农产业发展带来的就业机会增多、区域发展差异及农民非农就业意愿增强等主导因素，以及户籍制度改革、地方政府重视等新型因子共同推动了农村劳动力转移，且带动作用不断增强，表现为农村劳动力转移规模增大、转移比例提高，上升趋势显著，农村劳动力转移强度不断提升。

（4）作为乡村地域农村空心化过程中土地利用效应的重要载体，农村宅基地与耕地面积和集约利用程度发生了剧烈变化，规律性特征强。

从地类面积变化上看，我国农村居民点年均增加 1.64 万 hm^2，增长趋势显著；耕地年均减少 69.36 万 hm^2，呈现快速减少趋势。集约利用程度上，全国县域户均居民点粗放利用程度普遍较严重，其中村庄居民点未扩散区主要分布在长江沿线流域的省份，低度和中度扩散区主要集中在环渤海地区（不含北京市），以及中部地区的山西省，高速扩散区分布较为分散，但以南部省份为主。与 1996 年相比，2008 年省域耕地集约度有较大幅度提高，且省域耕地利用基本上形成了"第一阶梯——较高集约度，第二、第三阶梯——较低集约度"的空间分异格局，且西部地区耕地集约度提升较慢，中东部地区相对较高，而北方地区提高幅度明显高于南方地区。进一步分析发现，人口空心化程度与耕地集约度呈"U"形变化关系，即随着人口空心化程度的加剧，耕地集约度表现为先减少后增长的趋势，而随着土地空心化程度不断加剧，耕地集约度不断上升，然后出现下降趋势，但农村产业空心化对耕地能否集约利用影响作用不大。

（5）环渤海地区农村空心化与土地利用效益的关联度较强，与区域生态系统服务价值的关系密切，但与土地利用程度相关性弱。

当前农村土地价值低，我国农村土地价值的实现不充分，仍然有着较大的提升空间，农业生产收益远远低于非农产业，导致人口、土地空心化与土地利用的社会、经济效益相关性较差。但随着产业空心化程度的增强，区域土地利用经济效益急剧下降，区域土地利用的社会效益变化相对平稳，下降幅度较小，产业空心化与土地利用的社会、经济和综合效益呈现出显著的负相关性。农村空心化过程中虽然存在一定程度的土地利用结构变化，但更重要地体现为土地利用效率与效益的降低，农村空心化对土地利用程度的变化影响并不显著。但该过程中人类活动如利用资源的效率和管理资源的方式，包括农田管理水平、水资源利用、种植结构变化等，势必会影响到生态系统结构和过程，导致生态系统服务价值变化。

（6）1989～2008 年山东省村庄空心化程度显著提高，农村地区生态环境质量不断降低，农村空心化对生态环境负向影响不断扩大。

时空尺度上，与基期相比，山东省绝大部分县域空心化程度都呈现出不同程度的加重趋势，省域农村空心化指数增长幅度大，农村空心化演进遵循 Logistic 过程，3 个特征点分别是 0.26、0.49 和 0.72。这一过程中，耕地面积比例、人均耕地面积、人均农村居民点面积、农田灌溉率、单位耕地面积化肥施用量、水土流失率和水土流失治理率增速 7 项指标成为生态环境效应的指示指标。其中，耕地面积比例呈现出先上升到下降再到上升的变化趋势，人均耕地面积呈现出先快速减少到平稳再到减少的过程，人均农村居民点面积快速增长到维持平稳或有所下降又进入快速扩张的阶段，水土流失仍然随着农村空心化程度的提高而不断恶化，农田灌溉率得到提高然后维持平稳或有所下降又进入快速扩张的阶段，水土流失率治理增速呈现出先好转到恶化再到好转的变化趋势，单位耕地面积化肥施用量与农村空心化之间存在显著的环境库兹涅茨倒"U"形曲线关系。

由此可以看出，农村空心化对生态环境负向影响不断扩大，生态环境日益恶化。

（7）村域微观尺度上，农村居民对村镇空心化过程中资源环境变化强度的感知较为一致，即生活环境＞自然资源利用＞生态环境。

通过调研访谈发现，村域尺度上，同一行政区内的连续地域单位，以桓台县案例村为例，村庄空心化各阶段时间节点较为一致，其演进过程存在跳跃性规律、人口空心化与农村经济社会发展程度密切相关、土地空心化问题时序变化特征明显、经济基础和政策落实是空心村实现衰退转型的突变力等特点。但农村空心化演进过程中，居民感知到生产生态环境不断恶化、下降趋势明显，自然资源利用先不断下降后期进入回升态势，居民生活环境变化较为反复，与自然资源利用维度变化趋势类似。进一步的分析得出，资源效应表现在土地资源、水资源、大气资源三方面，主要环境效应涉及生活、生产和生态环境三个方面，各阶段主导的资源与环境效应差异明显。

（8）市场失灵、政府失灵和社区自组织失灵共同导致了农村空心化过程中资源的低效配置与环境退化，应从内生性调控、外生性调控和工程性整治调控角度进行顶层政策与制度的设计进行防控。

农村地区资源环境产权不明确，市场机制不健全与竞争不足造成其外部性没有能够在市场中反映出来，即市场失灵；加上缺失必要的政策制度、群体意识约束，私人成本与社会成本之间的差距无法弥补，即政府失灵和社区自组织失灵，这共同导致了农村空心化演进过程中乡村地域资源低效配置和环境恶化。为此，提出可以直接通过行政、经济及社会性规制，控制或约束主体行为等内生性政策调控，运用政策制度及法规，通过政府的干预迫使主体行为合理配置资源、利用环境等外生性政策调控，以及采用整治与恢复技术等工程性技术调控，消除部分农村空心化过程中已经造成的资源环境问题。

9.2 研究不足与展望

（1）农村空心化是乡村地域演进的特殊阶段和复杂过程，农村空心化程度测度难度大，方法技术不成熟。目前对农村空心化程度的识别，主要利用统计数据通过建立指标体系进行评价得出。本书也主要从地理学视角出发，选取人口、产业和土地空心化三个目标层，构建评价指标体系和农村空心化指数测算农村空心化程度。这一方法在县域及以上尺度比较分析农村空心化程度较为适用。但具体到镇域操作层面，以及区域尺度土地空心化程度及潜力测算，需要研究细化农村居民点内土地利用分类标准，深入开展基于遥感技术利用高空间分辨率卫星遥感图像识别空心化村庄内部结构的技术，建立村庄光谱信息特征库及自动识别系统，实现大尺度区域空心化程度的精准快速识别。

（2）鉴于数据可获得性以及研究周期所限，本书省域尺度上仅选取了较为有代表性的山东省为典型区域，村域以桓台县的典型村为案例区，虽然通过定量与定性相结合的方法分析得出了农村空心化演进的资源环境效应因素、规律与机制，但是理论和方法体系仍需进一步系统化、条理化。此外，基于我国自然地理分异和经济社会发展的差异格局，分析农村空心化的宏观地域特征、时空格局以及地域差异模式。结合未来推进空心村整治的现实需要，基于地带性差异理论及我国自然地理分异和经济社会发展的差异格局,划分农村空心化地域类型,梳理各类型演进的资源环境效应,提出不同区域农村资源配置及环境优化战略与途径,有待深入探讨。

(3)本研究得出,农村社区建设等工程性整治是解决当前农村空心化演进引起的资源环境负向效应的有效措施。这一方面亟需深入研究农村空心化整治与社区建设的配套政策,在切实做到充分保障农村居民权益的情况下,有效推进空心村的整治;另一方面评估空心化村庄整治的可行性,并积极开展空心村整治示范,完善相关操作流程,探索不同地域类型空心村整治方案,梳理区域整治模式,逐步应用并推广,做到"以点带面",最终实现"顶层设计"与现实空心村整治的充分对接。

(4)农村空心化整治能否实现区域资源的有效配置和环境的改善,整治标准与技术起到至关重要的作用。因此,下一步亟待系统研究空心化村庄整治标准,如复垦标准、新村建设标准、公共设施配置标准,以及整治技术体系建设,涉及退宅复垦还田技术、土壤培肥和耕地熟化技术、污染土地的化学与生物修复技术、村庄文化景观保护技术等。

参 考 文 献

鲍超. 2007. 干旱区城市化进程中的水资源约束力研究. 中国科学院研究生院博士学位论文.
毕宝德. 2011. 土地经济学. 北京: 中国人民大学出版社.
彼特·霍尔. 2008. 城市和区域规划. 邹德慈, 李浩译. 北京: 中国建筑工业出版社.
蔡克光, 陈烈, 祁新华. 2007. 快速城市化进程中的生态环境效应及其规划对策研究——以泉州市为例. 科技资讯, (31): 157-159.
蔡为民, 唐华俊, 陈佑启, 等. 2004. 近 20 年黄河三角洲典型地区农村居民点景观格局. 资源科学, 26(5): 89-97.
蔡运龙, 霍雅勤. 2006. 中国耕地价值重建方法与案例研究. 地理学报, 61(10): 1084-1092.
陈美球, 刘中婷, 周丙娟, 等. 2006. 农村生存发展环境与农民耕地利用行为的实证分析——基于江西省 21 个村 952 户农户的调查. 中国农村经济, (2): 49-54.
陈明星, 陆大道, 刘慧. 2010. 中国城市化与经济发展水平关系的省际格局. 地理学报, 66(12): 1443-1453.
陈明星, 陆大道, 张华. 2009. 中国城市化水平的综合测度及其动力因子分析. 地理学报, 64(4): 387-398.
陈亚婷, 张超, 杨建宇, 等. 2010. 中国东南沿海农村居民点整治潜力评价方法. 农业工程学报, 26(S2): 349-354.
陈秧分, 刘彦随, 杨忍. 2012. 基于生计转型的中国农村居民点用地整治适宜区域. 地理学报, 67(3): 420-427.
陈玉福, 孙虎, 刘彦随. 2010. 中国典型农区空心村综合整治模式. 地理学报, 65 (6): 727-735.
陈瑜琦, 李秀彬. 2009. 1980 年以来中国耕地利用集约度的结构特征. 地理学报, 64(4): 469-478.
程连生, 冯文勇, 蒋立宏. 2001. 太原盆地东南部农村聚落空心化机理分析. 地理学报, 56(4): 437-446.
"城镇化进程中农村劳动力转移问题研究"课题组, 张红宇. 2011. 城镇化进程中农村劳动力转移: 战略抉择和政策思路. 中国农村经济, (6): 4-14, 25.
崔丽, 许月卿. 2007. 河北省农用地利用集约度时空变异分析. 地理科学进展, 26(2): 116-125.
杜博洋, 门明新, 许皞, 等. 2008. 基于能值分析的河北省农田生态系统资源环境效应综合评价. 资源科学, 30(8): 1236-1242.
樊欢欢, 张凌云. 2009. EViews 统计分析与应用. 北京: 机械工业出版社.
樊杰, 许豫东, 邵阳. 2003. 土地利用变化研究的人文地理视角与新命题. 地理科学进展, 22(1): 1-10.
范远超. 2007. "空心村"掏空了农村. 生态经济, (8): 18-21.
费孝通. 2005. 江村经济: 中国农民的生活. 北京: 商务印书馆.
冯丽. 2008. 城市化背景下的"空心村"现象及调控机制探讨. 理论界, (2): 174-175.
冯文勇, 郑庆荣, 李秀英, 等. 2007. 农村聚落空心化研究现状综述及趋势. 信阳师范学院学报(哲学社会科学版), 27(1): 70-73.
傅伯杰. 1992. 中国各省区生态环境质量评价与排序. 中国人口资源与环境, 2(2): 48-54.
高超, 施建刚. 2010. 上海农村宅基地置换模式探析——以松江区佘山镇为例. 中国房地产, 355(7): 54-56.
高练, 周勇. 2008. 武汉市土地利用/土地覆盖变化的生态环境效应分析. 农业工程学报, 24(S1): 73-77.
高铁梅. 2009. 计量经济分析方法与建模: EVIEWS 应用及实例. 北京: 清华大学出版社.
谷晓坤, 陈百明, 代兵. 2007. 经济发达区农村居民点整理驱动力与模式——以浙江省嵊州市为例. 自然资源学报, 22(5): 701-708.
郭焕成, 李晶宜. 1999. 中国农村经济区划——中国农村经济区域发展研究. 北京: 科学出版社.
郭丽英, 王道龙, 邱建军. 2009. 环渤海区域土地利用类型动态变化研究. 地域研究与开发, 28(3):

92-95.

贺三维, 潘鹏, 诸云强, 等. 2012. 农用地集约利用评价的新模型研究. 自然资源学报, (3):460-467.

何晓群, 刘文卿. 2007. 应用回归分析(第二版). 北京: 中国人民大学出版社.

胡皓, 楼慧心. 2002. 自组织理论与社会发展研究. 上海: 上海科技教育出版社.

黄树民. 2002. 林村的故事: 1949 年后的中国农村变革. 北京: 三联书店.

黄贤金, 张安录. 2010. 土地经济学. 北京: 中国农业大学出版社.

黄宗智. 2010. 中国的隐性农业革命. 北京: 法律出版社.

纪广韦, 王瑷玲, 朱忠显, 等. 2011. 农村居民点土地整治潜力分析——以烟台市牟平区为例. 山东农业大学学报(自然科学版), (4): 597-602.

姜百臣, 李周. 1994. 农村工业化的环境影响与对策研究. 管理世界, (5): 192-197.

焦必方, 孙彬彬. 2009. 日本现代农村建设研究. 上海: 复旦大学出版社.

金晶, 曲福田. 2010. 中国农地非农化政策调控: 理论分析框架的改良设计. 中国人口资源环境, 20(11): 96-101.

金其铭. 1988. 农村聚落地理. 北京: 科学出版社.

克里斯特勒. 1998. 德国南部中心地原理. 常正文, 王兴中, 李贵才, 等译. 北京: 商务印书馆.

况安轩. 2010. 农村社区环境治理机制初探. 湖北财经高等专科学校学报, (1): 54-57.

蓝盛芳, 钦佩. 2001. 生态系统的能值分析. 应用生态学报, 12(1): 129-131.

雷振东. 2002. 乡村聚落空废化概念及量化分析模型. 西北大学学报(自然科学版), 32(4): 421-424.

李谷成. 2008. 基于转型视角的中国农业生产率研究. 华中农业大学博士学位论文.

李红涛, 付少平. 2002. 理性小农抑或道义小农: 重读农民学经典论题. 读书, (2): 104-111.

李静会, 杨幸, 梁志荣, 等. 2004. 城镇化进程中土地资源生态破坏经济损失. 重庆大学学报(自然科学版), 27(7): 114-117.

李君, 李小建. 2008. 河南中收入丘陵区村庄空心化微观分析. 中国人口·资源与环境, 18(1): 170-175.

李乐, 张凤荣, 关小克, 等. 2011. 基于规划导向度的农村居民点整治分区及模式. 农业工程学报, (11):337-343.

李丽. 2009. 新农村建设中"空心村"规划整治对策研究. 武汉理工大学硕士学位论文.

李宁, 丁四保, 谢景武. 2003. 老工业基地城市对农村劳动力吸纳力的研究——以长春市为例. 地理科学, 23(3): 287-292.

李同升. 1998. 乡村地域共同体及其结构与功能研究. 西北大学学报(自然科学版), 28(5): 89-94.

李小建, 周雄飞, 郑纯辉, 等. 2012. 欠发达区地理环境对专业村发展的影响研究. 地理学报, 67(6): 783-792.

李红涛, 付少平. 2008. "理性小农"抑或"道义经济": 观点评述与新的解释. 社会纵横, 23(5): 39-41.

李秀彬. 1996. 全球环境变化研究的核心领域——土地利用/土地覆被变化的国际研究动向. 地理学报, 51(6): 553-558.

李秀彬. 2008. 农地利用变化假说与相关的环境效应命题. 地球科学进展, 23(11): 1124-1129.

李裕瑞. 2011. 黄淮海典型地区村域发展机理与模式研究. 中国科学院研究生院博士学位论文.

林佳梅. 2008. 我国农村生态环境问题及农民环境意识的提高. 福建师范大学硕士学位论文.

刘成武, 李秀彬. 2006a. 对中国农地边际化现象的诊断: 以三大粮食作物生产的平均状况为例. 地理研究, 25(5): 895-904.

刘成武, 李秀彬. 2006b. 基于生产成本的中国农地利用集约度的变化特征. 自然资源学报, 21(1): 9-15.

刘浩, 张毅, 郑文升. 2011. 城市土地集约利用与区域城市化的时空耦合协调发展评价——以环渤海地区城市为例. 地理研究, 30(10): 1805-1817.

刘静, 梁莱歆. 2009. 基于委托——代理理论的"市管县"体制改革. 经济地理, 29(11): 1812-1815.

刘聚梅. 2007. 我国乡村旅游发展实证研究——推拉理论的应用与实践. 北京第二外国语学院硕士学位论文.

刘强. 2012-3-31. 农村空心化难题待解. 农民日报, 北京, 第四版.
刘巧芹, 连季婷, 黄艳梅, 等. 2011. 石家庄市农村居民点用地集约利用潜力评价. 地理与地理信息科学, (2): 61-64, 86.
刘述锡, 马玉艳, 卞正和. 2010. 围填海生态环境效应评价方法研究. 海洋通报, 29(6): 707-711.
刘恕. 2007. 我所了解的韩国新村运动. 北京: 科学普及出版社.
刘巍. 2011. 农村人口空心化现状及影响因素分析——以江苏省江都市为例. 南京师范大学硕士学位论文.
刘晓华. 2010. 酸雨的形成及对环境的危害. 赤峰学院学报(自然科学版), (5): 96-97.
刘兴权, 许晶玉, 江丽华, 等. 2010. 山东省种植区地下水硝酸盐污染空间变异及分布规律研究. 农业环境科学学报, 29(6): 1172-1179.
刘彦随. 1999. 区域土地利用优化配置. 北京: 学苑出版社.
刘彦随. 2010-10-19. 影响我国粮食安全的深层问题日益凸显. 科学时报, 北京, 第一版.
刘彦随. 2007. 中国东部沿海地区乡村转型发展与新农村建设. 地理学报, 62(6): 563-570.
刘彦随, 李裕瑞. 2010. 中国县域耕地与农业劳动力变化的时空耦合关系. 地理学报, 65(12): 1602-1612.
刘彦随, 刘玉. 2010. 中国农村空心化问题研究的进展与展望. 地理研究, 29(1): 35-42.
刘彦随, 刘玉, 陈玉福. 2011. 中国地域多功能性评价及其决策机制. 地理学报, 66(10): 1379-1389.
刘彦随, 刘玉, 翟荣新. 2009. 中国农村空心化的地理学研究与整治实践. 地理学报, 64(10): 1193-1202.
刘彦随, 龙花楼, 陈玉福, 等. 2011. 中国乡村发展研究报告——农村空心化及其整治策略. 北京: 科学出版社.
刘彦随, 郑伟元. 2008. 中国土地资源可持续利用论. 北京: 科学出版社.
刘耀彬, 李仁东, 宋学锋. 2005a. 中国城市化与生态环境耦合度分析. 自然资源学报, 20(1): 105-112.
刘耀彬, 李仁东, 宋学锋. 2005b. 中国区域城市化与生态环境耦合的关联分析. 地理学报, 60(2): 237-247.
刘耀彬, 李仁东. 2007. 江苏省未来城市化进程中资源环境效应的多情景模拟. 地理与地理信息科学, 23(2): 61-64.
刘玉, 刘彦随, 郭丽英. 2011a. 环渤海地区农村居民点用地整理分区及其整治策略. 农业工程学报, 27(6): 306-312.
刘玉, 刘彦随, 郭丽英. 2011b. 乡村地域多功能的内涵及其政策启示. 人文地理, (6): 103-106, 132.
刘园秋, 吴克宁, 赵华甫, 等. 2011. 县域城乡建设用地增减挂钩研究——以河北省清河县为例. 资源与产业, (4).
龙花楼. 2012. 中国乡村转型发展与土地利用. 北京: 科学出版社.
龙花楼, 李裕瑞, 刘彦随. 2009a. 中国空心化村庄演化特征及其动力机制. 地理学报, 64(10): 1203-1213.
龙花楼, 刘彦随, 邹健. 2009b. 中国东部沿海地区乡村发展类型及其乡村性评价. 地理学报, 64(4): 426-434.
鲁莎莎, 刘彦随. 2013. 106 国道沿线样带区农村空心化土地整治潜力研究. 自然资源学报, 28(4): 537-549.
卢向虎, 朱淑芳, 张正河. 2006. 中国农村人口城乡迁移规模的实证分析. 中国农村经济, (1): 35-41.
马佳, 韩桐魁. 2008. 基于集约利用的农村居民点用地标准探讨——以湖北省孝感市孝南区为例. 资源科学, (6):955-960.
马世骏, 王如松. 1984. 社会-经济-自然复合生态系统. 生态学报, 4 (1): 1-9.
马世骏. 1981. 生态规律在环境管理中的作用——略论现代环境管理的发展趋势. 环境科学学报, 1(1): 95-100.
毛汉英. 1995. 人地系统与区域可持续发展研究. 北京: 中国科学技术出版社.
毛汉英. 1996. 山东省可持续发展指标体系初步研究. 地理研究, 4: 16-23.

毛汉英, 于丹林. 2001. 环渤海地区区域承载力研究. 地理学报, 56(3): 363-371.
南刚志. 2008. 韩国"新村运动"对我国新农村建设的启示. 理论前沿, (10): 31-32.
聂艳, 雷文华, 周勇, 等. 2008. 区域城市化与生态环境耦合时空变异特征: 以湖北省为例. 中国土地科学, 22(11): 22-62.
潘影, 甄霖, 龙鑫, 等. 2012. 泾河流域县域尺度生态系统服务相互关系及影响因子. 应用生态学报, 23(5): 1203-1209.
钱学森. 1985. 系统思想与科学技术发展战略研究. 西安: 西安交通大学出版社.
乔标. 2007. 干旱区城市化与生态环境交互胁迫效应研究. 中国科学院研究生院博士学位论文.
乔家君, 祝英丽. 2008. 基于农户调查的村域住房投资区位及变化分析. 资源科学, 30(2): 206-212.
秦富, 钟钰, 张敏, 等. 2009. 我国"一村一品"发展的若干思考. 农业经济问题, (8): 4-8.
邱桔, 李际平, 杨永德, 等. 2006. 珠海市城市化进程中环境效应分析. 桂林工学院学报, 26(1): 46-49.
任宝林. 2008. 推拉理论视角下的农村宅基地退出机制研究——基于南京市农户意愿调查. 南京农业大学硕士学位论文.
单胜道. 2000. "空心村"问题及其对策研究. 农村经济, (3): 24-25.
师华定, 齐永青, 刘韵. 2010. 农村能源消费的环境效应研究. 中国人口资源与环境, 20(8): 148-153.
史培军, 袁艺. 2001. 深圳市土地利用变化对流域径流的影响. 生态学报, 21(7): 1041-1049.
史清华. 2005. 农户经济可持续发展研究: 浙江十村千户变迁(1986-2002). 北京: 中国农业出版社.
舒尔茨. 2010. 改造传统农业. 梁小民译. 北京: 商务印书馆.
宋翔, 阎长珍, 朱艳玲, 等. 2009. 黄河源区土地利用-覆被变化及其生态环境效应. 中国沙漠, 29(6): 1049-1055.
宋小青, 欧阳竹. 2012a. 1999-2007年中国粮食安全的关键影响因素. 地理学报, 67(6): 793-803.
宋小青, 欧阳竹. 2012b. 耕地多功能内涵及其对耕地保护的启示. 地理科学进展, 31(7):859-868.
孙东琪, 张京祥, 朱传耿. 2012. 中国生态环境质量变化态势及其空间分异分析. 地理学报, 67(12): 1599-1610.
孙峰华. 1999. 农村剩余劳动力转移的理论研究与实践探索. 地理科学进展, 18(2): 111-117.
孙强, 蔡运龙. 2008. 北京城市扩展的环境效应模拟与评价. 重庆建筑大学学报, 30(5): 123-134.
孙艺惠, 陈田, 王云才. 2008. 传统乡村地域文化景观研究进展. 地理科学进展, 27(6): 90-96.
谭雪兰. 2011. 农村居民点空间布局演变研究——以长沙市为例. 湖南农业大学博士学位论文.
唐华俊, 吴文斌, 杨鹏, 等. 2009. 土地利用/土地覆被变化(LUCC)模型研究进展. 地理学报, 64(4): 456-468.
田光进. 2003. 基于GIS的中国农村居民点用地分析. 遥感信息, (2): 32-35.
田玉军, 李秀彬, 马国霞, 等. 2010. 劳动力析出对生态脆弱区耕地撂荒的影响. 中国土地科学, (7): 4-9.
王成新, 姚士谋, 陈彩虹. 2005. 中国农村聚落空心化问题实证研究. 地理科学, (3): 257-262.
王迪新. 2006. 我国农村环境保护法制建设问题研究. 吉林大学博士学位论文.
王国刚, 刘彦随, 刘玉. 2013. 城镇化进程中农村劳动力转移响应机理与调控. 自然资源学报, 28(1): 1-9.
王国刚, 杨德刚, 张新焕, 等. 2012. 农业发展效益评价方法与案例研究. 中国沙漠, 32(2): 580-585.
王海兰. 2005. 农村"空心村"的形成原因及解决对策探析. 农村经济, (9): 21-22.
王介勇. 2010. 我国典型农区农村空心化诊断与整治研究. 中国科学院研究生院博士学位论文.
王介勇, 刘彦随, 陈秧分. 2013. 农村空心化程度影响因素的实证研究——基于山东省村庄调查数据. 自然资源学报, 28(1): 10-18.
王凯荣. 1999. 农业现代化进程中的环境问题及其对策. 农业现代化研究, 20(5): 270-273.
王腊春. 2009. 以江苏省为例对中小城市水污染防治的建议. 科技导报, (22): 18.
王映雪. 2009. 西南生态脆弱区域农村城镇化的生态效应和调控对策研究——以云南昭通为例. 环境科学导刊, 28(3): 35-38.

王张成, 马海峰. 2010. 江苏省产业发展的环境效应分析. 工业技术经济, 29(10): 96-100.
王真, 郭怀成, 何成杰, 等. 2009. 基于统计学的北京城市居住用地价格驱动力分析. 地理学报, 64(10): 1214-1220.
尉元明, 王静, 乔艳君. 2005. 化肥、农药和地膜对甘肃省农业生态环境的影响. 中国沙漠, 25(6): 957-963.
魏宏森, 曾国屏. 1996. 系统论的基本规律. 自然辩证法研究, 11(4): 22-27.
魏洪斌, 廖和平. 2011. 农村居民点土地集约利用评价研究——以重庆市开县为例. 中国农学通报, (11): 181-186.
文传浩, 张丹, 铁燕. 2008. 农业面源污染环境效应及其对新农村建设耦合影响分析. 贵州社会科学, (4): 91-96.
吴传钧. 1991. 论地理学的研究核心——人地关系地域系统. 经济地理, 11(3): 1-6.
吴传钧, 郭焕成. 1994. 中国土地利用. 北京: 科学出版社.
吴秋余. 2012-3-20. 空心化农村如何"养活中国"？人民日报, 北京, 第九版.
吴郁玲, 冯忠垒, 周勇, 等. 2011. 耕地集约利用影响因素的协整分析. 中国人口资源与环境, 21(11): 67-72.
向国成, 韩绍凤. 2007. 分工与农业组织化演进: 基于间接定价理论模型的分析. 经济学, 6(2): 513-538.
肖碧林, 王道龙, 陈印军, 等. 2011. 我国农村宅基地置换模式、问题与对策建议. 中国农业资源与区划, (3)37-41.
辛良杰, 李秀彬, 谈明洪, 等. 2011. 近年来我国普通劳动者工资变化及其对农地利用的影响. 地理研究, 30(8):1391-1400.
谢花林, 邹金浪, 彭小琳. 2012. 基于能值的鄱阳湖生态经济区耕地利用集约度时空差异分析. 地理学报, 67(7): 889-902.
熊祥强, 沈燕, 廖和平. 2006. 农村土地抛荒问题的调查与分析——以重庆市忠县三汇镇为例. 安徽农业科学, (11): 2536-2538.
徐克帅. 2012. 黄淮海地区县域村镇体系评价与优化研究: 以河南郸城县为例. 中国科学院研究生院博士学位论文.
许恒周, 郭玉燕, 吴冠岑. 2012. 农民分化对耕地利用效率的影响. 中国农村经济, (6): 32-41.
许树辉. 2004. 农村住宅空心化形成机制及其调控研究. 国土与自然资源研究, (1): 11-12.
薛力. 2001. 城市化背景下的"空心村"现象及其对策探讨——以江苏省为例. 城市规划, (6): 8-13.
薛钊. 2006. 辽宁省农村生态环境质量现状评价及其改善对策. 沈阳农业大学硕士学位论文.
杨庆媛, 雷燚, 程叙. 2006. 我国城镇化对土地资源安全的影响. 安徽农业科学, 34(12): 2821-2823, 2936.
杨忍, 刘彦随, 陈秋分. 2012. 中国农村空心化综合测度与分区. 地理研究, 31(9): 1697-1706.
杨忍, 刘彦随, 郭丽英, 等. 2013. 环渤海地区农村空心化程度与耕地利用集约度的时空变化及其耦合关系. 地理科学进展, 32(2): 181-190.
杨伟光, 付怡. 1999. 农业生态环境质量的指标体系与评价方法. 环境保护, (2): 26-27.
杨友孝, 蔡运龙. 2000. 中国农村资源"环境与发展的可持续性评估"SEEA 方法及其应用. 地理学报, 55(5): 596-605.
杨章贤, 李诚固. 2011. 城乡结合部非建设用地利用规划与管制: 以长春市西新镇为例. 东北师大学报: 自然科学版, 43(1): 149-154.
姚成胜, 朱鹤健. 2007. 区域农业可持续发展的生态安全评价——以福建省为例. 自然资源学报, 22(3): 380-388.
姚士谋, 王辰, 张落成, 等. 2008. 我国资源环境对城镇化问题的影响因素. 地理科学进展, 27(3): 94-100.
衣保中, 闫德文. 2006. 日本农业现代化过程中的环境问题及其对策. 日本学论坛, (2): 18-23.

于术桐, 黄贤金, 谭丹. 2008. 通州市快速工业化县域生态经济系统物质代谢演变. 生态学杂志, 27(9): 1620-1624.

翟彬, 聂华林. 2010. 资源型城市转型中城乡协调发展研究——以甘肃省白银市为例. 城市发展研究, 4: 86-90.

曾鸣. 2007. 中国农村环境问题研究: 制度透析与路径选择. 北京: 经济管理出版社.

张波. 2004. 农村的环境污染状况及对策. 安徽职业技术学院学报, 3(2): 47-49.

张东青. 2009. 区域产业结构变动及其生态环境效应研究——以诸城市为例. 科技经济市场, (11): 63-65.

张芳怡, 邢元志, 濮励杰, 等. 2009. 苏州市土地利用变化的生态环境效应研究. 水土保持研究, 16(5): 98-103.

张富刚, 刘彦随, 张潆文. 2010. 我国东部沿海地区农村发展态势评价与驱动力分析. 自然资源学报, 25(2): 177-184.

张婧, 李诚固. 2012. 中国转型期中心城市城乡关系演变. 地理学报, 67(8): 1021-1030.

张静, 章海鸥. 2008. 用推拉理论分析我国现阶段非转农现象. 消费导刊, (19): 57-58.

张淑敏. 2009. 中国城镇化进程的土地资源基础研究. 中国科学院研究生院博士学位论文.

张维理, 武淑霞, Kolbe H. 2004. 中国农业面源污染形式估计及控制对策. 中国农业科学, 37(7): 1008-1017.

张五常. 2011. 佃农理论. 北京: 中信出版社.

张逸风. 2008. 河南省"空心村"治理研究. 华中师范大学硕士学位论文.

张友安, 郭尚武. 2004. 湖北省城镇化进程中土地资源利用问题及对策. 湖北农业科学, 2004(6): 8-9, 25.

张昭. 1998. 关于河北省空心村治理的理论探讨. 河北师范大学学报(自然科学版), 22(4): 573-576.

张子龙, 陈兴鹏, 逯承鹏, 等. 2011. 宁夏城市化与经济增长和环境压力互动关系的动态计量分析. 自然资源学报, 26(1): 22-33.

张祖庆. 2008. 转型时期我国农村环境污染防治与对策研究. 西北农林科技大学硕士学位论文.

章锦河, 李曼, 陈静, 等. 2012. 旅游废弃物的环境库兹涅茨效应分析——以黄山风景区为例. 地理学报, 67(11): 1537-1546.

赵焕臣, 许树柏, 和金生. 1986. 层次分析法: 一种简易的新决策方法. 北京: 科学出版社.

赵若曦, 冯长春, 刘效龙. 2012. 农村居民点用地节约集约利用影响因素分析. 农村经济, (2): 38-42.

赵玉萍, 赵学勇, 左小安, 等. 2007. 基于能值理论的奈曼旗农业生态经济系统可持续性分析. 中国沙漠, 27(4): 563-571.

中国建设信息编辑部. 2008. 英国乡村住宅的规划与建设. 中国建设信息, (9): 25-27.

钟春艳, 李保明, 王敬华. 2007. 城乡差距与统筹城乡发展途径. 经济地理, 27(6): 936-938, 951.

钟德平. 2010. 城市固体废弃物处理问题研究. 中国科技博览, (26): 176-176.

周冬梅. 2011. 基于系统论的县域旅游地空间结构及优化研究——以江苏海门市为例. 苏州大学硕士学位论文.

周国华, 贺艳华, 唐承丽, 等. 2011. 中国农村聚居演变的驱动机制及态势分析. 地理学报, 66(4): 515-524.

周祝平. 2008. 中国农村人口空心化及其挑战. 人口研究, 32(2): 45-52.

朱会义, 李秀彬, 辛良杰. 2007. 现阶段我国耕地利用集约度变化及其政策启示. 自然资源学报, 62(6): 907-915.

朱立志, 王蓉. 2007. 农村土地污染防治补偿机制的法律思考. 环境保护, (1A): 43-46.

朱晓华, 陈秩分, 刘彦随, 等. 2010a. 空心村土地整治潜力调查与评价技术方法——以山东省禹城市为例. 地理学报, 65(6): 736-744.

朱晓华, 丁晶晶, 刘彦随, 等. 2010b. 村域尺度土地利用现状分类体系的构建与应用——以山东禹城牌子村为例. 地理研究, (5): 883-890.

参 考 文 献

郏鼎玖, 许大文. 2000. 农村土地抛荒问题的调查与分析. 农业经济问题, (12): 10-13.
Anderson T L, Leai D R. 2000. 环境资本运营——生态效益与经济效益的统一. 北京: 清华大学出版社.
Andrzej S. 1992. Problems of depopulation of rural areas in Poland after 1950. Landscape and Urban Planning, 22(4): 161-175.
Baldock D, Beaufoy G, Brouwer F, et al. 1996. Farming at the Margins: Abandonment or Redevelopment of Agricultural Land in Europe. London and The Hague: Institute for European Environmental Policy/Agricultural Economics Research Institute.
Chen J F, Wei S Q, Chang K T S, et al. 2007. A comparative case study of cultivated land changes in Fujian and Taiwan. Land Use Policy, 24(2): 386-395.
Cherry G E. 1974. The Evolution of British Town Planning. London: Leonard Hill.
Dales J H. 1968. Land, water and ownership. Canadian Journal of Economics, 21: 791-804.
Dzikiewicz M. 2000. Activities in nonpoint pollution control in rural areas of Poland. Ecological Engineering, 14(4): 429-434.
Fischer G, Ermoliev Y, Keyzer M A, et al. 1996. Simulating the socio-economic and bio geophysical driving forces of land-use and land-cover change: the IIASA Land-Use Change Model, WP-96-010. Laxenburg: IIASA.
Garcia A I, Ayuga F. 2007. Reuse of abandoned buildings and the rural landscape the situation in Spain. Transactions of the ASABE. 50 (4): 1383–1394.
Godfray H C, Beddington J R, Crute I R, et al. 2010. Food security: The challenge of feeding 9 billion people. Science, 327: 812-818.
Granger C W J. 1969. Investigating causal relations by econometric models and cross spectral methods. Econometrica, 37: 424-438.
Grossman G M, Krueger A B. 1993. Environmental impacts of a North American free trade agreement. MIT: MIT Press.
Grossman G, Kreuger A B. 1995. Economic growth and the environment. Quarterly Journal of Economics, 110(2): 353-377.
Hannes P, Staffan H, Marc A, et al. 2005. Rural landscapes: past processes and future strategies. Landscape and Urban Planning, 15(6): 1849-1850.
Harris J, Todaro M. 1970. Migration, unemployment, and development: A two sector analysis. American Economy Review, (40): 126-142.
Huang J K, Wang X B, Zhi H Y, et al. 2010. Subsidies and distortions in China's agriculture: Evidence from producer-level data. The Australian Journal of Agricultural and Resource Economics, 55(1): 53-71.
Jorgenson D W. 1961. The development of a dual Economy. The Economic Journal, 71(282): 309-334.
Kuznets S. 1955. Economic growth and income equality. American Economic Review, 45 (1): 1-28.
Lewis W A. 1954. Economy development with unlimited supplies of labour. The Manchester School of Economic and Social Studies, (22): 139-191.
Li X B, Wang X H. 2003. Change in agricultural land use in China: 1981-2000. Asian Geographer, 22(1-2): 27-42.
Long H L, Liu Y S, Wu X Q, et al. 2009. Spatio-temporal dynamic patterns of farmland and rural settlements in Su-Xi-Chang region: Implications for building a new countryside in coastal China. Land Use Policy, 26(2): 322-333.
Musisi N. 1996. Wolter Arnsberg monitoring land use change in an African tribal village on the rural-urban fringe. Rational Society, (4):15-18.
Osborn D A, Datta. 2006. Institutional and policy cocktails for protecting coastal and marine environments from land-based source pollution. Ocean & Coastal Management, 49: 576-596.
Ostrom E. 2005. Understanding Institutional Diversity. Princeton: Princeton University Press.
Pamela A, Matson R N. 1998. Integration of environmental, agronomic, and economic aspects of fertilizer management. Science, 4: 112-114.
Panayotou T. 1997. Demystifying the environmental Kuznets curve: turning a black box into a policy tool.

Environment and Development Economics, (2): 465-484.

Popkin S L. 1979. The Rational Peasant: The Political Economy of Rural Society in Vietnam. Berkeley: University of California Press.

Ranis G, Fei J C H. 1961. A theory of economic development. The American Economic Review, 51(4): 533-558.

Rodríguez J P, Beard T D, Bennett E M, et al. 2006. Trade-offs across space, time, and ecosystem services. Ecology and Society, 11(1): 28.

Roger C K, Yao S M. 1999. Urbanization and sustainable metropolitan development in China: Patterns problems and prospects. Geo Journal, 49: 269-277.

Rogers A B, Lunden J, Curry N. 1985. The Countryside Handbook. U K: Open University/ Croom Helm.

Selden T M, Song D. 1994. Environmental quality and development: Is there a Kuznets curve for air pollution emissions?. Journal of Environmental Economics and Management, 27: 147-162.

Todaro M P. 1969. A model for labor migration and urban unemployment in less developed countries. The American Economic Review, 59(1): 138-148.

Traphagan J W, Knight J. 2003. Demographic Change and the Family in Japan's Aging Society. New York: Suny Press.

Vesterby M, Krupa K S. 2002. Rural residential land use: Traeking its rows. Agrieultural Outlook, 8:14-17.

White E M, Morzillo A T, Alig R J. 2009. Past and projected rural land conversion in the US at state, regional, and national levels. Landscape Urban Plan, 89(1/2): 37-48.

Yukihiko S. 2007. Depopulation and rural special management: a case study in Shimoina County. Journal of Asian Architecture and Building Engineering, 16 (2): 259-266.

附 录

  实地调研和问卷调查是开展农村研究获取一手数据、增强感性认识、形成科学认知的重要方法和手段。本附录选取了在空心村实证调查中使用的两张调查表,即空心村村干部调查问卷、空心村农户调查问卷,希望能对读者有所参考。由于调查问卷的内容设计是针对本书特定章节,面向的调查区域、研究对象十分明确和具体,因此,调查表内容的各项选择与设问在实际应用中需要自行作出调整。

  调查问卷采用选择和填空两种基本形式,调查时,为保证调研问卷质量,采用一对一单独访谈式填写。村干部调查问卷选择现任村干部进行填写,农户问卷选择每户 18 周岁以上且非常了解自家情况的村民填写。

空心村村干部调查问卷 (编号:_____号)

____省____市(县)____乡镇____村名　　日期:____年____月____日

一、村庄基本情况

1. 被调查人姓名:_____;职务:_____;联系电话:_____
2. 本村到县城的距离____千米;到最近的____镇___千米;是( )否( )通公交车。
3. 本村总人口_____人,其中农业人口_____人,总户数_____户;劳动力总数_____人,其中,常年村外就业(半年及以上)劳动力_____人,一般是_____至_____岁的劳动力,主要去向是 _____。

年份	2005	2000	1990	1980
本村总人口				
总户数				
劳动力总数(16～60 岁)				
常年村外务工人数				
短期务工人数				
纯农业劳动力				

4. 2011 年村庄人均纯收入约_____元/人,村民主要收入来源_____:
A. 种植业; B. 养殖业; C. 加工业; D. 商贸业; E. 其他_____
5. 本村村民来自政府的政策性补贴项目及金额是:
A. 粮食直补(_____元/亩); B. 医保(_____元/人); C. 社保(_____元/人); D. 其他(____元/____)

6. 本村人均耕地＿＿亩，户均耕地块数＿＿＿块，农户耕地块数最多＿＿＿块，最少＿＿＿块。

7. 村里是否拥有以下设施（可多选）：

A. 小学；B. 卫生室；C. 公共娱乐设施；D. 自来水管道；E. 垃圾堆放点；F. 超市；G. 公交车

8. 现在＿＿＿＿村共用一个小学，本村距离小学有＿＿＿＿里，是／否 有撤并？没撤并前＿＿＿＿村共用一个小学。

二、村庄土地利用基本情况

9. 村庄地类面积调查

年份	2012	2005	2000	1990	1980
本村总面积（亩）					
耕地面积（亩）					
林地面积（亩）					
草地面积（亩）					
宅基地面积（亩）					
水域面积（亩）					
工矿与交通用地面积（亩）					
未利用地面积（亩）					
撂荒地面积（亩）					

10. 本村宅基地共计＿＿＿＿＿＿宗，其中，已经无法居住的宅子＿＿＿＿宗，可居住但1年以上无人居住的宅子＿＿＿＿＿＿宗。

11. 近五年本村村民取得的宅基地，主要占用了下列哪些土地？＿＿＿＿

A. 老宅基地；B. 村内空地；C. 耕地；D. 其他农用地；E.其他（请注明）＿＿

12. 您是否知道国家宅基地管理政策中有"一户一宅"的规定？

A. 知道； B. 不知道

13. 本村有2处或以上宅基地的户数有＿＿＿＿户，"一户多宅"现象主要是什么原因造成的？（可多选）＿＿＿＿＿＿

A. 祖上传下来的；   B. 为子女将来结婚准备而申请的宅基地；

C. 原有宅基地不够用，另建新住宅； D. 原有宅基地不够用，购买别人房屋

14. 本村村民之间宅基地流转的主要形式为？

A. 租赁； B. 买卖； C.其他（请填写）＿＿＿＿

15. 对于闲置的宅基地，现在村里是如何处理的？

A. 收回；   B. 无人管理； C. 其他（请填写）＿＿＿＿＿＿＿

16. 对于闲置的宅基地，您认为应该如何处理？

A. 保持原状；B. 村集体无偿收回； C. 村集体收回并给予补贴； D.其他（请填写）＿＿＿

17. 村庄新批宅基地程序是什么＿＿＿＿＿＿＿＿＿＿＿＿＿＿＿

18. 近十年，村庄外扩情况是否显著，宅基地面积是（ ）否（ ）显著增加。

若本村开展村庄集中居住搬迁工作，请回答：

19. 社区化居住的费用：政府补贴_____，个人负担_____。

20. 村民对集中居住后的主要担心是_____。

21. (1)您觉得本村建房高峰期是在什么时候？

　　(2)什么时候开始出现宅基地闲置的？

　　(3)什么原因导致了这种现象？

　　(4)有没有出现人口大量外出就业？

　　(5)全家外迁占多大比例？

22. 村庄人口大量外迁，您觉得对本村发展有什么影响？（农业生产、经济、服务设施、就业、乡土文化等）您对此有何设想与建议？

23. 您对现在的村庄发展是否满意？您希望未来的村庄应该是什么样的（产业、村庄形态、建筑形式、村庄规模、人民生活等）？

24. 您认为宅基地闲置现象有什么不好的影响（土地利用、社会公平、基础设施建设等）？

25. 如果进行集中整治，您觉得最大的困难是什么（村民哪些方面的阻力？资金？等）？

26. 您认为比较好的整治方案是什么（包括村民住房安置、住房设计、补偿方案、就业安排、基础设施建设等）？您对完善宅基地利用与管理有什么建议？

空心村农户调查问卷 （编号：_____号）

____省____市（县）____乡镇____村名　日期：____年____月____日

调查员：_____　户主姓名：_____　联系电话：_____

一、农户家庭基本情况

1. 家庭人口数：_____人；家庭劳动力：_____人

家庭成员	性别	年龄	文化程度（不识字=1，小学=2，初中=3，高中=4，中专=5，大专及以上=6）	职业类型（务农=1，半工半农=2，外出打工=3，学生=4，其他=5）	兼业地区（本村=1，本乡镇=2，本县=3，本市=4，本省=5，外省=6，请填写县或市名）	2011年外出务工累计时间（月）	月收入或日收入
户主							

2. 您家目前主要是谁在从事农业生产（可多选）_____
①中年劳动力；②青壮年劳动力；③16岁以下的未成年人；④雇佣劳动力；⑤无人

3. 目前家里是否具有以下条件（如果有，请用"√"表示；如果没有，请用"×"表示）

农用车	摩托车	小轿车	电冰箱	电视机	空调	电话	电脑	货车

二、土地利用基本情况

4. 2011年家庭拥有耕地面积_____亩，实际耕作面积_____亩；田块数量_____，机械耕作面积_____，机械灌排面积_____。家庭生产经营类型：专业户（　　）一般农户（　　）。

5. 目前您家主要经营项目是：_____；共计（年）收入_____或（月）收入_____。
①种植业；②养殖业；③加工业；④商贸业；⑤外出务工；⑥出租房屋；⑦其他

6. 2011年家庭种植基本情况：

作物	面积	单产（斤/亩）	销量	单价	每亩纯收入

7. 您是/否参加了专业合作协会或组织？协会名称与类型_____

8. 2011年家庭日常生活消费支出_____元（或月消费_____元），日常消费最多的项目（前三位）：①食物；②子女教育；③医疗；④居住费用（房租与水电气费用）；⑤交通通信；⑥衣装

9. 目前您最担忧农业生产的问题是（多选）：_____
①农药化肥乱涨价，生产成本高；②农业自然灾害；
③土地可能随时被征用；④农产品价格不稳定；⑤其他_____

三、农户对居住、就业、生活的满意程度

10. 您家拥有_____处宅基地（不包括分家的），空废_____处。

宅基地	面积（亩）	建房年代	房屋结构
第1处			①土坯；②砖混；③钢混
第2处			①土坯；②砖混；③钢混
第3处			①土坯；②砖混；③钢混

11. 您 是/否 在县城买房，_____年买房。您 是/否 打算在宅基地上新建房屋，原因是_____。

12. 对目前村庄的整体环境是否满意？①非常满意；②基本满意；③不太满意；④非常不满意。
您认为需从哪些方面改善：①垃圾处理；②废弃房屋；③村内基础设施；④工厂污染；⑤养殖污染；⑥其他_____

13. 若您获得稳定的非农就业收入，您是（　）否（　）愿意放弃农业生产，原因

是_____。

　　14. 您对村里的道路等设施状况满意吗？
　　①非常满意；②满意；③基本满意；④不满意

　　15. 您对农村的生活环境满意吗？
　　①非常满意；②满意；③基本满意；④不满意，还需要做哪些改进？

　　16. 您对目前村庄对外交通的满意程度。①非常满意；②基本满意；③不太满意；④非常不满意。若不满意，原因是_____。

　　17. 您对目前村庄社区管理的满意程度。①非常满意；②基本满意；③不太满意；④非常不满意。若不满意，原因是_____。

　　18. 您是/否愿意进入农村社区集中居住，原因：_____①生活不方便；②农机用具无处摆放；③生活成本太高；④难以支付购买房屋费用；⑤耕作半径变大；⑥其他_____

　　19. 目前您还没有进城落户的主要原因是什么？（不超过3个）_____
　　①没有稳定的城镇工作；②没有固定的城镇住房；③城镇生活成本太高；④热爱农村生活；⑤其他_____

　　20. 如果有机会进城落户，您愿意拿农村的责任田和住房去交换城镇教育、医疗、就业、养老等福利保障，从而成为城镇人口吗？（限选1个）_____
　　①愿意；②愿意；③不太确定，看情况；主要原因是_____